112종의 성경식물 사진과 함께
성경적 의미를 새롭게 조명한 책

성경식물 이야기

The Storytelling of Biblical Plants

오기완 · 오준호 지음

신앙과지성사

추천서 1

성경에는 수많은 식물 즉 꽃, 열매, 풀, 나무들의 이야기가 등장합니다. 나일강의 갈대 사이에 놓였던 아기 모세의 갈대 상자, 교활한 압살롬의 머리카락을 낚아챘던 상수리나무, 삶의 터닝포인트에 삭개오가 올라가 있던 돌무화과나무 등, 수많은 식물들이 성경 곳곳에 아주 중요한 배경으로 등장합니다.

죄의 첫 출발이었던 선악과, 새 하늘과 새 땅의 생명나무, 심지어 예수님이 달리셨을 나무 십자가에 이르기까지, 또한, 창세기부터 요한계시록까지의 모든 구속사적 중심 스토리에는 언제나 식물들이 존재하고 있었습니다. 이렇게 중요한 식물 이야기에 대해서 대다수의 성도는 물론 목회자들조차도 잘 알지 못했던 것이 사실입니다. 이번에 출간된 『성경식물 이야기』는 그런 의미에서 아주 중요한 역할을 할 것이라 기대가 됩니다.

저자는 약학 전공자이자 신실한 말씀의 사람으로서 치밀한 전문지식과 풍성한 자료들을 통해 식물을 중심으로 한 성경의 세계를 입체적으로 보여주고 있습니다. 아무리 전문가라 해도 책의 분량이나 내용을 보면 결코 쉬운 일이 아니었음을 느껴집니다. 그런데도 거룩한 소명의식과 학자적인 치열한 열정을 통해 너무도 귀한 결과물을 탄생시켰습니다. 성경을 볼 때마다 더 구체적이고 효과적인 가이드가 필요한 모든 분에게 선물과 같은 책입니다. 다시 한번 저자가 일궈낸 사랑의 수고에 깊은 감사를 드리며 강력하게 일독을 권합니다.

안광복

청주상당교회 담임목사

추천서 2

제가 총장 재직 시에 퇴임 축사에서 퇴임하는 교수님들께 "퇴임 후에는 직장생활 때문에 하지 못했던 본인이 꼭 하고 싶은 것을 마음껏 하십시오"라고 말씀드렸습니다. 이 책의 저자인 오기완 교수님은 퇴임 후 5년 동안에 걸쳐 『성경식물 이야기』를 집필했습니다. 퇴임 후 꼭 하고 싶었던 일이라 생각됩니다. 퇴임 후 5년 중 코로나-19 팬데믹으로 3년 동안 답답하고 지루하게 보낼 시간을 필자는 오히려 보람 있고 유익한 시간이었으리라 생각됩니다. 교수로서 크리스천으로서, 자신의 전공을 바탕으로, 크리스천으로 하나님을 기쁘게 할 책을 집필했다는 것은 소중하고 의미 있는 일입니다. 더욱이 성경 식물들에 대한 집필은 약학박사인 아버지가, 신학적 이해와 설명은 신학도 목사인 아들이 서로 보완적 역할로 부자간 합력하여 이룬 업적이기에 더욱 특별한 의미가 있습니다.

이 책은 크리스천들이 궁금해하고 이해가 쉽지 않았던 성경 속 식물들의 사진과 자료들로 성경적 의미를 부여한 것에 박수를 보냅니다. 이 책을 통해서 독자들은 성경에 인용되었던 낯선 식물들에 대해 구체적으로 알게 되고, 하나님의 섭리를 보다 잘 이해할 수 있을 것으로 기대됩니다.

윤여표

전)식품의약품안전청장

전)충북대학교 총장(약학박사)

서평 1

성경을 읽고 연구하다 보면 여러 식물을 만나게 된다. 어떤 식물은 친숙하게 다가오는가 하면 어떤 식물은 생소하여 무슨 식물일까?라는 궁금증을 유발하게 한다. 그런데 오기완 박사님과 오준호 목사님이 공동 집필한 『성경식물 이야기』는 나에게 명쾌한 답을 주었다. 성경 속에 등장하는 나무와 풀과 꽃들을 비롯한 수많은 식물을 생생한 현장 사진과 함께 설명하는 이 책을 읽으면서 나를 마치 성경 말씀 속의 현장으로 이끌어 가기도 했다. 또 성경이 여러 언어로 번역되는 과정에서 원문과 다르게 표현된 식물에 대한 바른 해석과 설명을 통해 성경에서 식물들을 인용한 의도와 의미를 분명히 알게 해 주었다.

특별히 성경 속에 식물이 가지고 있는 성경적 의미를 설명한 부분에서는 아! 이런 영적인 의미도 있구나 하면서 본문을 다른 각도에서 해석하기도 했다. 평생 대학에서 약학을 연구하고 가르치면서 영적 깊이를 더해가는 오기완 박사님과 신학적으로 뒷받침하는 아들 오준호 목사와 함께 공동 집필한 『성경식물 이야기』는 성경을 연구하고 해석하는 신학도와 목회자는 물론 성경을 읽고 묵상하는 모든 그리스도인에게 큰 유익을 주는 책이라 여겨진다.

주서택

(사)내적치유사역연구원 대표

청주주님의교회 원로목사

서평 2

한국의 많은 기독교인들은 유대지역에 서식하는 낯선 식물들에 대해 잘 알지 못합니다. 또한, 하나님과 예수님 그리고 선지자들이 백성들에게 말씀을 선포하거나 그의 백성들에게 명령할 때 식물들을 왜 인용하였는지 그 의미를 잘 이해하지 못하는 경우도 있습니다. 법궤를 만든 조각목(싯딤나무)이 어떤 나무인지, 노아가 방주를 만들 때 사용한 고페르나무는 무슨 특성이 있는지, 엘리야가 로뎀나무 아래서 죽기를 청했는데 로뎀나무가 어떤 나무인지 잘 알지 못합니다. 또한, 아람 군대에 포위된 사마리아 사람들이 굶주릴 때 성 안에서 비둘기 똥이라는 식물이 판매되었다는데 어떤 식물일지도 모를 뿐만 아니라, 조각목으로 분향할 제단을 만들었다는 것을 나무를 잘게 쪼개 붙여서 제단을 만든 것으로 오해했던 일도 있습니다.

많은 성경식물들은 우리에게 친숙하지 않을뿐더러 여러 언어를 통하여 단계적으로 번역되는 과정에서 식물 이름들이 오역된 부분도 있습니다. 사용하는 언어가 다르면 문화적 차이도 커서 번역에도 어려움이 있습니다. 저자들은 식물 하나하나의 특성을 설명하면서 사진도 보여주고, 그 외 식물의 학명, 과명, 성경 이름, 영어 이름, 국가표준식물명, 히브리 이름, 식물의 어원까지 소개해 주고 있습니다. 그 외 식물과 관련된 흥미로운 여러 이야기들을 펼쳐 놓아 독자로 하여금 식물들과 친숙해질 수 있도록 했습니다.

이 책에서 가장 감동한 부분은 그 식물이 가지는 성경적 의미를 잘 설명해 준 것입니다. 예를 들면, '아브라함이 브엘세바에서 에셀나무를 심고 영원하신 여호와의 이름을 불렀더라' 에서 아브라함이 우물을 빼앗겼다가 다시 찾아와 기뻐하여 에셀나무를 심었는데, 이는 인류가 최초로 한 기념식수의 기록이며 기념식수가 성경에서 유래되었다는 것과, 황량한 광야에서 자라는 볼품없는 싯딤나무가 선택을 받아 장인의 손을 거쳐 소중한 법궤를 만드는 데 사용되었다는 식의 설명은 감동을 넘어서 이 책을 읽는 성도들에게 깊은 묵상의 세계로 인도해 줄 것입니다.

약용식물에 대하여 탁월한 식견을 가지고 식물의 효능을 평생 연구한 교수님과 미국에서 신학박사 과정을 밟고 있는 아들 목사님에 의해 이 책이 나오게 된 것이 매우 감사한 일입니다. 한국 교회와 주일 학교는 물론 이민 교회와 각 나라의 선교지에서 신·구약성경을 가르치는 모든 분들의 서재에 비치하여 풍성한 말씀 자료로 활용되어 하나님께 큰 영광을 돌렸으면 하는 마음 가득합니다.

조재언

North Carolina 한마음교회 담임목사

머리글(Preface)

하나님께서는 만물을 창조하시던 셋째 날에 모든 식물을 창조하셨다. 그리고 이 식물들은 사람을 비롯한 모든 동물들에게 먹을거리가 될 것이라고 말씀하셨다(창 1:11-29). 식물 없이는 동물과 인간이 생존할 수 없으며, 창조 이후 공존이 이어지고 있다. 신·구약성경(New & Old Testaments)에는 식량, 과일, 약초와 채소, 꽃, 향신료, 헌물, 제사 및 예배, 건축, 염료, 직물, 그리고 비유와 은유, 축복과 저주 등, 여러 상황에서 다양한 식물들의 이름이 언급되었다. 성경에 직접 해당 식물을 언급한 경우와는 달리 가공품이나 그 식물과 관련된 부속 부분을 인용하기도 했다. 또한 특정 식물이 많이 서식하고 있는 지역이 그 식물의 이름으로 불려지기도 했다(감람산, 싯딤골짜기, 엘라골짜기, 바카계곡 등이 그 예다). 한편 당시 이스라엘 땅에서는 자라지 않던 수입식물을 언급한 경우도 있다. 성경식물을 연구한 학자들에 의하면 많게는 200여 종의 식물들이 성경에 소개되었다고 한다. 그러나 현재의 지식수준으로 약 100여 종이 확인 가능하다고 한다(Zofia Wlodarczyk, Review of plant species cited in the Bible. *Folia Horticulture Ann.*, 2007).

히브리 대학의 미카엘 조하리(Michael Zohary, 1898-1983) 교수를 비롯한 여러 식물학자들이 성경에 나오는 식물들의 이름을 확인하기 위해 많은 노력을 기울여 왔음에도 불구하고, 아직도 식별과 명명이 충분히 만족스럽지는 못한 실정이다. 그는 1982년 130여 종의 성경(외경 포함) 속 식물을 소개한 '*The Plants in the Bible*(성경식물)'을 출간했다. 그럼에도 여전히 성경식물의 상당수는 지금까지도 정확히 확인 또는 식별되지 않고 있으며, 어떤 식물들은 여전히 명쾌하게 밝혀지지 않을 것처럼 보인다. 고대 성경 시대에는 현대처럼 체계적이고 과학적으로 식물이 분류되지 않았으며 그 명칭도 다른 유사한 식물들과 구별하지 않고 사용했다.

역사적으로 볼 때 유대인들이 사용한 히브리어는 오랫동안 사용되지 못하고 단절되었다. 따라서 고대 히브리 언어는 점차 그 의미와 명칭이 희미해질 수밖에 없었으므로 성경식물 이름을 식별하기 위해서 때때로 주변 언어들(아람어 및 아랍어)과 비교 연구하는 것이 필요했다. 모호하거나 잊힌 성경 속 불확실한 단어들을 해독하는데 고대 셈어(Semitic language)인 아람어(후기 성경 시대에는 히브리어만큼 인기 있었던 언어)가 크게 도움이 되었다. 실제로 많은 히브리 식물들의 이름은 아람어 또는 아랍어 이름과 매우 유사했다. 사과, 무화과, 포도, 피스타치오, 아몬드, 석류, 캐럽, 로뎀, 아카시아 등의 이름은 아랍(또는 아람)어로 보존되었다.

유대 최후의 왕국(하스모니아 왕조, BC 140년-BC 37년)이 멸망한 이후 7세기 동안(BC 70년-AD 640년) 지속된 로마와 비잔틴제국의 지배에도 불구하고 많은 유대 농민들은 여전히 그들의 땅을 지키며 격동의 시기에서도 인내로 그 땅을 경작하며 생존을 이어왔나. 서기 640년 이슬람 세력이 유대지역을 정복할 때까지 농업과 식물에 관련된 다채로운 토착 전통 용어들이 살아남았다. 또한 고원지대 출신의 유대인들은 바벨론 포로 당시 사용했던 그들의 언어로 된 이름을 그대로 유지하고 있었다. 그 후 아랍인들은 지역주민들의 오랜 농업 전통을 받아들였고, 널리 퍼져 있는 다양한 식물의 이름을 자신들의 언어에 흡수하였다. 이러한 용어들은 점차 그들의 구어 속으로 스며들었으며, 단어의 원래 의미를 지니고 있어, 나중에 성경식물을 추적하고 식별하는 데 유용한 자료 역할을 하게 되었다. 아랍어가 확산되면서 에티오피아(Ethiopia)어와 북아프리카 언어에도 많은 히브리어 식물 이름이 침투되었다(히브리어와 에티오피아의 암하르어는 뿌리가 같은 샘어족이다). 구약을 그리스(헬라)어로 번역할 때는 히브리어가 여전히 광범위하게 사용되었을 때였다.

그리스어로 번역된 단어들은 나중에 역으로 히브리 식물들의 이름을 파악하는데 도움을 주었다(기원전 3세기 이집트 알렉산드리아에서의 유대인 70인 역). 라틴어는 훨씬 후에 성경 번역에 사용되었지만, 권위 있는 번역가의 세심한 노력 덕분에 모호한 의미들을 명확히 하는데 도움이 되었다. 그러나 이스라엘 토착 식물에 대한 충분한 지식이 없었고, 의심스러운 경우에는 친숙한 이름을 성경식물에 붙이는 경향 때문에 번역에 있어서 불일치, 부정확성, 혼란 등이 있었다. 영어 외에 다른 유럽어 번역에서도 성경 속 식물들이 유사한 그들의 이름으로 붙여졌기 때문에 여전히 문제를 안고 있는 실정이다. 더욱이 영문성경을 한문으로, 한문성경을 한글로 번역하는 과정에서 혼란은 가중되었다.

현재 우리가 사용하는 한글성경에서 성경식물을 이해하는데 다소 어려움을 겪고 있는데, 이는 서구 언어를 중국어로 번역하는 과정에서 성경식물들의 이름이 중국어 표기 방식으로 되어 있으며, 또한 중국의 유사한 식물로 대치되어 번역된 것을 그대로 한글로 번역해 사용했기 때문이다. 대부분의 유대지역 성경식물들은 우리에게 친숙하지 않을 뿐만 아니라 흔히 볼 수 있는 식물이 아니기 때문에 낯설고, 게다가 중국식 표기의 식물 명칭이 어색하기도 하다. 그러나 번역에 대한 오류는 번역과정에서 흔히 나타나는 것으로 이해해야 한다. 과거 우리나라에 없던 식물이라서 그 명칭을 정확하게 명명하지 못했다면, 성경 식물의 명명에 대해 현재 우리가 사용하고 있는 국가표준식물명칭을 그대로 사용하는 것이 바람직하다고 본다.

필자는 성경식물의 특성, 식물과 관련된 역사적인 이야기, 특히 농업과 목축을 중요시했던 당시, 다양한 환경에서 인용된 여러 식물들의 성경적 배경과 의미를 찾아보는 것은 매우 흥미로운 일이라고 생각했다. 이 책을 통해서 성경 속 식물들이 종교, 문화, 농업, 무역 및 일상생활 등에서 어떤 역할을 했는지 더 자세히 알 수 있을 것이다. 일부는 성경 속 특정 식물을 중심으로 스토리텔링(storytelling)이 이루어지기도 했다. 특히 성경의 역사(시대)적, 문화적, 지리적 배경을 이해함은 물론, 식물 명칭의 유래를 어원과 관련하여 설명함으로 성경을 이해하는데 도움이 될 것이다.

이 책을 읽는 독자들은 성경 속에 인용된 식물들을 통해서 하나님의 섭리가 더욱 구체적으로 드러나게 되었음을 알게 될 것이다.

오기원 명예교수

오준호 목사

차례

제2장 성경식물

Ⅰ. 교목과 관목
Forest trees and Shrubs

Ⅳ. 곡식과 채소
Field Crops and Vegetables

제1장 총론

Ⅰ 이스라엘의 지형(The topography of Israel)

식물의 서식과 분포를 결정하는데 중요한 요소들로, 기후(기온), 강수(습도), 지형, 지질 등을 들 수 있다. 흔히 이스라엘 땅은 메마른 사막과 산악지대로만 이루어진 것으로 이해하기 쉬운데, 훌라(Hulah)지역은 이스라엘 북쪽의 헬몬산(Mt. Hermon)에서 발원되는 하천과 습지로 이루어진 매우 비옥한 땅이다. 실제로 이스라엘에 서식하는 식물은 약 3,000여 종으로 이집트보다 더 다양한 식물들이 서식하고 있다. 성경 시대 이스라엘 땅(지형)은 요르단강 양쪽 지역으로 나뉘어지는데, 북쪽으로는 앗시리아(앗수르)와 남쪽으로는 이집트(애굽)에 인접해 있었다. **그리고 오늘날과 같이 그 땅은 남북을 연결하는 통로이자 아시아와 아프리카 및 유럽을 잇는 중요한 향(신)료 교역로였다(The Incense & Spice Trade Route)**. 북쪽으로 해발 2,800m의 헬몬산에서부터 남쪽으로는 해수면 아래 396m의 사해(Dead Sea)지역에 이르기까지 큰 고도 차이로 지형과 기후가 매우 다양한 곳이다. 이 지역의 지정학적 위치와 토질은 다양한 종류의 식물 분포를 보여주었으며, 이 지역 사람들의 환경과 생활방식 그리고 역사에도 결정적인 영향을 미쳤다. 두드러진 지형적 특징으로, 서쪽은 요르단강을 따라 등뼈처럼 높이 뻗어 있는 능선으로, 동쪽은 가파른 경사지로 되어있다. **이는 해안 평야(coastal plain), 구릉 지역(hill country), 협곡 지대(rift valley), 평원(plateau) 등 4개의 지형 벨트(belt)를 형성한다**. 이 벨트들은 지질학적 특징, 기후 조건, 그리고 식물 분포의 차이를 잘 나타낸다. 남북 방향 벨트는 위도 단위로 분할된다. 구릉 벨트(Hill belt)를 가로지르는 큰 계곡 두 개가 있는데 북쪽의 므깃도(Megiddo) 계곡과 남쪽의 브엘세바(Beer Sheba) 계곡이다(지도 참고). 전반적으로 이스라엘의 자연환경은 지난 역사

이스라엘의 지형
두로
헬몬산
2800m
훌라 호수
(습지)
(갈릴리)
메론산
1208m
골란 고원
1500m
갈릴리 호수
갈멜산
이스르엘 골짜기
벧 스안
대해(지중해)
욥바
해안 평야
구릉 지역
협곡 지대
라바 암몬
고원 지대
여리고
예루살렘
가자
사해
-394m
브엘세바
네게브 사막
아라바 계곡
라몬산
1010m
에돔 산지
1440m
에시온 게벨

동안 거의 변하지 않았으며 오늘날에도 성경 시대와 같아 보인다.

1. 해안 평야(The coastal plain)

해안 평야는 서쪽에서 동쪽으로 모래로 된 평원과 언덕지대로 구별되며, 이는 지중해를 따라 레바논 접경인 최북단 로쉬 하니크라(Rosh HaNikra)에서, 최남단 가자(Gaza)지역에 이르기까지 길이 약 300km나 된다. 북쪽은 해안 폭이 4-5km에 불과하지만 남쪽으로 내려가면 40km에 이른다. 해안의 동쪽으로는 모래와 석회질이 혼합된 구릉 벨트가 군데군데 뻗어 있고, 또 연속적으로 검은 흙의 띠를 형성하고 있는데, 이는 가장 비옥한 부분이자 주요 곡창지대이다. 이 평야는 지중해성 기후의 영향을 받아서 특유의 식물군과 초목을 갖고 있으며, 북쪽 두로(Tyre)의 고지대와 남쪽의 갈멜산(Mt. Carmel)지역에 이른다. 이 평야지대의 북쪽에는 항상 물이 흐르는 하천이 있고 남쪽에는 계절에 따라 흐르는 시내가 많다. 성경 시대 이후로 계속해서 변화되는 모래언덕은 농업활동을 심각하게 방해해 왔으며, 또한 바다로 흘러가는 물의 흐름을 막아 대지를 습지로 변화시켰다. 평야의 일부인 욥바(Jaffa)와 하이파(Haifa) 사이에 있는 샤론(Sharon)지역은 지난 세기까지도 원시적 참나무(oak tree) 숲이 무성했다. 이곳은 지중해성 기후로 포도, 올리브, 밀 등의 재배가 적합한 곳으로 현재 이스라엘 인구의 60%가 이 지역에 살고 있다. 갈멜산에는 성경 시대 이후 변하지 않은 참나무(oak tree)와 알레포소나무(Aleppo pine tree) 숲이 여전히 남아있다. 이 지역은 북쪽에 있는 눈 덮인 헬몬산과 남쪽 사해의 해발 -396m에 이르는 대조적인 고도 때문에 지형과 기후가 매우 다양한 환경적 특성을 가지고 있다.

2. 구릉 지역(The hill county)

구릉 지역에서 가장 높은 곳은 상류 갈릴리(Galilee)의 메론산(Mt. Meron, 1,208m)과 네게브(Negev)의 라몬산(Mt. Ramon, 1,010m)이다. 이 구릉 지역은 위도에 따라 북쪽과 남쪽지방으로 나뉘어진다. 갈릴리는 강수량이 가장 많고 가장 비옥한 지역

이스라엘의 전형적인 테라스 농경지

이며, 사마리아(Samaria)지역인 길보아산(Mt. Gilboa), 갈멜산, 그리고 남쪽으로는 유대지역의 네게브 사막이 있다. 브엘세바에서 네게브에 이르는 광활한 사막이 남쪽으로 뻗어 있다. 성경 시대 산등성이의 경사지역은 전형적인 계단식 농법으로 지중해 건조 농업의 중요한 지역이었으며, 여름 및 겨울 농작물과 과일을 생산한다. 북쪽에서 남쪽 방향으로 갈수록 연간 강수량이 감소하여 농업 생산력도 점차 감소한다. 유대의 서쪽은 높은 산등성이 때문에 비가 많이 오나 동쪽의 비탈은 사막지대가 많다. 다하리(Daharie, 헤브론에서 남쪽으로 약 20km)지역까지는 산등성이 전체가 천수답 농업을 유지하고 있으며, 더 남쪽으로는 강수량이 너무 적어 농업을 유지할 수 없다. 네게브는 전반적으로 사막인데, 그 중 일부에는 목초지가 있으며, 오아시스(oasis) 농업에 적합하다. 매년 산비탈에 흐르는 홍수는 황량한 사막에 물을 공급해 특별한 형태의 테라스(terrace) 농업을 발전시켰다. 이런 수자원의 활용을 통한 네게브 일부 지역의 농업은 이스라엘 왕정의 큰 관심거리였다. 이와 관련하여 뛰어난 한 사람이 웃시아 왕(King Uzziah, BC 8세기)이다. 그는 광야에 물웅덩이를 파고 고원과 평지에 가축을 많이 길렀으며 산과 밭에 농부를 두었고, 농사를 좋아했다고 한다(대하 26:10). 이러한 형태의 농업은 AD 1세기에 나바테아 사람들(Nabateans)에 의해서 더욱 발전되었다가, AD 7세기에는 아랍인의 네게브 정복과 함께 점차 쇠퇴하였다. 그 후 황량하게 버려졌지만 금세기 중반에 들어서 이 광대한 황무지를 되살리려는 노력을 하고 있다.

3. 협곡 지대(The rift valley)

요르단강을 중심으로 한 협곡 지대는 고유한 특성이 있다. 이 협곡은 시리아 북부를 시작으로 아프리카 잠베시(Zambezi)에 이른다. 이스라엘은 세로로 다섯 부분으로 나눌 수 있다. 보통 단 계곡(Dan Valley)이라고 불리는 최북단 지역은 샘(우물)이 풍부하고 세 개의 시냇물이 합쳐져 요르단강을 형성하는 매우 비옥한 평야다. 남부에는 최근까지도 중동 최대의 파피루스 늪지대를 포함하는 저지대인 훌라 평원이 있다. **유럽의 철새들이 아프리카로 이동할 때 훌라 늪지대를 거쳐가는 것으로 유명하다.** 일부 자연보호구역을 제외하고는 현재 늪에는 물이 빠져있다. 훌라 남쪽 즉 요르단강은 고원을 가로질러 깊은 지층을 따라 가장 비옥한 평원에 접해 있는 갈릴리 호수로 흘러 들어간다. 벧시안(Beth Shean)에서 사해로 이어지는 하부 요르단 계곡은 강수량이 적다. 요르단강의 염분 함량은 남쪽으로 갈수록 증가하는데 여기서 중요한 식물들이 요르단강 가에 자라며, 주로 유프라데포플러(버들잎사시나무, Euphrates poplar)와 타마리스크(Tamarisk, 에셀나무)가 특징적으로 자라고 있다. 둘 다 높은 염도에서도 견딜 수 있는 식물이다. '요르단강 주변의 깊은 숲'(렘 49:19)이 사해의 북쪽에 닿아 있었는데, 사해 주변에는 염수식물들이 가파른 산비탈 양쪽으로 뻗어 서식하고 있다. 여리고 북쪽에서 남쪽으로 흐르는 시냇물이 요르단강을 통해 사해로 흘러 들어간다. 나아란(Naaran), 파리아(Faria), 여리고(Jericho), 님림(Nimrim), 엔게디(En Gedi), 조아르(Zoar) 등에는 큰 오아시스가 있다. 사해 남쪽의 넓은 지역에 180㎞의 긴 아라바(Aravah) 계곡은 서쪽의 네게브 산맥과 동쪽의 모압(Moab)과 에돔(Edom) 산맥 사이를 가로지른다. 그곳의 다양한 토질과 지형은 사막도로, 모래밭과 모래언덕,

소금바위, 자갈밭으로 이루어져 있다. 성경 시대 사막 유목민들에 의해 드문드문 정착된 마을들로 형성된 무역로는 이 나라의 내륙 중심을 지나 홍해 항(Red Sea harbor)에 이른다.

4. 고원지대(The plateau)

요르단 고원은 자연스럽게 세 개의 중요한 블록(block)으로 나뉜다. 야르무크(Yarmukh)강 북쪽의 바산(Bashan), 야르무크와 제레드 브룩(Zered brook) 사이의 길르앗(Gilead)과 모압, 세일산(Mt. Seir)과 엘랏만(the Gulf of Elath) 사이의 에돔 땅이다. 이 지역을 가로지르는 강들은 야르무크강, 얍복(Yabok)강, 아르논(Arnon)강, 제르드(Zered)강, 요르단강 등이며 사해와 아라바계곡으로 흘러 들어간다. 요르단 고원에서 두 개의 가장 높은 봉우리들은 서로 멀리 떨어져 있다. 최북단 골란(Golan) 고원은 높이 약 1,500m에 이르고, 최남단 에돔은 1,734m다. 일반적으로 고원은 요르단 산맥보다 높다. 에돔 땅에는 누비아(Nubian) 사암이 화성암(火成岩) 단층 위로 겹쳐져 있으며, 거대한 모래사막을 형성하고, 나바테아 사람들의 수도인 페트라(Petra)에는 거대한 암석층이 있다.

II 계절과 기후(Seasons and Climate)

이곳의 지형적 다양성은 극한의 기후 차이 때문이다. 북부의 온대 습지대에서 남부의 아열대성 건조지대까지 다양하다. 기후의 급격한 변동은 이 민족의 개인과 공동생활에 영향을 끼쳤는데, 비와 가뭄, 더위와 추위는 시, 속담, 설교, 저주와 축복의 중심 테마로 성경에 잘 나타나 있다. 구약성경에는 굶주림과 기근이 백 번 이상 나타나며 가장 두려운 재앙인 것은 분명했다. 실제로 이스라엘의 기후조건에서 가장 중요한 것은 강수량이기 때문에, 성경 시대에는 인간의 존재 자체가 농업생산량에 달려 있었기 때문에 강수량은 살아가는데 매우 중요했을 것이다.

1. 계절(Seasons)

유대 땅은 한 해가 두 개의 계절로 나누어지는 특징을 가진 지중해성 기후를 띠고 있다. 10월에 첫 비를 시작으로 겨울 우기가 4월에 끝나고, 5월에 시작되는 덥고 건조한 여름 건기가 시작된다, 즉, 추위와 더위, 여름과 겨울(창 8:22)인데, 봄과 가을은 성경에서는 계절로써 거의 언급되지 않았다. 일반적으로 매우 건조한 지역으로 여겨지는 네게브 사막에서도 때때로 꽃을 피우기도 한다[사막이 백합화 같이 피어 즐거워하며 무성하게 피어(사 35:1-2)]. 반면, 씨를 뿌리는 땅에도 비가 내리지 않는 경우가 있다. 갈릴리 북부 일부 지역의 연평균 강수량은 1,000㎜에 달하지만, 사마리아와 유대는 600-700㎜, 유대 남부는 400㎜, 네게브 북부는 200㎜, 네게브 최남단 지역은 평균 25㎜까지 떨어지며 여러 해 동안 비가 오지 않을 수도 있다. 강수량은 위도에 비례하지는 않는다. 하지만, 남부 위도에서의 감소 곡선은 이스라엘의 북부 지역보다 훨씬 더 가파르다. 강수의 기간과 양, 시간당 강수량 등은 이 지역의 기후를 결정하는 요소이다. 따라서 비를 저장하는 토질은 유대인들에게 매우 중요했다(신 11:11).

2. 강수(Rainfall)

연간 강수량은 이 나라를 밀과 보리의 땅(경작지)으로 나누었다. 보리 재배에 안정적인 강수량은 최소 200㎜를 유지해야 한다. 200㎜는 연간 강수량의 평균이며, 보통 한 해에 50-400㎜ 범위에 있다. 이러한 불규칙성은 가뭄과 기근의 빈도를 나타내며, 적어도 400㎜가 넘는 강수량이 필요한 밀 작물은 보리보다 한달 이상 늦게 수확하는 이유가 된다. 이에 따라, 예루살렘 성전으로 가져온 첫 곡식인 보리는 유월절에, 밀의 수확은 오순절 즈음에 각각 수확되었다.

3. 이슬(Dewdrops)

또 다른 종류의 강수인 이슬 역시 하늘의 축복으로 여겨진다. 특히 연간 이슬이 내리는 밤이 250회 가량 집계된 네게브와 해안 평야 등지에서는 여름 농작물의 유지에 매우 중요하다. 이슬은 효과적인 강수량을 제공한다.

4. 기온(Temperature)

기온은 일반적으로 강수량 다음으로 중요하게 여겨지지만 기후 패턴에 대한 영향은 적기 때문에, 성경에서 중요한 요소로 잘 언급되지는 않는다. 그럼에도 불구하고, 그것은 밭작물의 계절적 수확에 대한 주요 관심사다. 연평균 기온은 남북이 크게 다르다. 1월 평균 온도는 갈릴리 7℃, 예루살렘 8℃, 브엘세바 11℃, 사해지역 약 16℃로 상승한다. 7월의 평균 기온이 20℃에서 38℃에 이르며 가장 덥다. 토착 식물과 열대 식물의 존재가 이곳에서 발견되는 이유는 높은 겨울 온도 때문이다. 요르단상 하류 계곡, 아라바 계곡, 해안 평야의 따뜻한 기후는 예로부터 그곳에 아열대 농작물의 재배를 촉진시켰다.

III 성경의 농업(Agriculture in the Bible)

곡식(cereals)과 과일(fruits)은 성경 시대에 매우 중요한 농산물로 밀과 보리는 부유한 자나 가난한 자나 매일 먹는 주식이다. 유대 7대 농산물인 이 두 곡물의 생산량은 종종 하나님의 축복을 대변했다. 또한, 말린 무화과, 포도, 대추야자 등 과일과 아몬드, 피스타치오 등 견과류는 오랜 기간 저장이 가능하여 흉년 기간 굶주림을 극복하는데 도움이 되었다. 여리고와 갈멜산 등지에서는 매우 오래된 경작의 흔적이 발견되었다. 대추야자나무와 올리브나무는 기원전 4천 년부터 이곳에서 경작되었다고 알려졌다. 비옥한 대 평원, 심지어는 산간 계곡의 작은 땅에서도 경작이 이루어졌으나, 비탈 지대는 계속된 벌목과 가축의 방목, 화전을 통해 심각하게 훼손되었다. 출애굽 시대 가나안 땅의 '7종 소산(밀, 보리, 포도, 무화과, 석류, 올리브, 꿀)' 뿐만 아니라 성경에서 언급되지 않은 다른 많은 식물들도 번성했다.

다른 고대의 어떤 책도 성경처럼 농업생활에 대해 풍부하고 생생하게 묘사하지는 않았다. 웃시아 왕도 농업을 좋아했다고 성경은 기록하고 있다(대하 26:10). 수많은 (종교)의식과 사회 및 농업 관련법 외에도, 높은 문화적 기준이나, 많은 대중적 관습들이 농업과 연관되어 있었다. 고대 이스라엘 가문의 사회 구조, 생계, 가정생활은 거의 전적으로 농업을 중심으로 전개되었는데, 성경의 비유를 보면 다양한 활동들이 많이 언급되고 있다. '뿌리, 과일, 씨, 꽃, 추수' 등과 연결된 단어들은 수많은 은유에 사용되었다(시 92:7; 잠 22:8, 31:16; 렘 31:29; 겔 34:31; 호 8:7, 10:1; 암 6:12).

성경 이후의 초기 경작 풍경은 성경 시대와 유사한 점이 많다. 성경 농업의 기준은 작물 서식지를 지정하는 용어의 풍부한 어휘에서 알 수 있다. Kerem(포도 또는 올리브나무밭), gan(정원), ginah(채소밭), pades 및 mata(과수원), mikshah(gourd 밭), sadeh 또는 shdemah(들), nir(경작할 수 있는 땅) 등의 농사와 관련한 용어들이 많이 성경에 인용된다. 농업은 건식농업을 기반으로 하며, 겨울비는 겨울 작물뿐만 아니라 일부 여름 작물까지도 영향을 미쳤다. 강수량이 매우 적은 지역에도 일부 관개농업(지하수 이용)이 분명히 있었을 것으로 추정된다[이에 롯이 눈을 들어 요르단지역을 바라본 즉 소알까지 온 땅에 물이 넉넉하니…, 여호와의 동산 같고 애굽 땅과 같았더라(창 13:10)]. 따라서 농업생산이 풍족하지는 않았지만 삶을 이어 가기에는 충분했을 것으로 본다.

특히 경작이 불가능한 산악지역일지라도 가축에는 충분한 목초지를 제공했을 것이다. 이러한 건식농업은 대부분 지중해 나라들의 주요한 농업 형태였고 이스라엘의 아랍 마을에서도 여전히 흔하게 나타났다. 길르앗과 여리고에서 생산되는 귀한 향유는 수요가 많아 여러 나라에 수출되었다. 밀, 보리, 렌즈콩(렌틸), 무화과, 올리브, 쥐엄 열매, 대추야자 같은 식물들은 오랫동안 유대 및 인근 나라에서 재배된 식물들이고, 석류, 호두, 사과, 오디(뽕), 피스타치오 등은 먼 나라에서 들여온 식물들이다. 나드, 몰약, 갈바넘, 침향, 계피 등과 같은 향신료는 수입되었다.

1. 밭 작물(Field crops)

밭 작물로 비가 오는 지역에서는 밀이, 반 건조 지역과 사막 계곡에서는 보리로 이루어졌다. 여름 곡류 가운데 성경에 또 한 가지 작물이 언급되는데, 아마도 관계시설 없는 산속에서도 잘 자라는 수수(sorghum)의 일종일 것으로 추정된다. 산비탈의 테라스와 산간 계곡에 있는 곡류 재배지들은 오늘날처럼 가장 중요한 경작지였다. 시간이 지나면서 사막의 목동들에 의해 몇몇 테라스가 파괴되었고, 돌로 된 테라스의 벽을 확보하기 위한 나무와 관목을 제외한 대부분의 자연 식물은 거의 멸절되었다.

2. 정원과 과수원(Gardens and Orchards)

곡류 다음으로 중요한 것은 집 근처 정원에서 종종 밭작물로 뿌려진 콩류였다. 성경에는 렌즈콩, 넓은콩, 병아리콩 등이 언급되어 있지만, 쓴 나물도 함께 재배했을 것이다. 이들은 또한 이웃 나라에서도 재배된 것 같다. 채소는 관개시설이 있던 없던 집 근처의 작은 정원에서 재배되었다. 파류(양파, 부추, 마늘)와 고수, 회향, 딜(dill), 박하와 같은 향신료(마 23:23)도 포함되었다. 무, 비트, 양배추 같은 채소는 없었지만, 정원에 당근은 있었을지도 모른다. 뿌리 샐러드와 삶아 먹는 야채는 자급과 판매를 위해 여성들이 가꾸었다. 먹을 수 있는 야생 허브는 계속 채취를 하는데도 여전히 충분했다. 한 쌍의 소는 나무 쟁기를 끌고, 손으로는 씨를 뿌리고 낫으로는 수확을 하며, 타작기로는 작물을 타작하여 건초 갈퀴로 키질을 하는 과정을 거쳐 농작을 하였다. 유대 산지에는 돌이 많은 과수원이 분포하고 있다. 계단식 언덕 비탈에는 과수원과 채소밭이 있었다. 고대 히브리인들은 산악지형을 개선하여 높은 수준의 테라스 농법으로 경작했다.

이렇게 재배가 가능한 지역은 과일 생산으로 특화되었다. 대추야자나무, 올리브나무, 무화과나무, 호두나무, 아몬드나무(산복사나무), 석류나무, 돌무화과나무 등 여러 종류의 과일나무가 다양한 지형에서도 재배되었다. 유대와 사마리아의 전통적인 농업은 여전히 초기 이스라엘과 같은 오래된 방법을 사용했다.

3. 종교와 예배에 사용된 식물(Plants in Religion and Worship)

성경에 나타나는 재배 식물들이 의식, 축제, 명령들로 자주 언급되었다. 유대 민족들은 나무와 숲을 예배 장소로 사용했다(신 12:2, 16:21; 왕하 16:4, 17:10). 하나님의 피조물로서 식물에 대한 첫 번째 언급은 성경 첫번째 책인 창세기 첫 장에 있다[하나님이 이르시되 땅은 풀과 씨 맺는 채소와 각기 종류대로 씨 가진 열매 맺는 나무를 내라 하시니 그대로 되어(창 1:11)]. 히브리어 알론(אַלּוֹן, 오크)과 엘라(אֵלָה, 테레빈나무)는 '신'과 '여신'을 뜻하는 단어와 동일하거나 같은 어원이다. 거대한 나무와 고령의 나무는 능력의 상징으로 사랑받고 신격화되었으며, 또한 위대한 인물의 묘지 역할을 하였다. 몇몇 마을들은 여전히 나무 밑에 모여 추모를 지내고 기도를 한다.

성스러운 식물과의 연관성에 대한 예는 하나님이 모세에게 계시한 '떨기나무 불꽃(출 3:2-6)'의 이야기에서 구체화된다. 많은 일들이 나무 그늘 아래서 이루어졌으며, 심판을 위해 여호와의 사자도 그곳을 통과했고(삿 6:11; 왕상 13:14), 왕들은 그곳에서 즉위했다. 나중에는 나무 아래가 위대한 인물들의 매상지로도 사용됐다(대상 10:12).

유대인들에게 식물과의 관계는 영농 달력에 의한 3대 축제의 시기에서도 알 수 있다. 유월절은 봄철에 지내는데, 이때 보리가 익기 시작하고 그 첫 수확을 제물로 바쳐야 한다(레 23:10). '추수(수확)축제'인 오순절(Shavuoth)은 밀 수확 시점인 초여름 절기이며, 이는 첫 열매를 하나님께 바치는 법(신 26:2)과 관련되었다. 초막절이라고 불리는 세 번째 축제는 가을에 열리는 '과일 모음'의 축제일로, 열매가 수확되고 농업 주기가 끝날 때다(신 16:13). 히브리인들이 땅의 풍요로움에 대해 하나님께 감사하는 의미로 식물 '4종'을 취하라는 명령을 받은 것은 바로 이 축제에서였다. 첫 날에는 너희가 아름다운 나무 실과와 종려나무 가지와 무성한 나무 가지와 시내버들을 취하여 너희의 하나님 여호와 앞에서 이레 동안 즐거워할 것이라(레 23:40). '4종'의 가지들은 마른 종려를 함께 붙들고 기도 시에 드려진다.

많은 율법들은 주로 농업과 그 생산물을 중심으로 언급했다. 수확기에는 가난한 사람들이 먹을 수 있도록 떨어진 곡식 단을 남겨두어야 했고, 밭 모서리도 같은 목적으로 수확되지 않은 채 남겨두어야 했다. 모든 곡식과 과일과 땅의 수확물은 제사장들과 성전을 지키기 위한 십일조로 바쳐졌다. 십일조는 제사장들과 그 가족들의 예배를 통해, 나중에 가난한 사람들에게 꼭 필요한 선물이 되었다. 또한 율법에서는, 심고 난 후 처음 3년 동안은 과일 채집을 금하고, 교배종의 재배가 금지되었다. 안식년인 슈미타를 제정하여 7년 마다 그 때는 재배를 금지하고 땅을 쉬게 하였다.

먼 나라에서 수입한 나무와 관목에서 생산되는 고가의 수지, 향유 및 기타 약물로 제조된 향이 중요한 종교적 역할을 했다. 예수가 성전으로 들어가는 것을 환영하는 종려주일 행렬은 고대의 전통에 뿌리를 두고 있었다. "종려나무 가지를 가지고 맞으러 나가 외치되 호산나 찬송하리로다 주의 이름으로 오시는 이 곧 이스라엘의 왕이시여 하더라(요 12:13)." 초막절은 풍성한 땅의 수확물에 대해 하나님께 감사를 드리는 것이다.

제2장 성경식물

일러두기

- 한국식물명은 국가표준식물목록(국립수목원)의 정명(正名)을 참고했습니다. 제목에 있는 식물의 명명은 한국표준식물 이름이며, ( ) 안에는 영문이름, 성경이름 순으로 병기했습니다.
- 식물은 교목과 관목, 과일과 견과, 약초와 향신료, 곡식과 채소, 염료와 옷감, 꽃, 기타로 분류했습니다.
- 제목의 식물명 다음에는 학명, 과명, 영어(성경)이름, 한글성경이름, 한국식물명, 히브리이름, 주요서식지로 정리했습니다.
- 다음으로 사진과 식물에 관한 제원, 성경과 관련한 내용 및 기타 흥미로운 식물과 관련한 이야기를 기술했습니다. 특히 성경적 의미에서는 성경에서 식물의 인용 의미와 함께 신학적으로 심도 있게 다루었습니다.
- 인용한 성경구절은 개역한글성경과 NIV(New International Version)를 참고했습니다.
- 식물의 제원과 관련된 용어는 『한국식물도감』(교보문고, 이영로 저)을 참고하여 쉽게 풀어 썼습니다.
- 사진은 이스라엘, 레바논, 국내 등에서 찍은 것이며 촬영 장소를 명기했습니다. 사진 촬영이 어려운 식물에 대해서는 필자가 직접 그려 넣었습니다.
- 성경 중에 나타난 개별 성경식물을 쉽게 이해할 수 있도록 이야기 형식으로 기록했습니다.
- 히브리어, 헬라어, 라틴어, 영문 등을 종합하여 흥미 있는 성경식물 이름의 어원을 설명했습니다.

I 교목과 관목(Forest trees and Shrubs)

I-1. 레바논시다(Cedar of Lebanon, 백향목)

이 나무의 라틴어 학명(*Cedrus libani*)에 'libani'는 '희다'는 뜻을 가지고 있다(히브리어로는 livneh). 레바논의 국명도 '희다'의 'laban'에서 유래되었다. 아랍(Arab)어 어원은 '튼튼하게 뿌리를 뻗는 강인한 나무'라는 뜻을 갖고 있다. 이 나라에는 눈으로 덮인 산들이 많다. 레바논시다(Cedar of Lebanon)는 소나무과 상록교목으로 기온이 낮은 고도 1,500-2,000m 산맥의 산비탈에 자생한다. 키가 10-30m, 몸통 지름이 2-3m에 이르는 침엽수다. 특히 **성경 에스겔서에는 "가지가 아름답고 그늘은 숲의 그늘 같으며 키가 크고 꼭대기가 구름에 닿은 레바논 백향목이었느니라**(겔 31:3)"라고 묘사하고 있다. 수명도 1,000-2,000년씩이나 된다. 바늘모양의 잎(약 3㎝ 정도)은 푸른 은색(silver-blue) 또는 진한 녹색(dark green)을 띤다. 나무의 줄기는 은색이고 껍질은 갈라진다. 꽃은 5월경에 피는데, 숫꽃은 일직선의 원뿔형으로 자라고 암꽃은 달걀형으로 자란다. 달걀 모양의 솔방울이 달리며 길이는 8-15㎝이다. 솔방울은 위로 솟아 있고 종자가 바람에 날려 번식한다. 나무가 어릴 때에는 피라미드(pyramid)형이지만, 자라면서 가지가 수평으로 넓게 퍼져서, 마치 우산을 편 듯 수려한 외관으로 사람들을 압도한다. 나무의 향기가 짙고, 수지(resin)가 많아서 병충해가 없을 뿐만 아니라, 자체 방부력도 있어서 내구성이 뛰어나다. 더욱이 아름답게 광택을 낼 수 있어서 귀중한 건축재, 선박재, 악기재, 조각재, 관재로 쓰였다. 추운 곳에서 자라기 때문에 재질이 굳다. 특히 몸통은 곧고 크게 자라므로 왕궁, 성전(신전) 등 중요한 건축에 사용

레바논시다(레바논, 브샤리)

학명(Scientific name): *Cedrus libani* A. Rich

과명(Family name): Pinaceae(소나무과)

영어(성경)이름[English (biblical) name]: cedar of Lebanon

한글(성경)이름[Korean (biblical) name]: 백향목(柏香木)

한국식물명(Korean name): 레바논시다, 백향목, 향백나무, 레바논개잎갈나무

히브리이름(Hebrew name): 에레스(ארז, erez)

주요서식지(Natural habitat): 히말라야, 서남아시아, 레바논

되었다.

백향목은 이스라엘(Israel) 사람만 사용한 것이 아니었다. 레바논과 인접한 여러 나라의 지배자들은 그들의 궁전을 짓는 데 많이 사용했다. 고대 앗시리아인(Assyrian)도 이 나무로 궁전을 지었으며, 이집트(Egypt)인은 건축재, 선박재, 관재로 사용했고, 로마(Rome)인들은 향이 좋고 방부력도 있는 이 나무의 수지로 서책이나 종이에 칠해서 좀이 스는 것을 방지하기도 했다. 또한 카르타고(Cartago) 제국을 세운 페니키아인(Phoenician)들은 이 목재로 거대한 갤리(galley)선(노와 돛을 겸한 배)을 만들어 한때 지중해를 제패했다. 이 나무의 원산지는 히말라야(Himalaya)로 알려졌으며 중동 지역의 고산지대에도 자생하며, 현재는 전 세계에 분포한다. 적당한 강수 및 좋은 토양의 조건만 맞으면 추운 지역에서도 잘 자란다. 레바논 백향목은 고도 2,000m의 눈 덮인 높은 산에 자라는 광대한 교목으로 유명하다. 그러나 수천 년 동안 남벌로 인하여 현재 레바논지역에서는 희귀한 나무가 되었고, 레바논 북부 카디샤계곡(Kadisha Valley)의 브샤리구역(Bsharri District)에 백향목 군락이 대표적으로 남아 있다. 이곳은 현재 유네스코 세계자연문화유산으로 지정되어 보호받고 있다. 이 나무는 구약 시대의 팔레스타인(Palestine)지역에서는 자라지 않았다. 그러나 지금은 예루살렘 주변에서도 이 나무가 자란다. 백향목은 레바논 국기의 중앙에 그려진 나무이기도 하다.

레바논 국기(가운데 나무가 백향목이다)

성경적 의미(Symbolism)

- 수목의 왕, 다윗과 솔로몬의 궁전과 성전의 건축재로 사용했다

백향목은 다윗(David)과 솔로몬(Solomon)의 왕궁과 성전을 생각나게 한다. 다윗왕이 예루살렘(Jerusalem)의 여부스 족속을 몰아낸 후 750년 경에 그들은 수많은 이스라엘 사람들을 레바논으로 보내어 이 나무를 가져다가 왕궁과 성전을 짓게 했다. 두로(Tyre) 왕 히람(Hiram)은 다윗에게 사절들과 백향목과 목수와 석수를 보내어 집(궁)을 짓게 했고(삼하 5:11), 솔로몬은 예루살렘 성전을 짓기 위해 두로 왕 히람과 상거래 계약을 맺어 원하는 대로 백향목을 벌채해 가고 그 댓가로 곡물과 기름을 주었다는 기록이 있다(왕상 5:7-12). 7년 동안 예루살렘 성전 건축을 위해 이스라엘 사람 3만 명을 동원하여 레바논으로 보냈고, 후에 감독관 3,300명을 포함하여 15만여 명의 일꾼을 더 동원하여 준공했다. 레바논 산지에서 벤 목재는 뗏목을 만들어 35㎞의 바닷길을 통해 욥바(Jappa)로 이동했고, 다시 40㎞의 육로를 통해 예루살렘으로 운반되어 성전의 중요한 부분에 쓰였다(왕상 5, 6장, 대하 2장). 성전의 지성소에 백향목으로 제단을 만들었고, 성전의 안벽 곧 성전마루에서 천장까지의 벽에 이 나무를 입혔다고 기록했다(왕상 6:15-16). 13년이 걸려서 건축한 솔로몬 왕궁에도 레바논의 백향목이 사용되었음을 기록하고 있다(대하 2:3, 8). 당시의 왕들은 궁전을 짓는데 권세와 권위를 상징적으로 보여주어야 했는데 백향목 만한 재료가 없었다. 또 에스라(Ezra)가 예루살렘 성전을 재건축할 때에도 같은 방법으로 레바논의 백향목을 욥바로 운송하여 사용했다(스 3:7).

한편, 히브리 제사장들은 나병을 치료할 때 히숍(hyssop)과 함께 레바논 백향목을 사용하라는 모세의 명령을 받았다(레 14:4).

백향목은 구약성경에만 75번이나 등장하는 중요한 나무로써, 사자를 동물의 왕으로 여겼듯이 백향목은 수목의 왕으로 여겼다. 성경에서는 백향목을 아름다움(아 5:15), 억센 힘(시 29:5), 장대함(사 2:13), 위엄(왕하 14:9), 명성(겔 31:3) 등으로 표현했다.

솔로몬 왕이 지혜로웠다는 이야기는 잘 알려져 있다. 그를 찾아온 사람들에게 잠언 삼천 가지와 노래 1천 다섯 편을 말하였다고 하며, 초목에 대한 지식도 뛰어나서 레바논의 백향목으로부터 담에 사라는 우슬초까지도 알고 있었으며, 짐승과 새와 기어다니는 것과 물고기에 대하여도 잘 알고 있었다고 했다(왕상 4:31-34). 물론 하나님께서 뛰어난 지혜를 주셨지만 또한 많은 지식도 쌓은 왕이었음을 알 수 있다.

레위기 14:4 제사장은 그 정결함을 받은 자를 위하여 명령하여 살아 있는 정결한 새 두 마리와 **백향목**(cedarwood)과 홍색 실과 우슬초를 가져오게 하고

사무엘하 5:11 두로 왕 히람이 다윗에게 사절들과 **백향목**(cedarwood)과 목수와 석수를 보내매 그들이 다윗을 위하여 집을 지으니

사무엘하 7:2 왕이 선지자 나단에게 이르되 볼지어다 나는 **백향목**(cedarwood) 궁에 살거늘 하나님의 궤는 휘장 가운데에 있도다

열왕기상 4:33 그가 또 초목에 대하여 말하되 레바논의 **백향목**(cedarwood)으로부터 담에 나는 우슬초까지 하고 그가 또 짐승과 새와 기어다니는 것과 물고기에 대하여 말한지라

열왕기상 5:10 솔로몬의 모든 원대로 **백향목**(cedarwood) 재목과 잣나무(juniper) 재목을 주매

열왕기상 6:15 **백향목**(cedarwood) 널판으로 성전의 안벽 곧 성전 마루에서 천장까지의 벽에 입히고 또 잣나무 널판으로 성전 마루를 놓고

열왕기하 14:9 이스라엘의 왕 요아스가 유다의 왕 아마샤에게 사람을 보내 이르되 레바논 가시나무가 레바논 **백향목**(cedarwood)에게 전갈을 보내어 이르기를 네 딸을 내 아들에게 주어 아내로 삼게 하라 하였더니 레바논 들짐승이 지나가다가 그 가시나무를 짓밟았느니라

역대하 2:3 솔로몬이 사절을 두로 왕 후람에게 보내어 이르되 당신이 전에 내 아버지 다윗에게 **백향목**(cedarwood)을 보내어 그가 거주하실 궁궐을 건축하게 한 것 같이 내게도 그리 하소서

역대하 2:8 또 레바논에서 **백향목**(cedarwood)과 잣나무와 백단목을 내게로 보내소서 내가 알거니와 당신의 종은 레바논에서 벌목을 잘 하나니 내 종들이 당신의 종들을 도울지라

에스라 3:7 이에 석수와 목수에게 돈을 주고 또 시돈 사람과 두로 사람에게 먹을 것과 마실 것과 기름을 주고 바사 왕 고레스의 명령대로 **백향목**(cedarwood)을 레바논에서 욥바 해변까지 운송하게 하였더라

시편 92:12 의인은 종려나무 같이 번성하며 레바논의 **백향목**(cedarwood) 같이 성장하리로다

아가 5:15 다리는 순금 받침에 세운 화반석 기둥 같고 생김새는 레바논 같으며 **백향목**(cedarwood)처럼 보기 좋고

이사야 2:13 또 레바논의 높고 높은 모든 **백향목**(cedarwood)과 바산의 모든 상수리나무와

이사야 41:19 내가 광야에는 **백향목**(cedarwood)과 싯딤나무(Shittim)와 화석류와 들감람나무를 심고 사막에는 잣나무와 소나무와 황양목을 함께 두리니

에스겔 31:3 볼지어다 앗수르 사람은 가지가 아름답고 그늘은 숲의 그늘 같으며 키가 크고 꼭대기가 구름에 닿은 레바논 **백향목**(cedarwood)이었느니라

스가랴 11:1 레바논아 네 문을 열고 불이 네 **백향목**(cedarwood)을 사르게 하라

I-2. 아카시아나무(Acacia, Shittim tree, 싯딤나무, 조각목)

싯딤나무(이스라엘, 아라바계곡)

학명(Scientific name): *Vachellia tortilis* (Forssk) Hayne
과명(Family name): Fabaceae(콩과)
영어(성경)이름[English (biblical) name]: umbrella thorn acacia(Shittim tree, acacia wood)
한글(성경)이름[Korean (biblical) name]: 싯딤나무, 조각목
한국식물명(Korean name): 우산아카시아나무
히브리이름(Hebrew name): 싯다(שִׁטָּה, Shittah, 단수형), 싯딤(שִׁטִּים, Shittim, 복수형)
주요서식지(Natural habitat): 아프리카(Africa), 중동(Arabia) 등 건조지역의 계곡

아카시아(*Acacia*)나무는 전 세계에 700-800여 이상의 변종이 있다. 현재 이스라엘에는 적어도 7종의 아카시아나무 "*A.*(*Acacia, A*) *negevensis, A. laeta, A. salicina, A. saligna, A. albida, A. raddiana, Vachellia*(*V.*) *tortilis* (*V. seyal* Del.)"가 자생하고 있다고 알려져 있다. 이 중 ***V. tortilis*** **Hayne**(싯딤나무)와 ***A. raddiana*****, Savi**(붉은색 아카시아)**가 이스라엘의 대표적인 아카시아나무다**. 이 두 종 아카시아나무의 상층부는 꼭대기가 평평한 모양(flat-topped)을 하고 있다.

싯딤나무(*V. tortilis*)는 상층부가 평평해서(flattered), **우산가시나무**(umbrella thorn acacia)로 불리는데 가시가 있는 콩과 식물이다. 나무의 위쪽이 우산처럼 뻗어 있어 사막에서 시원한 그늘을 제공한다. 최근에는 바켈리아(Vachellia)속 식물로 분류되었다. 아프리카 수단(Sudan)이 원산지이며 사바나(Savannah) 기후대에 널리 분포되어 있다. 사막에서 자라는 아카시아나무들은 뿌리를 40-50m까지 깊게 뻗는다. 연간 강수량이 40㎜정도에서도 자랄 수 있다. 생존력이 강해 오래 사는 식물이며 시나이 반도와 유대 광야지역의 네게브(Negev) 사막과 같이 뜨겁고 건조한 지역에서 자라는 식물이다. 키는 보통 5-8m 정도 자라지만 강수량 또는 토양 조건에 따라 더 자랄 수 있다. 잎자루에는 6-20개의 작은 잎들이 쌍(bi-pinnate)으로 달리는데 크기는 1-2㎝ 정도이고, 잎과 긴 꼬투리(열매)에는 잔털을 지니고 있다. 향기가 있는 크림색 노란 꽃은 4월에서 12월 사이에 핀다. 가지가 밑에서부터 갈라져 나와 윗부분은 우산 모양의 수평을 이룬다. 줄기는 붉으며 여러 줄기가 대칭적으로 30도 정도 옆으로 자란다. 가시는 쌍으로 이루어져 있으며 길이는 5-10㎝로, 짧은 것도 있고 긴 것도 있다. 꼬투리가 터지면 단단하고 반짝이는 검은 씨가 나온다. 학명은 '꼬여 있다'는 뜻을 갖는 'tortilis'이며, 꼬여 있는 꼬투리의 씨는 영양이 풍부하고 단백질 함량이 12-19%로 가축이나 야생 초식동물의 중요한 먹이가 된다. 동아프리카에서는 기근 시에 사람이 먹기도 한다. 콩과 식물로 질소를 고정하여 건조한 지형에서 토양을 보존하는데 유용하다. 이 나무는 특히 해충에 강하다. 나무에 개미가 서식하고 있어서 오히려 다른 해충(pests)으로부터 보호되기 때문이다. 잎이 항상 푸른 상록수도 있고 낙엽이 지는 나무도 있다. 주로 숯이나 화목(火木)으로 사용되며 일부는 목재나 공예품으로도 이용된다. 주로 열대 또는 아열대 지역에 서식하고, 호주에서도 발견된다. 이집트, 시나이반도, 사하라사막의 계곡 또는 와디(wadi)에서 자란다.

붉은 아카시아나무인 ***A. raddiana*** **Savi.**는 은고사리 모양을 하고 있다. 갈색 줄기의 이 나무를 **보통 아카시아**(common acacia)로 불리고 있으며 7-20㎝ 정도의 강하고 날카로운 가시들을 지니고 있다. 높이 약 3-8m까지 자란다. 아라바(Arabah)사막 같은 극심한 건조지역에서도 잘 자라는 이 식물은, 대부분이 건조하고 척박한 땅에서 자라기 때문에 특히 뿌리가 깊다. 노란 꽃은 6월부터 12월

아카시아[(*Acacia raddiana* Savi.), 이스라엘, 사해계곡]

까지 핀다. 동물의 먹이로부터 스스로 보호하기 위해 강하고 날카로운 가시를 많이 가지고 있으나 잎과 줄기는 결국 초식동물의 먹이가 된다. 극심한 기근 때에는 긴 꼬투리(pod-shaped fruit) 안에 있는 씨를 식용으로 사용하기도 한다. 이 아카시아나무도 비교적 넓게 자라기 때문에 중동이나 아프리카에서 목농이나 사막 여행자들에게 좋은 그늘과 피난처를 제공한다. 대부분의 아카시아나무는 연료(숯 또는 화목)로 사용되지만, 일부는 이 지역에서 좋은 가구 등으로도 사용되었다.

성경적 의미(Symbolism)
- 볼품없는 나무가 소중한 법궤(ark)를 만드는데 이용되다

히브리 성경에 싯딤(shittim)은 나무로 24회, 장소로 5회 각각 언급되었다. 아카시아(acacia)나무의 일종인 이 나무의 히브리 고유 이름이 싯딤(shittim)이다. 히브리어 '싯딤'은 '가시(thorn or barb)'를 뜻한다. 그리스(Greece)어 '*akakia*'도 '가시를 뜻하는 말에서 유래했다. 성경에는 가시나무와 조각목(acacia) 및 싯딤나무로 각각 번역하고 있다. 특히 출애굽기(Exodus) 민수기(Numbers), 요엘(Joel), 여호수아(Joshua) 등에서는 이 나무에 대해 조각목(아카시아)으로 언급하지 않고 싯딤나무(shittim wood)로 기록했다.

날카롭고 단단한 가시로 인해 주목을 받지 못하는 나무이나 시나이반도에서 자라는 아카시아나무(*V. tortilis*와 *A. raddiana*)는 가끔 목재로 사용된다. 나무의 성장이 매우 느려 단단하게 자라고, 저항성과 내구성이 뛰어나며, 특히 나무 몸통이 똑바르게 자라므로 법궤(또는 언약궤, the ark of the covenant)와 기물을 만드는 데 이용되었다. 따라서 법궤를 아카시아 나무로 만들었다는 것은 놀라운 일이 아니다. 하나님은 시내산에서 모세에게 아카시아 나무로 성막(Tabernacle)과 법궤를 만들라고 명령했다[너는 조각목으로 성막을 위하여 널판을 만들어 세우되(출 26:15), 내가 조각목(shittim wood, acacia wood)으로 궤를 만들고 처음 것과 같은 돌판 둘을 다듬어 손에 들고 산에 오르매(신 10:3)]. 대부분의 이스라엘 식물이 그러하듯이, 극한 상황에서도 생명력을 이어가는 아카시아나무가 소중한 법궤를 만드는데 사용되었다는 것은 큰 의미가 있다. 척박한 광야에서 오랫동안 연단의 과정을 거쳐 나온 목재는 최고의 물품(법궤)을 만드는데 사용되었다. 볼품없는 나무가 선택을 받아 장인의 손을 거쳐 지성소에 들어가는 나무가 되었다. 또한 진설병 상(牀)도 이 나무로 채(형태)를 뜨고 금으로 입혔다(출 37:25-28). 원목은 아름다운 오렌지(orange)색을 띤다. 선별된 나무는 고급 목재로 사용되지만 나머지는 대부분 연료나 숯으로 이용된다. 이집트 사람들은 관(미라)을 만드는데도 사용했다.

히브리어 'shittah'는 '아카시아'를 의미하며 'shittim'은 복수형이다. 이사야 41장 19절에 1회만 싯다나무(shittah tree)라고 단수로 기록되었다(I will plant in the wilderness…… the shittah tree. Isaiah 41:19, KJV). 또한 성경에 싯딤은 장소명으로도 사용되었는데 아마 가시나무가 많았던 지역이라고 생각된다[민 25:1의 싯딤(Shittim)은 요르단강을 건너기 전인 모압평원(여리고 맞은편)에 위치하고 있다. 모압지역은 여호수아가 정탐꾼을 보냈던(수 2:1) 성읍]. 미가 6장 5절에는 싯딤으로, 요엘 3장 18절에는 싯딤골짜기로, 민수기 33장 49절에서는 모압(Moab)지역의 아벨싯딤(Abelshittim, meadow of the acacias)으로 각각 기록되었다.

한편, '고모라 왕이 전쟁에 패하여 달아나다가 역청 구덩이에 빠진 싯님 골짜기(창 14:3, 8, 10)'에 나오는 싯딤은 'Siddim'으로 'Shittim'과는 구별되며 다른 장소를 나타내는 명칭이다(Now the Valley of Siddim was full of tar pits, and when the kings of Sodom and Gomorrah fled, some of the men fell into them and the rest fled to the hills.).

조각목으로 번역된 한글성경은 중국의 비슷한 식물인 조각목(조각자나무 또는 조협목)의 오역에서 비롯된 것이다. 또한, 중국이 원산지인 조각목(*Gleditsia sinensis* Lam.)은 우리나라의 주엽나무(*Gleditsia japonica* var. *koraiensis* Nak.)와 비슷하지만 다른 나무다. 출애굽기 25장 5절에도 "붉은 물들인 숫양의 가죽과 해달의 가죽과 조각목과"에서 아카시아나무를 조각목이라 했다. 중국의 조각목도 가시가 많은 나무다.

히브리인의 법궤 모형(내부는 아카시아 나무, 외부는 금을 입혔다)
출처 https://www.istockphoto.com/photo/the-ark-of-the-covenant-gm490439312-75214691

주요성경(Main phrases)

창세기 14:3 이들이 다 싯딤(Siddim) 골짜기 곧 지금의 염해에 모였더라

출애굽기 26:15 너는 조각목(acacia wood)으로 성막을 위하여 널판을 만들어 세우되

출애굽기 37:25 그가 또 조각목(acacia wood)으로 분향할 제단을 만들었으니 길이는 한 규빗이요 너비도 한 규빗이라 네모가 반듯하고 높이는 두 규빗이며 그 뿔들이 제단과 연결되었으며

민수기 25:1 이스라엘이 싯딤(Shittim)에 머물러 있더니 그 백성이 모압 여자들과 음행하기를 시작하니라

신명기 10:3 내가 조각목(acacia wood)으로 궤를 만들고 처음 것과 같은 돌판 둘을 다듬어 손에 들고 산에 오르매

여호수아 2:1 눈의 아들 여호수아가 싯딤(Shittim)에서 두 사람을 정탐꾼으로 보내며 이르되 가서 그 땅과 여리고를 엿보라 하매 그들이 가서 라합(Rahab)이라 하는 기생의 집에 들어가 거기서 유숙하더니

이사야 41:19 내가 광야에는 백향목과 싯딤나무(accacia)와 화석류와 들감람나무를 심고 사막에는 잣나무와 소나무와 황양목을 함께 두리니

요엘 3:18 그 날에 산들이 단 포도주를 떨어뜨릴 것이며 작은 산들이 젖을 흘릴 것이며 유다 모든 시내가 물을 흘릴 것이며 여호와의 성전에서 샘이 흘러 나와서 싯딤(Shittim) 골짜기에 대리라

미가서 6:5 내 백성아 너는 모압 왕 발락이 꾀한 것과 브올의 아들 발람이 그에게 대답한 것을 기억하며 싯딤(Shittim)에서부터 길갈까지의 일을 기억하라 그리하면 나 여호와가 공의롭게 행한 일을 알리라 하실 것이니라

Ⅰ-3. 테레빈나무(Terebinth tree, 상수리나무, 밤나무)

테레빈나무(이스라엘, Elah 골짜기)

학명(Scientific name): *Pistacia terebinthus* Desf.
과명(Family name): Anacardiaceae(옻나무과)
영어(성경)이름[English (biblical) name]: terebinth(elah)
한글(성경)이름[Korean (biblical) name]: 상수리나무, 밤나무
한국식물명(Korean name): 테레빈나무
히브리이름(Hebrew name): 엘라(אֵלָה, elah), 알라(alah)
주요서식지(Natural habitat): 지중해, 네게브, 팔레스타인, 튀르키예

이 나무의 히브리어 '엘라(elah)'는 'el(god; 신)'에서 유래했다. 테레빈나무와 참나무와는 전혀 다른 종의 나무다. 참나무는 참나무과(Fagaceae)에 속하는 나무이고, 테레빈나무는 옻나무과(Anacardiaceae) 나무다. 테레빈나무는 지중해를 중심으로 시리아, 레바논, 팔레스타인, 아라비아(Arabia) 등에 비교적 넓은 지역에 많이 분포하는 큰 낙엽수이며 대개는 독립수로 구릉지대에서 볼 수 있다. 네게브사막과 갈릴리(Galilee) 호수 낮은 곳에도 분포한다. 주로 유대 사막의 남북으로 분포되어 있다. 이스라엘 지역의 사람들에게 붉은색 염료를 제공하는 낙엽성 관목으로 알려져 있다. 느티나무처럼 잎이 무성하다. 나무의 키는 5-10m 정도까지 자라고, 잎의 끝은 연한 붉은색이며 옻나무와 같은 타원형이며 길이는 2-6㎝, 너비는 1-3㎝로 가늘고 길다. 여러 개의 작은 겹잎(leaflets)도 붙어있다. 붉은 꽃은 이른 봄(3, 4월)에 핀다. 나무는 탄닌(tannin) 수지를 함유하고 있으며 망고 냄새가 나고 식용으로도 사용한다. 줄기에 상처를 내어 채취한 수액에서 테레빈유를 제조한다. 위궤양, 치통, 위통 등에 사용했다. 나무껍질은 끓여서 출혈과 습진에 사용했다. 이 열매는 핵과(drupes, 단단한 씨를 과육으로 감싼 과일 또는 견과)로 크기가 5-7㎜ 정도이다. 포도송이처럼 작은 열매가 달리는데 매우 떫고 쓰다. 익으면 검붉은 색으로 변한다. 우리에게 맛있는 견과로 알려진 피스타치오 열매의 나무는 *Pistacia vera*로 다른 나무이다.

성경적 의미(Symbolism)

- 소년 다윗이 거인 골리앗을 쓰러트린 엘라(elah) 골짜기

앞서 언급한 대로 테레빈나무와 참나무는 종이 다른 나무다. 한글성경에서는 'terebinth'을 밤나무 또는 상수리나무로 번역했으며(사 6:13), 일부 영어성경(NIV)은 참나무(oak)와 테레빈나무를 구별하지 않고 사용했다. 그러나 히브리 성경에는 구별했다. **히브리어 '엘라(elah)'는 '테레빈나무'며, '알론[allon(elon)]'은 '참나무(oak)'로 각각 구별된다.** 호세아 4장 13절에는, 참나무와 테레빈나무를 각각 구별하여 언급했다[그들이 산 꼭대기에서 제사를 드리며 작은 산 위에서 분향하되 참나무(oak)와 버드나무와 상수리나무(terebinth) 아래에서 하니(Hosea 4:13), They sacrifice on the mountaintops and burn offerings on the hills, under **oak(elon)**, poplar and **terebinth(elah)**, where the shade is pleasant.]. 고대인들은 이 나무를 숭배했다. 테레빈나무는 베임을 당하여도 그 그루터기에서 계속 새싹이 나와 다시 거목으로 자란다(사 6:13).

이 나무 그늘이 좋으므로 그 아래에서 제단을 쌓았으며(호 4:13), 모임(또는 만남, 약속) 장소(삿 6:11) 등으로도 언급했다. 야곱은 하란에서 고향으로 돌아가던 중에 세겜 근처의 테레빈나무 밑에 이방 신상과 귀고리를 묻었다(창 35:4). 사울의 시체를 길르앗 테레빈나무 아래 장사하였다(대상 10:12). 기드온은 여호와의 사자를 테레빈나무 아래에서 만났다(삿 6:11). 'Elah'는 장소를 언급하기도 했다(삼상 17:2). **다윗이 골리앗과 싸운 엘라(Elah) 골짜기는 이 나무가 많이 자라는 곳으로 여겨진다**(삼상 17:2).

중국어 성경은 이 나무를 상수로 번역하고 있어서, 우리도 상수리나무라고 국역하게 되었으나 상수리나무 또는 참나무와는 전혀 관련이 없다.

주요성경(Main phrases)

여호수아 24:26 여호수아가 이 모든 말씀을 하나님의 율법책에 기록하고 큰 돌을 가져다가 거기 여호와의 성소 곁에 있는 ***상수리나무**(oak) 아래에 세우고

사무엘상 17:2 사울과 이스라엘 사람들이 모여서 **엘라**(Elah) 골짜기에 진 치고 블레셋 사람들을 대하여 전열을 벌였으니

사무엘상 21:10 제사장이 이르되 네가 **엘라**(Elah) 골짜기에서 죽인 블레셋 사람 골리앗의 칼이 보자기에 싸여 에봇 뒤에 있으니 네가 그것을 가지려거든 가지라

사무엘하 18:9 한 사람이 보고 요압에게 알려 이르되 내가 보니 압살롬이 ***상수리나무**(oak)에 달렸더이다 하니

이사야 6:13 그 중에 십 분의 일이 아직 남아 있을지라도 이것도 황폐하게 될 것이나 **밤나무**(terebinth)와 **상수리나무**(oak)가 베임을 당하여도 그 그루터기는 남아 있는 것 같이 거룩한 씨가 이 땅의 그루터기니라 하시더라

호세아 4:13 그들이 산 꼭대기에서 제사를 드리며 작은 산 위에서 분향하되 참나무(oak, elon)와 버드나무와 **상수리나무**(terebinth) 아래에서 하니 이는 그 나무 그늘이 좋음이라 이러므로 너희 딸들은 음행하며 너희 며느리들은 간음을 행하는도다

*NIV성경에는 'oak'로 번역되었으나 히브리 성경은 'elah(terebinth)'로 기록되었음.

Ⅰ-4. 다볼참나무(Tabor oak, 참나무, 상수리나무)

다볼참나무(이스라엘, 텔아비브)

학명(Scientific name): *Quercus ithaburensis* Decne

과명(Family name): Fagaceae(참나무과, 너도밤나무과)

영어(성경)이름[English (biblical) name]: [(Tabor) oak, the great tree)]

한글(성경)이름[Korean (biblical) name]: 상수리나무, 참나무

한국식물명(Korean name): 다볼참나무

히브리이름(Hebrew name): 엘론(אֵלוֹן, elon), 알론(אַלּוֹן, allon)

주요서식지(Natural habitat): 팔레스타인, 시리아

참나무과 또는 너도밤나무과(Fagaceae) 참나무(oak)의 종류는 전 세계에 거쳐 450여 종이나 된다. 이스라엘에 서식하는 참나무(oak)는 두 종류가 있는데 하나는 우리나라의 상수리나무와 유사한 케르메스참나무(*Quercus coccifera*, Kermes oak)이고 다른 하나는 여기서 언급한 다볼참나무(Tabor oak)다. 전자는 0.5-2m정도로 낮게 자라는 관목이다.

케르메스참나무(Kermes oak, 이스라엘, 텔아비브)

다볼참나무는 주로 남유럽과 중동 지역에서 자라는 낙엽수로 보통 10-25m쯤 자란다. 몸통의 둘레가 2.5-5m에 이른다. 생존기간은 길며 보통 300-500년 정도다. 잎은 밤나무처럼 생겼으며 작고 끝이 뾰족하다. 잎 가장자리에 톱니가 있고 구불구불한 파도 모양이다. 가지는 버섯모양으로 넓게 퍼진다. 한국의 느티나무처럼 그늘을 제공한다. 나무껍질은 검은 갈색이며 얇은 코르크(cork) 상태로 되어 있다. 암수 한그루로 꽃은 4-5월에 핀다. 암꽃은 수분하면 열매(acorn, 도토리)를 맺고 이듬해 가을에 성숙한다. 단풍이 끝나서 완전한 고엽이 되어도 좀처럼 가지로부터 떨어지지 않고, 겨울이 되어도 눈 날 정도까지 붙어 있다. 열매는 떫은맛이 강하며 독성도 있다. 특히 말이나 양 및 염소들에게는 독성을 일으킨다. 그러나 돼지에게는 독성이 없어 사료로 사용한다. 탄닌(tannin)을 제거하면 사람도 먹을 수 있다. 참나무로부터 수액이 배어 나오는 경우가 있어 장수풍뎅이나 사슴벌레 등의 갑충류들이 수액을 먹기 위해 모인다. 재질은 딱딱하고, 건축재나 가구재, 차량, 선박에 사용될 뿐 아니라 땔감나무로도 이용된다.

성경적 의미(Symbolism)

- 죽거나 베임을 당해도 그루터기는 남아서 그곳에서 새로운 생명이 계속 자란다

성경에서 언급한 참나무는 다볼참나무다. 다볼산(Mt. Tabor)에 이 나무가 많아서 붙여진 이름인 듯하다. '참나무(Oak)'는 히브리어로 'elon(allon)'이며 '힘(power)'을 의미한다. 그리스 로마 신화에서도 이 나무를 신성하게 생각하여 많은 전설이 전해져 오고 있다. 이 나무는 여러 종교에서 장엄함(splendor)을 상징한다. 이스라엘의 대표적인 나무인 이 다볼참나무는 레바논의 백향목에 버금가는 나무로 장엄함 이외에도 강한 힘(power), 장수(longevity), 명예(pride)를 상징하고 있다. 또한, 숭배(worship), 제사(offering), 매장지(burial sites)와도 관련이 있다.

다볼참나무는 마므레(Mamre)에서 'Abram's oak'로도 불렀다(창 12:6). 영어성경에는 'the great tree'로도 번역되었다. 롯과 헤어진 아브람(아브라함의 전 이름)은 다볼참나무가 많은 마므레지역에 거주했다(창 13:18). 창세기 35장 8절에 리브가의 유모 드보라가 죽어 다볼참나무 아래에 장사 지내고 **'통곡(bacuth)의 상수리나무(elon)'를 뜻하는 '알론바굿(상수리 통곡, Allon-bacuth)'이라고 불렀다. 이는 '수목장'의 기록이라 할 수 있다.** 수목장에 대한 기록은 사무엘상 31절 13절에도 나온다(그의 뼈를 가져다가 야베스 에셀나무 아래에 장사하고 칠 일 동안 금식하니라). 바산(Bashan)의 참나무가 유명하다. 강도가 높아 건축, 가구, 배 젓는 노를 만드는데 사용되었다(겔 27:6). 다볼참나무는 일반 참나무보다 크고 높아 이 나무 밑에서 제단을 쌓았다(창 13:18). 따라서 키가 큰 이 나무는 지형의 위치를 표기하는 데에도 사용되었다(수 19:33). **참나무는 오래 사는 나무일 뿐 아니라 죽어도 그 그루터기에서 다시 새로운 생명이 자라는 나무다.** 그러나 이사야서에는 마지막 날의 재앙이 이스라엘의 참나무에도 임한다고 하였다(사 2:13). 종말의 재앙을 의미한다고 볼 수 있다. 성경의 상수리나무는 또 다른 참나무 수종 중 하나이므로 (다볼)참나무로 바꾸는 것을 추천한다.

또한 다윗의 군대에 쫓기던 아들 압살롬이 참나무(a large oak)에 머리가 걸려 죽었다(삼하 18:9).

창세기 12:6 아브람이 그 땅을 지나 세겜 땅 모레 **상수리나무**(the great tree)에 이르니 그 때에 가나안 사람이 그 땅에 거주하였더라

창세기 13:18 이에 아브람이 장막을 옮겨 헤브론에 있는 마므레 **상수리**(the great tree) 수풀에 이르러 거주하며 거기서 여호와를 위하여 제단을 쌓았더라

창세기 35:8 리브가의 유모 드보라가 죽으매 그를 벧엘 아래에 있는 **상수리나무**(oak) 밑에 장사하고 그 나무 이름을 **알론바굿**(Allon-bacuth)이라 불렀더라

여호수아 19:33 그들의 지역은 헬렙과 사아난님의 **상수리나무**(oak)에서부터 아다미 네겝과 얍느엘을 지나 락굼까지요 그 끝은 요단이며

사사기 6:11 여호와의 사자가 아비에셀 사람 요아스에게 속한 오브라에 이르러 **상수리나무**(oak) 아래에 앉으니라 마침 요아스의 아들 기드온이 미디안 사람에게 알리지 아니하려 하여 밀을 포도주 틀에서 타작하더니

사무엘상 10:3 네가 거기서 더 나아가서 **다볼 상수리나무**(the great tree of Taber)에 이르면 거기서 하나님을 뵈오려고 벧엘로 올라가는 세 사람을 만나리니 한 사람은 염소 새끼 셋을 이끌었고 한 사람은 떡 세 덩이를 가졌고 한 사람은 포도주 한 가죽부대를 가진 자라

사무엘하 18:9 압살롬이 다윗의 부하들과 마주치니라 압살롬이 노새를 탔는데 그 노새가 큰 **상수리나무**(oak) 번성한 가지 아래로 지날 때에 압살롬의 머리가 상수리나무에 걸리매 그가 공중과 그 땅 사이에 달리고 그가 탔던 노새는 그 아래로 빠져나간지라

역대상 10:12 용사들이 다 일어나서 사울의 시체와 그 아들들의 시체를 거두어 야베스로 가져다가 그 곳 **상수리나무**(the great tree) 아래에 그 해골을 장사하고 칠 일을 금식하였더라

이사야 2:13 또 레바논의 높고 높은 모든 백향목과 바산의 모든 **상수리나무**(oak)와

이사야 6:13 그 중에 십분의 일이 아직 남아 있을지라도 이것도 황폐하게 될 것이나 밤나무(terebinth)와 **상수리나무**(oak)가 베임을 당하여도 그 그루터기는 남아 있는 것 같이 거룩한 씨가 이 땅의 그루터기니라 하시더라

에스겔 27:6 바산의 **상수리나무**(oaks)로 네 노를 만들었음이여 깃딤 섬 황양목에 상아로 꾸며 갑판을 만들었도다

아모스 2:9 내가 아모리 사람을 그들 앞에서 멸하였나니 그 키는 백향목 높이와 같고 강하기는 **상수리나무**(oaks) 같으나 내가 그 위의 열매와 그 아래의 뿌리를 진멸하였느니라

스가랴 11:2 너 잣나무여 곡할지어다 백향목이 넘어졌고 아름다운 나무들이 쓰러졌음이로다 바산의 **상수리나무**(oaks)들아, 곡할지어다 무성한 숲이 엎드러졌도다

Ⅰ-5. 소나무(Pine tree, 잣나무, 디르사나무)

Ⅰ-5-1. 우산소나무(Stone pine, 디르사나무)

우산소나무(레바논 산지)

학명(Scientific name): *Pinus pinea*
과명(Family name): Pinaceae(소나무과)
영어(성경)이름[English (biblical) name]: stone pine, umbrella pine
한글(성경)이름[Korean (biblical) name]: 소나무[디르사(tirzah)나무, 잣나무]
한국식물명(Korean name): 우산소나무, 피네아소나무, 솔잣나무
히브리이름(Hebrew name): 디르사(תִּרְזָה, tirzah)
주요서식지(Natural habitat): 중동, 지중해(아프리카, 유럽)

우산소나무(산송, 傘松)는 마치 양산 및 우산(parasol 및 umbrella-shaped) 또는 버섯-모양(mushroom-shaped)을 한 소나무를 일컫는다. 키는 10-25m까지 곧게 자라고 껍질은 갈색이다. 상록 침엽수로 레바논, 팔레스타인과 에게해(Aegean Sea) 연안에 널리 분포되어 있으며 정원수로 심어진다. 잎은 단단하고 두터운 쌍엽이며, 10-14㎝길이의 바늘 모양을 하고 있다. 이 잎은 수년을 생존한다. 꽃은 황록색이며 암수가 구별된다. 씨(솔방울, 4-8㎜)는 'pignolia nuts'로 알려져 있으며 길이가 1.5-2.0㎝, 너비가 7㎜ 정도로, 오일과 단백질이 풍부하고 맛과 향이 좋다. 따라서 인류는 오래전부터 씨를 먹기 위해 이 나무를 심어왔다. 이 나무가 자라는 곳의 아이들은 이 알갱이를 즐겨 먹을 수 있었다. 씨는 시중(market)에서도 구할 수 있다. 지중해 지역의 풍경에서 이 우산소나무의 특이한 모습은 강렬한 인상을 준다. 특히 바람이 부는 해변 지역에서의 모습이 특이하다.

로마 시대 베수비오(Mt. Vesuvio) 화산 폭발(AD 78)을 묘사한 플라비우스(Flavius Josephus, 37-100 AD)는 "산에서 피어오르는 거대한 연기가 마치 (우산)소나무 같았다"고 증언했다. 연기가 상공을 향해 높이 치솟은 다음 꼭대기에서 사방으로 큰 가지처럼 퍼져 있었기 때문이다. 우산소나무는 로마를 상징하기도 한다. 특히 이탈리아에서 많이 발견되고 있으며 가로수로 이용된다. 로마 시대 고속도로의 하나인 아피아 가도(Via Apia)를 따라 서있다.

우리나라의 소나무씨는 작은데 비해 지중해 소나무씨는 잣나무처럼 종자가 커서 식용이 가능하다. 따라서 한글성경에서 종종 잣나무로 혼동하여 번역한 것 같다. 잣나무는 우리나라가 원산지며 한국과 중국에 서식한다.

I -5-2. 알레포소나무(Aleppo pine, 들감람나무)

중동 북부 및 레바논, 스페인 남부, 북아프리카에서 자생하는 소나무다. 성경시대는 갈멜산 주변에 숲을 이루어 자랐다. 잎은 바늘 모양이고 두 개씩 짝을

알레포소나무의 솔방울(레바논 삼지)

학명(Scientific name): *Pinus halepensis* Mill.
과명(Family name): Pinaceae(소나무과)
영어(성경)이름[English (biblical) name]: Aleppo pine (olivewood, wild olive)
한글(성경)이름[Korean (biblical) name]: 소나무, 들감람나무
한국식물명(Korean name): 알레포소나무, 지중해소나무
히브리이름(Hebrew name): 에쯔쉐멘(עץ שמן, etz sheamen)
주요서식지(Natural habitat): 중동, 알제리, 모로코, 그리스, 시리아

이룬다. 두꺼운 나무껍질이 특징이다. 그리스의 펠레폰네소스(Peloponnesus) 반도가 주 서식지다. 보통 키가 8-20m 정도로 자라며 수명은 100-150년이다. 송홧가루가 바람에 날려서 수분(受粉)하는 풍매화다. 나무와 나뭇잎은 수지(resin)를 함유하고 있어 향기가 난다. 솔방울 속의 씨가 떨어져서 번식한다. 따라서 주변에 잡초를 억제하는 역할을 하는 이 나무는 목재나 가구를 만드는데 사용된다. 알레포(Aleppo)는 시리아 북부의 고대 도시 이름이기도 하다. Michael Zohary는 성경에 '**기름나무(olive wood) 또는 oil tree**(예쯔쉐멘, 감람나무)'가 알레포소나무라고 주장했다. 기름 같은 송진이 흘러나와 붙여진 이름이다. 성경에서 '기름나무(oil tree)'를 들감람나무로 번역했지만 소나무가 맞다(느 8:15). 초기 기독교인들은 알레포 소나무로 최초 크리스마스트리를 만들었다고 한다.

I-5-3. 튀르키예소나무(Brutia pine, 감람나무)

튀르키예소나무(이스라엘, 예루살렘)

학명(Scientific name): *Pinus brutia*
과명(Family name): Pinaceae(소나무과)
영어(성경)이름[English (biblical) name]: Brutia pine, Calabrian pine
한글(성경)이름[Korean (biblical) name]: 소나무, 감람나무
한국식물명(Korean name): 튀르키예소나무
히브리이름(Hebrew name): 티드하르(תִּדְהָר, tidhar)
주요서식지(Natural habitat): 튀르키예, 불가리아, 레바논, 그리스 등

칼라브리아(Calabrian, 로마 시대에는 Brutia로 불렸다) 소나무로도 알려진 이 나무는 주로 튀르키예의 동부 해안지대에 서식한다. 가뭄에 강하고 키는 20-35m 정도로 자라는 소나무다. 나무 몸통의 둘레는 2m정도며 노란 빛의 녹색 잎은 쌍을 이루고 잎의 길이는 10-16㎝ 정도다. 솔방울은 2년 정도 자라며 스스로 벌어져 7-8㎜ 크기의 씨를 낸다. 알레포소나무와 유사하다. 이 나무의 솔방울 안에는 잣과 같은 알갱이를 가지고 있으며 오일을 생산한다. 소나무 나뭇가지와 잎을 끓여서 기침약 시럽으로 만들었다. 또한 나무에서 흘러 얻은 수지(resin)는 기침약과 외상의 연고제로 사용했다.

성경적 의미(Symbolism)
- 초막 재료로 사용한 나무

여러 종류의 소나무들이 팔레스타인 지역에 자생하고 있다. 성경에서는 각기 다른 세 종류의 소나무를 언급했다고 한다.

이사야 44장 14절에 나오는 **디르사나무**는 우산소나무 즉 'stone pine'으로 여겨진다. 이곳 소나무는 우리의 소나무와는 달리 솔방울 안에 잣과 같은 씨앗을 지니고 있는데 중동 지역에서는 이 소나무로부터 먹을 수 있는 열매를 얻는다(호 14:8). 한글성경은 잣나무로 번역을 하기도 했는데 잣나무는 한국의 특산으로 잘 알려져 있으며 솔방울로부터 먹을 수 있는 열매를 얻는다는 것 때문에 잣나무로 번역한 것으로 보인다.

'**에쯔쉐멘**(עֵץ שֶׁמֶן, etz sheamen)'은 '기름나무'라는 뜻으로 송진이 많은 소나무류로 성경학자들은 보고 있다. 알레포소나무는 성경 시대 건축물을 짓는데 사용했으며 특히 목재로 귀하게 사용되었다. 식물학자 Michael Zohary 교수는 성경에 기름나무(olivewood)를 소나무로 여겼는데 이는 "송진이 많이 나와 기름처럼 흐르기 때문이다"라고 해석했다. 알레포소나무는 초막을 짓는데도 사용된 중요한 나무다. 소나무에는 초막의 그늘 뿐 아니라 향기로운 냄새 때문에도 사용되었다고 볼 수 있다.

'**티드하르**(תִּדְהָר, tidhar)'는 소나무로써 '하나님이 함께 하실 사막의 소나무', '이스라엘을 영화롭게 할 레바논의 소나무'로 나온다. 이사야 41장 19절에 "사막에는 잣나무와 소나무와 황양목을 함께 두리니"의 소나무와, 이사야 60장 13절에서 "레바논의 영광 곧 잣나무와 소나무와 황양목이 함께 네게 이르러"라는 두 구절의 소나무는 이스라엘을 영화롭게 하는 나무로 묘사되었다. 성경에서 언급한 소나무에 대해서는 학자에 따라 다소 의견이 다르다.

우산소나무, 알레포소나무 및 튀르키예소나무가 성경 시대 팔레스타인 지역을 비롯하여 인근 지역에 서식하고 있었다. 이사야서에 나오는 튀르키예소나무(티드하르소나무)는 성지에서 흔한 나무다. 이들 소나무는 갈릴리, 갈멜산(Mt. Garmel), 사마리아(Samaria), 길르앗과 암몬 등에서 흔히 볼 수 있다.

주요성경(Main phrases)

열왕기상 6:31 내소에 들어가는 곳에는 ***감람나무**(olivewood)로 문을 만들었는데 그 문인방과 문설주는 벽의 오분의 일이요

이사야 44:14 그는 자기를 위하여 백향목을 베며 **디르사나무**(stone pine)와 상수리나무를 취하며 숲의 나무들 가운데에서 자기를 위하여 한 나무(a pine)를 정하며 나무를 심고 비를 맞고 자라게도 하느니라

이사야 60:13 레바논의 영광 곧 전나무(juniper)와 #**소나무**(fir)와 황양목이 함께 네게 이르러 내 거룩한 곳을 아름답게 할 것이며 내가 나의 발 둘 곳을 영화롭게 할 것이라

느헤미야 8:15 또 일렀으되 모든 성읍과 예루살렘에 공포하여 이르기를 너희는 산에 가서 감람나무 가지와 **들감람나무**(olive wood) 가지와 화석류나무 가지와 종려나무 가지와 기타 무성한 나무 가지를 가져다가 기록한 바를 따라 초막을 지으라 하라 한지라

호세아 14:8 에브라임의 말이 내가 다시 우상과 무슨 상관이 있으리요 할지라 내가 그를 돌아보아 대답하기를 나는 +**푸른 잣나무**(pine) 같으니 네가 나로 말미암아 열매를 얻으리라 하리라

* 식물학자 Michael Zohary 교수는 성경에 들감람나무(olivewood)를 소나무(pine)로 여겼다.
# Fir(전나무)를 소나무(pine tree)로 번역했다. + Pine(소나무)이 잣나무로 번역되기도 했다.

Ⅰ-6. 시리아전나무(Syrian fir, 고페르나무, 베로쉬, 잣나무)

시리아전나무(*Abies cilicica* Carr. 레바논) / 한국의 전나무(Needle fir, *Abies holophylla*, 한국, 오대산)

학명(Scientific name): *Abies cilicica* Carr.

과명(Family name): Pinaceae(소나무과)

영어(성경)이름[English (biblical) name]: Syrian(cilician) fir

한글(성경)이름[Korean (biblical) name]: 고페르나무, 잣나무, 베로쉬

한국식물명(Korean name): 시리아전나무

히브리이름(Hebrew name): 베로스(ברוש, berosh)

주요서식지(Natural habitat): 레바논, 시리아, 튀르키예, 그리스

유럽, 아시아, 북아프리카의 산악 지대에 서식하는 킬리키아전나무는 소나무과에 속하는 상록침엽수(늘푸른바늘잎나무)로 높게 자라는 큰 키 나무다. 추위에 강해 추운 곳에서 잘 자라는 고산성 식물이다. 우리나라에서는 상처가 나면 젖(유액)이 나온다고 하여 젓나무라 불리다가 전나무로 되었다고 알려져 있다. 소나무과의 늘푸른바늘잎나무속 식물은 48-56종이 있는데 시리아전나무로 알려진 이 나무들은 주로 레바논, 시리아, 튀르키예에서 발견된다. 성경 길리기아(Cilicia)로 나오는 지명이 튀르키예 동남쪽 다소(Tarsus)지역으로 이 나무(*Abies cilicica*)가 많이 자라고 있는 곳이다. 이 종류의 나무들은 숲을 이루며 역 깔때기 모양으로 좁고 높이 자란다. 키가 70-80m에 이르며 나무 몸통의 지름은 0.5-4m 정도이다. 잎은 바늘 모양으로 잔가지에 여러 개 붙어 있으며 길이는 약 2.5㎝다. 줄기에는 털이 있다. 갈색 솔방울은 15-20㎝ 길이의 원통형인데 하늘을 향해 곧추서며 여물면 벌어져 날개 달린 씨가 나온다. 나무의 재질이 우수하여 지금은 펄프 원료나 건축 및 가구용으로 사용되는 고급 목재다. 특히 이 나무를 판자로 깎아 배를 만들었다. 나무 모양이 아름다워 크리스마스트리 용으로 많이 사용한다. 한국의 전나무(Korean fir)로 알려진 구상나무(*Abies koreana* **Wilson**)는 한국 고유종이며 구한말 미국 선교사가 한라산에서 채집하여 미국 하버드대학의 E. H. **Wilson**에게 처음 소개했으며(1907), 현재 미국에서 크리스마스 트리(Christ-mas tree)로 인기가 좋은 나무다.

*** 소나무, 잣나무, 전나무 구별법**

전체 나무의 모양은 비슷하지만 가지에 붙어있는 침엽의 수에 따라서 구별하며, 2개면 소나무고 5개면 잣나무다. 그리고 전나무는 가지에 나란히 연속해서 붙어있다. 견고하다는 뜻을 지닌 리기다(*Pinus rigida*)소나무와, 백송은 3엽으로 되어있다. 소나무 종자에는 날개가 있지만 잣나무 종자에는 날개가 없다. 잣나무와 전나무(fir)는 나무의 형태 및 목재의 강도가 완전히 다르기 때문에 쉽게 구별된다.

성경적 의미(Symbolism)
- 솔로몬이 백향목과 함께 레바논에서 수입하다

여러 영문 성경은 **이 나무(fir)**의 이름을 달리 번역했다. '우리 집은 백향목 들보, **잣나무** 서까래로구나(아 1:17)' 에 대한 다른 성경의 영문 번역이다.

KJV: The beams of our house are cedar, and our rafters are **fir** (전나무)

RSV: The beams of our house are cedar, and our rafters are **pine** (소나무)

NWT: The beams of our house are cedar, and our rafters are **Juniper tree** (향나무)

DBY: The beams of our house are cedar, and our rafters are **cypress** (사이프러스)

Zohary(1982)는 히브리어 '*berosh*(성경에 30회 이상 기록)'는 전나무(fir), 소나무(pine), 향나무(juniper), 사이프러스(cypress)로 번역이 가능하다고 했다. 한글성경에 잣나무로 번역된 히브리어 단어는 두 가지다. 하나는 '고페르(*gopher*)'이고 다른 하나는 '베로쉬(*berosh*)'이다. '고페르(*Gopher*)'는 '널빤지'라는 뜻을 가지고 있어 이들 나무를 4각 또는 넓게 가공한 나무라고 생각된다. '*Berosh*'는 예루살렘 성전 마루(왕상 6:15)와 입구의 이중 문(왕상 6:34)에 사용되었으며, 선박(겔 27:5)과 악기(삼하 6:5)를 만드는데도 사용했다. 또한 솔로몬은 레바논에서 백양목과 함께 자라는 이 나무를 같이 수입했다(왕상 9:11). 잣나무는 이 지역에서 자라지 않았다.

주요성경(Main phrases)

이사야 41:19 내가 광야에는 백향목과 싯딤나무와 화석류와 들감람나무를 심고 사막에는 잣나무(juniper)와 ***소나무**(fir)와 황양목을 함께 두리니

이사야 60:13 레바논의 영광 곧 잣나무(juniper)와 ***소나무**(fir)와 화양목이 함께 네게 이르러 내 거룩한 곳을 아름답게 할 것이며 내가 나의 발 둘 곳을 영화롭게 할 것이라

*fir(전나무)가 소나무로 번역되었다.

Ⅰ-7. 이탈리아사이프러스(Italian cypress, 황양목, 고페르나무, 베로쉬)

사이프러스나무(그리스, 크레타 / 레바논, 두로)

학명(Scientific name): *Cupressus sempervirens*

과명(Family name): Cupressaceae(측백나무과)

영어(성경)이름[English (biblical) name]: evergreen cypress 또는 Italian cypress

한글(성경)이름[Korean (biblical) name]: 황양목, 고페르나무, 베로쉬

한국식물명(Korean name): 이탈리아사이프러스, 지중해사이프러스

히브리이름(Hebrew name): 티르사(תִּרְזָה, tirzāh)

주요서식지(Natural habitat): 남유럽, 중동, 온대 산악지역

사이프러스(Cypress)나무는 하나의 나무를 지칭하는 것이 아니며 측백나무과에 속하는 침엽상록(evergreen)교목을 총칭한다. 그 중에 특히 이탈리아 측백나무(Italian cypress)가 유명하다. 지중해 섬 'Cyprus(키프러스)'의 이름과는 발음이 다르지만 이 섬에 이 식물이 많이 서시하고 있어서 Cyprus 섬 이름이 cypress로부터 유래된 것으로 보인다. 키프로스(Cyprus)라는 이름은 그리스어로 Kyprus에서 유래했으며, Kyprus는 영어의 구리(Copper)에 해당된다. 이 섬은 고대로부터 구리 생산으로 유명하며 지금도 구리광산이 섬 곳곳에 산재해 있다. 중동 지역에 5-20여 종의 사이프러스나무가 있다. 이 나무는 높이 35-50m, 직경 2m 정도로 곧고 높게 자라며, **베개나 빗자루 또는 촛불 모양의 침엽수다.** 지중해를 중심으로 자란다. 나무에서 수지(resin)가 나와 잘 썩지 않는다. 나무껍질은 적갈색이며, 수직적으로 균열이 있다. 잎은 손바닥을 펼친 모양으로 끝이 뾰족하다. 2-3㎝ 크기의 솔방울에는 10-20개의 씨앗이 들어있으나 식용으로 사용하지는 않는다.

라틴(Latin)어 학명에 'sempervirens'의 'semper'는 영어의 'always'이고 'virens'는 영어의 'flourishing' 또는 'green'의 뜻으로 '늘 푸르다(evergreen)' 또는 '영원히 산다(eternal life)'의 의미가 있다. 중동 또는 남유럽에서 많이 자라며 묘지나 교회 및 사원 주위에 정원수로 심었다. 또한, 방풍(바람막이)을 목적으로 심기도 한다. 갈릴리, 헬몬산, 에돔지역에서 많이 발견된다. 중동 지역이 주 서식지로 잘 알려져 있으나, 사이프러스의 여러 종들이 아시아와 북아메리카에도 널리 분포되어 있다. 이 나무는 특히 이스라엘 같이 건조한 지역에서 잘 자라며 수분이 발산되지 않도록 잎은 납작하고 평평한 바늘 모양을 가지고 있다. 따라서 성장이 매우 느리고 향기가 나는 수지가 많이 함유되어 잘 썩지 않으며, 수백 년을 견딜 수 있는 아주 단단하고 강도 높은 고급 목재다. 악기, 가구, 선박, 관 등의 제조에 사용 된다. 이 나무는 상록수로 천 년 이상 살기도 한다.

한편, 'Cypress'의 어원은 고대 그리스 신화에서 유래되었는데, 델포스(Delphos)의 아들인 키파리소스(Kyparissos)가 사냥을 나갔다가 아폴로(Apollo)가 사랑하는 황금 뿔 달린 사슴을 실수로 죽이고 슬퍼시 괴로워하다가 신에게 자신을 사이프러스나무로 만들어 달라고 한데서 유래되었다고 한다. 고흐(1822-1890,

Vincent Willem van Gogh)는 〈두 사이프러스〉, 〈별이 빛나는 밤에〉, 〈두 여인과 사이프러스〉, 〈사이프러스가 있는 밀밭〉 등 많은 작품에서 사이프러스나무를 화폭에 담았다. 성경에서 사이프러스나무를 황양목으로 번역되었으나 황양목(회양목)과는 다른 나무다.

두 사이프러스(Two Cypresses, 1889, Vincent van Gogh)

성경적 의미(Symbolism)
- 노아가 이 나무로 방주를 짓다

성경에 나오는 사이프러스나무는 아마도 이탈리아사이프러스일 것으로 추정된다. 연구에 의하면 성경에서는 사이프러스나무 또는 고페르(gopher)나무로 등장한다(창 6:14; 사 44:14). 재질이 단단하여 주로 선박재, 건축재로 사용했다. 구약성경 창세기 6장에 노아가 방주를 지으면서 고페르나무로 언급했다. 이 나무가 곧 사이프러스나무일 것으로 추정한다. 이집트와 그리스에서는 관을 만드는데도 사용했다.

또한 로마의 성 베드로(St. Peter) 성당 문이 이 나무로 제작되었으며 수세기(약 500년)가 지난 지금에도 부패의 흔적을 찾을 수 없다. 구약 시대 사이프러스나무는 이스라엘 지역에도 매우 풍부한 나무였기 때문에 건축을 위해 수입하지는 않았을 것이다.

개역개정 성경에는 각각 고페르나무 또는 잣나무로 번역되어 이해가 어렵고 혼란하다. 학자들에 의하면 구약성경 창세기 6장에서 노아가 방주를 지으면서 언급한 'gopher wood'는 'squared beams(4각 널판목)'이며 '널판목(planed wood)'을 의미한다고 한다. 따라서 고페르나무는 아주 강한 사이프러스 널판목으로 여겨지고 있다. 따라서 NIV, NLT NET에서 대부분 사이프러스나무로 번역하고 있다.

사무엘하 6장 5절에서 잣나무로 번역되기도 했으나 잣나무는 이 지역에서는 자라지 않는다. 솔로몬 시대에 건축재로 사용했던(왕상 9:11) 이 나무는 깔때기 모양을 하고 있어 크리스마스트리로 이용된다.

성경은 사이프러스나무를 '황양목'으로 번역했으나 황양목은 회양목(box-wood)을 일컫는다. 따라서 사이프러스나무라고 명명하는 것이 바람직하다.

주요성경(Main phrases)

창세기 6:14 너는 **고페르나무**(gopher wood, cypress)로 너를 위하여 방주를 만들되 그 안에 칸들을 막고 역청을 그 안팎에 칠하라

이사야 41:19 내가 광야에는 백향목과 싯딤나무(아카시아)와 화석류(소귀나무)와 들감람(올리브)나무를 심고 사막에는 잣나무(fir)와 소나무와 ***황양목**(cypress)을 함께 두리니

이사야 44:14 그는 자기를 위하여 백향목을 베며 **#디르사**(tirzah, cypress)나무와 상수리나무를 취하며 숲의 나무들 가운데에서 자기를 위하여 한 나무를 정하며 나무를 심고 비를 맞고 자라게도 하느니라

이사야 60:13 레바논의 영광 곧 소나무와 잣나무(fir)와 ***황양목**(cypress)이 함께 네게 이르러 내 거룩한 곳을 아름답게 할 것이며 내가 나의 발 둘 곳을 영화롭게 할 것이라

에스겔 27:6 바산의 상수리나무로 네 노를 만들었음이여 깃딤(Cyprus)섬 ***황양목**(cypress)에 상아로 꾸며 갑판을 만들었도다

* cypress를 황양목으로 번역했다.
# cypress를 디르사로 번역했다. 다른 성경에서 디르사(tirzah)는 소나무(pine)로 번역되었다.

Ⅰ-8. 페니키아향나무(Phoenician juniper, 잣나무, 향나무, 베로쉬)

페니키아향나무(레바논)

학명(Scientific name): *Juniperus phoenicea* L.

과명(Family name): Cupressaceae(측백나무과)

영어(성경)이름[English (biblical) name]: Phoenician juniper

한글(성경)이름[Korean (biblical) name]: 잣나무, 향나무, 베로쉬

한국식물명(Korean name): 페니키아향나무

히브리이름(Hebrew name): 아로에르(עֲרוֹעֵר, aroer)

주요서식지(Natural habitat): 중동, 시리아, 이란 등

우리나라의 측백나무와 유사하지만 중동 지역에서는 이 나무를 페니키아향나무(juniper)로 부른다. 전 세계에 60여 종이 있다. 측백나무과 향나무속 식물로 북반구 및 아프리카, 아메리카 등에 널리 분포하는 나무다. 또한 환경이 좋지 않은 사막이나 산지의 절벽에서도 자란다. 요르단의 페트라(Petra)지역의 절벽에서도 낮게 자란다. 20-40m까지 키가 자라지만 중동 지역에서는 보통 5-8m 정도 자라는 측백나무과 상록침엽교목이다. 가지가 많고 넓게 자라며 나무의 몸통 둘레는 1-2m 정도 된다. 잎은 비늘 모양이고 엷은 녹색에서 남색을 띤다. 열매는 대부분 푸른색으로 3-8개의 종자가 들어있다. 봄에는 꽃가루가 바람에 날려 수분을 하는데 이 나무의 꽃가루는 알러지 또는 접촉성 피부염을 일으키기도 한다. 나무의 껍질은 붉은색이고 향기가 난다. 모래나 바위가 많은 산지에서 자라고 연강수량이 200㎜ 정도에서도 생존할 수 있다. 네게브사막, 시나이반도 등에서 자란다. 시나이반도에는 수령 850년된 나무도 있다. 열매는 타원형이고 축구공처럼 생겼다. 알코올 음료인 진(gin) 생산의 원료가 된다. 건축자재 및 가구의 좋은 재료로도 사용된다. 잎은 항암작용이 있는 것으로 알려져 있다. 열매(Berry)는 육류의 향신료로도 사용한다. 성경에서는 이 향나무(juniper)를 종종 전나무 및 잣나무로 번역했는데, 앞서 언급한대로 잣나무는 우리나라의 고유 수종(Korean pine)이다.

성경적 의미(Symbolism)
- 솔로몬 성전의 건축재

페니키아향나무는 시나이반도 및 에돔(Edom)지역의 바위 산악 지역에서 먼 남부 사막 지역까지 드문드문 자란다. 이스라엘 북쪽 갈릴리 지역에는 또 다른 종의 향나무들이 집단적으로 자란다. 이 나무의 목재는 성전건축에 사용되었다. "솔로몬의 모든 원대로 백향목 재목과 잣나무 재목을 주매(왕상 5:10)"에서 성경 여러 부분에서 페니키아향나무(juniper)를 잣나무로 번역했다. 에스겔 27장 5절에 언급한 스닐(Senir)은 헬몬산(Mt. Hermon)을 일컬으며 이곳에서 향나무(juniper)를 가져다가 목재로 사용했다. 또한, 마사다 유적에서 발견된 건축재의 반 정도가 이 목재인데 주로 에돔지역에서 가져온 것으로 추정한다.

한편 히브리어로 '아로에르(aroer)'는 성경에서 지명을 가리키는데 아랍어 '아로엘(aroel)'이 '주니퍼향나무'로 이 나무가 많이 자라는 지역에 붙여진 지명으로 여겨진다. 다윗의 용사 중 한 명이 아로엘지역에 살았다고 한다(대상 5:8).

주요성경(Main phrases)

민수기 32:34 갓 자손은 디본과 아다롯과 **아로엘**(aroer)

신명기 2:36 우리 하나님 여호와께서 그 모든 땅을 우리에게 넘겨주심으로 아르논 골짜기 가에 있는 **아로엘**(aroer)과 골짜기 가운데에 있는 성읍으로부터 길르앗까지

열왕기상 5:10 솔로몬의 모든 원대로 백향목 재목과 **잣나무**(juniper) 재목을 주매

열왕기상 6:15 백향목 널판으로 성전의 안벽 곧 성전 마루에서 천장까지의 벽에 입히고 또 **잣나무**(juniper) 널판으로 성전 마루를 놓고

열왕기상 6:34 그 두 문짝은 **잣나무**(juniper)라 이쪽 문짝도 두 짝으로 접게 되었고 저쪽 문짝도 두 짝으로 접게 되었으며

열왕기상 9:11 갈릴리 땅의 성읍 스무 곳을 히람에게 주었으니 이는 두로 왕 히람이 솔로몬에게 그 온갖 소원대로 백향목과 **잣나무**(juniper)와 금을 제공하였음이라

역대상 5:8 벨라니 벨라는 아사스의 아들이요 세마의 손자요 요엘의 증손이라 그가 아로엘(aroer)에 살면서 느보와 바알므온까지 다다랐고

역대하 2:8 또 레바논에서 백향목과 **잣나무**(juniper)와 백단목을 내게로 보내소서 내가 알거니와 당신의 종은 레바논에서 벌목을 잘 하나니 내 종들이 당신의 종들을 도울지라

이사야 14:8 **향나무**(juniper)와 레바논의 백향목도 너로 말미암아 기뻐하여 이르기를 네가 넘어져 있은즉 올라와서 우리를 베어 버릴 자 없다 하는도다

이사야 37:24 네가 네 종을 통해서 주를 훼방하여 이르기를 내가 나의 허다한 병거를 거느리고 산들의 꼭대기에 올라가며 레바논의 깊은 곳에 이르렀으니 높은 백향목과 아름다운 **향나무**(junipers)를 베고 또 그 제일 높은 곳에 들어가 살진 땅의 수풀에 이를 것이며

이사야 55:13 **잣나무**(juniper)는 가시나무를 대신하여 나며 화석류는 찔레를 대신하여 날 것이라 이것이 여호와의 기념이 되며 영영한 표징이 되어 끊어지지 아니하리라

에스겔 27:5 스닐의 **잣나무**(juniper)로 네 판자를 만들었음이여 너를 위하여 레바논의 백향목을 가져다 돛대를 만들었도다

Ⅰ-9. 에셀나무(Athel tree, Tamarisk)

에셀나무와 꽃(이스라엘, 텔 브엘세바)

학명(Scientific name): *Tamarix aphylla* (L.) Karst.

과명(Family name): Tamaricaceae(위성류과)

영어(성경)이름[English (biblical) name]: Tamarisk–tree, Tamarix, Athel tree

한글(성경)이름[Korean (biblical) name]: 에셀나무(athel tree), 대싸리

한국식물명(Korean name): 에셀나무, 위성류

히브리이름(Hebrew name): 에셀(אֶשֶׁל, esel)

주요서식지(Natural Habitat): 아프리카, 유라시아

잎이 없는(leafless) 타마리스크(tamarisk)로 알려진 이 나무는 중동, 아프리카, 유럽 등지에서 10m 가까이 크는 침엽 상록수다. 특히 척박하고 소금기와 알칼리성 사질 토양에서 자란다. 사막에서 모래바람을 막아주고 시원한 그늘을 제공한다. 가지가 많고 연녹색 잎이 부드러워 가축들이 좋아한다. 1-2㎜의 매우 작고 가는 잎은 비늘모양으로 부드러운 긴 가지를 따라 번갈아 배열되어 있어 잎이 없는 것처럼 보인다.

이 식물의 학명에 'aphylla'는 '잎이 없다'는 뜻이다. 사막 식물에서 잎이 작은 이유는 수분의 증발을 막기 위해서다. 또 잎에서 소금을 배출한다. 때때로 잎이 희게 보이는 것은 배출한 소금 때문이다. 잎에 매달린 소금 때문에 불빛에 반짝거리기도 한다. 5월에서 10월 사이에 5-10㎝ 정도의 연한 핑크색의 꽃이 피며 좋은 꿀의 원료가 된다. 특히 뿌리를 10m 정도로 깊게 내린다. 꺾꽂이로 번식이 가능하며 사막의 베두인족(Bedouin)이 해변으로부터 사막에까지 번식시킨 것으로 알려졌다. 특히 아라바계곡(Aravah Valley)의 와디(wadi)에서 흔히 볼 수 있다. 네게브사막의 베두인은 출산 후 자궁을 깨끗이 하고 통증을 줄이기 위해 이 나무의 잎을 차로 마셨다. 뿐만 아니라, 곰팡이와 이(lice)를 제거하기 위해서 뿌리나 나무껍질을 끓여 사용했다.

성경적 의미(Symbolism)

- 인류 최초로 믿음의 조상 아브라함이 기념 식수하다

성경에 세 차례(창 21:33; 삼상 22:6, 31:13) 나오지만 많은 기독교인들이 이 나무에 대해서 잘 알지 못하고 있다. 창세기 21장 33절에서 아브라함이 가나안에 들어온 지 25여 년 만에 브엘세바(Beer Sheba)에 정착하지만 이곳의 지배자인 아비멜렉으로부터 우물을 빼앗기게 된다. 언약의 샘을 의미하는 브엘세바에서 아브라함은 아비멜렉에게 빼앗긴 우물을 암양 7마리를 주고 되찾아 온 후 약속의 표시로 이 나무를 심고 여호와의 이름을 불렀다고 기록했다. 이는 **'인류 최초의 기념식수'**로 기록된 것이다. 기념식수는 매우 성경적이며 지금까지도 기념하거나 약속의 표시로 식수하는 전통을 남기게 되었다.

아브라함이 에셀나무를 기념식수로 선택한 이유는 가축들이 먹이로 좋아할 뿐 아니라 시원한 그늘도 제공하는 나무이기 때문일 것이다. 지금도 이 지역에는 에셀나무가 자라고 있다. 또 "사울이 다윗을 붙잡기 위해 에셀나무 밑에서 참모회의를 했다"는 내용이 사무엘상 22장 6절에 나온다. 수목장에 대한 기록도 있다. 사울이 죽은 후 다윗이 사울의 유골을 찾아와 에셀나무 밑에 장사해 주었다는 기록이 사무엘상 31장 13절에 있다(그의 뼈를 가져 다가 야베스 에셀나무 아래에 장사하고 칠일 동안 금식하니라). 에셀나무는 싯딤(아카시아)나무와 함께 거룩한 용도로 사용되었으며 일반 백성들은 사용을 삼갔다. '에셀'은 히브리어로 '도움'이라는 뜻을 지니고 있다.

주요성경(Main phrases)

창세기 21:33 아브라함은 브엘세바에 **에셀나무**(tamarisk tree)를 심고 거기서 영원하신 여호와의 이름을 불렀으며

사무엘상 22:6 사울이 다윗과 그와 함께 있는 사람들이 나타났다 함을 들으니라 그 때에 사울이 기브아(Gibeah) 높은 곳에서 손에 단창을 들고 **에셀나무**(tamarisk tree) 아래에 앉았고 모든 신하들은 그의 곁에 섰더니

사무엘상 31:13 그의 뼈를 가져다가 야베스(Jabez) **에셀나무**(tamarisk tree) 아래에 장사하고 칠일 동안 금식하였더라

I-10. 로뎀나무(Broom tree, 대싸리)

로뎀나무와 꽃(이스라엘, 유대 광야)

학명(Scientific name): *Retama raetam* (Forssk.) Webb

과명(Family name): Fabaceae(콩과)

영어(성경)이름[English (biblical) name]: (white) broom, (weeping) broom tree

한글(성경)이름[Korean (biblical) name]: 로뎀나무, 대싸리

한국식물명(Korean name): 로뎀나무, 댑싸리

히브리이름(Hebrew name): 로뎀(רֹתֶם, rotem)

주요서식지(Natural Habitat): 북아프리카, 남서부(중동, 레바논) 아라비아

흰 로뎀나무(white broom tree)는 건조하고 염도가 높은 아라비아 및 유대 산지 또는 광야에 자라는 관목이다. 유대 광야 특히 네게브 사막에 이 나무가 지천으로 깔려 있다. 염도가 높은 계곡의 땅속 20m까지 깊은 곳에 뿌리를 박고 자란다. 잎의 길이는 약 1㎝로 가늘고 길며, 줄기는 비단 같은 털(silk hairs)로 덮혀 있다. 자라면서 이 털은 없어진다. 2-3m 정도의 높이로 자라며, 조밀하고 얇고 잘 구부러지는 기지들로 덤불을 이룬다. 우기가 지나면 2월에서 4월에 향기로운 꽃이 풍성하게 피어난다. 꽃은 처음에 희게 피었다가 나중에 크림색으로 변한다. 직경이 약 1.5㎝ 정도 된다. 이때는 나무가 꽃으로 뒤덮이며 짙은 향기로 인해 벌을 비롯한 곤충들이 모여든다. 꽃은 잘라서 판매되기도 한다. 뿌리는 매우 깊게 뻗어 있어서 1년 동안 비가 오지 않아도 생존한다. 이 나무는 꽃이 아름다워 정원수로 심는다. 꽃말은 '변함없는 사랑'이다. 나무와 뿌리는 주로 연료(숯)로 사용한다. 여러 비슷한 종류의 나무들이 있다. 노란 로뎀나무(*Spartium junceum* L.)도 있는데 학명이 다른 식물이다. 한국 대싸리의 표준어는 댑싸리(*Kochia scoparia* L.)로 로뎀나무와는 다른 식물이다.

성경적 의미(Symbolism)

- 엘리야가 광야의 로뎀나무 아래서 죽기를 청한 것은 진심이었다 (그늘이 거의 없는 나무)

로뎀나무는 한국에서는 자라지 않는 나무로 성경에 대싸리로 알려진 나무이다. 영어로 'broom'은 '빗자루'를 의미한다. 빗자루를 만드는데 사용해서 지어진 이름 같다. 또한, 로뎀(rothem)은 "첨부(attach)"를 뜻하는 히브리 단어의 어근에서 온 것으로, 이 나무가 모래 언덕을 잡는 능력이 있어서 붙여진 이름 같다. 기독교인들은 이 단어를 성스럽게 사용하지만 '시궁창(ditch)'이라는 뜻도 있다. 성경에 로뎀나무를 세 곳(왕상 19:4, 5; 시 120:4)에서 언급하고 있다.

로뎀나무와 같은 사막 관목은 때때로 절망 속에서 하나님과의 만남을 뜻하는 나무로 등장한다(회복, renewal). 브엘세바(Beersheba)에서 엘리야(Elijah)가 이세벨(Jezebel)을 피해 로뎀나무 밑에서 죽기를 청하였으나, 하나님은 천사를 보내어 떡과 물을 주었다(왕상 19:4). 이스라엘 광야에서 자라는 로뎀나무 아래에서 햇빛을 피하려는 것은 저주에 가깝다. 실제로 이 나무는 사막에서 키가 작고 빗자루처럼 뻗어 있어서 그늘이 거의 만들어지지 않는다. 엘리야가 로뎀나무 그늘에 있었다는 것만으로도 얼마나 비참한지 예측할 수 있다. 그 나무 아래서 그는 이미 죽기를 결심했던 것이다. 그러나 하나님은 그렇게 비참한 상황에서 만나 주시고 위로해 주시는 사랑을 보여주신 것이다.

시편 120편 4절은 다소 이해하기 어려운 말씀이다. 거짓말과 속이는 말은 화살과 같아서 결국 본인에게 심한 상처를 남기며, 그런 의미로 **'궤사한 혀에서 나온 말은 그 효과가 로뎀나무 숯처럼 오래오래 사람들을** 해치게 될 것을 언급했다. 광야에서 추운 밤을 견디기 위해 종종 로뎀나무 숯을 사용하는데 다른 숯보다 오래 타며 불씨가 오래 남는다고 알려져 있다. 또한 고대로부터 철과 구리를 녹이는데 오랫동안 이 나무의 숯을 사용해 왔다.

사라(Sarah)의 몸종이었던 하갈(Hagar)은 아들 이스마엘(Ishmael)과 함께 광야로 쫓겨났을 때, 모자는 뜨거운 햇볕이 내리쬐는 광야에서 물이 떨어져 죽을 지경에 이른다. 이때 하갈은 아들을 관목덤불 아래에 두고 통곡한다(창 21:14, 15). 여기서 관목덤불이 로뎀나무로 번역되기도 한다.

욥기 30장 4절에 '대싸리 뿌리로 먹을 거리를 삼느니라'라는 말은 이 나무의 뿌리가 쓰기 때문에 그렇게 표현한 것이다.

주요성경(Main phrases)

열왕기상 19:4-5 자기 자신은 광야로 들어가 하룻길쯤 가서 한 **로뎀나무**(broom bush) 아래에 앉아서 자기가 죽기를 원하여 이르되 여호와여 넉넉하오니 지금 내 생명을 거두시옵소서 나는 내 조상들보다 낫지 못하니이다 하고 **로뎀나무**(broom bush) 아래에 누워 자더니 천사가 그를 어루만지며 그에게 이르되 일어나서 먹으라 하는지라

욥 30:4 떨기나무 가운데에서 짠 나물을 꺾으며 **대싸리**(broom tree) 뿌리로 먹을 거리를 삼느니라

시편 120:3-4 너 속이는 혀여 무엇으로 네게 주며 무엇을 네게 더할꼬 장사의 날카로운 화살과 **로뎀나무**(broom tree) 숯불이리로다

Ⅰ-11. 버드나무(Willow, Poplar)

Ⅰ-11-1. 수양버들(Willow, 시내버들)

북 중국이 원산으로 실크로드를 따라 서아시아와 유럽으로 전해진 것으로 보인다. 전 세계적으로 버드나무(Salix)속 식물은 400종이 있다. 북반구 하천 또는

수양버들(레바논)

학명(Scientific name): *Salix babylonica* L.
영어(성경)이름[English (biblical) name]: (weeping) willow
한국식물명(Korean name): 수양버들
주요서식지(Natural habitat): 유프라테스, 중국

과명(Family name): Salicaceae(버드나무과)
한글(성경)이름[Korean (biblical) name]: 시내버들, 수양버들
히브리이름(Hebrew name): 아라바(ערבה, aravah)

습한 곳에서 자라며 대부분의 이 나무들은 키가 3-10m 정도 자라는 낙엽성 교목이다. 염분에도 강하다. 작은 새싹은 황갈색이다. 좁고 옅은 녹색의 잎은 나선 모양으로 나며, 잎의 길이는 4-16㎝, 폭은 0.5-2㎝ 정도이다. 꽃은 이른 봄에 핀다. 씨앗은 5월에 성숙해 퍼뜨리는데 많은 솜털을 가지고 있어 알러지 질환을 유발한다. 일부 중동 지역의 나무들은 반 상록수로 알려져 있다. 우는 버들(Weeping willow)이라는 이름은 가지와 잎이 바람에 흔들릴 때 울음소리를 내기 때문이다. 이집트와 수메르(Sumerian)인들은 오래전부터 이 나무를 해열과 통증 억제에 사용했다. 그리스의 히포크라테스도 열을 내리기 위해서 버드나무껍질을 차로 마시라고 권고했다.

나무껍질에 유명한 살리신(salicin, 대산물은 아스피린의 전구물질인 salicylic acid다)이 들어있다는 것을 후에 과학자들이 알게 되었다. 과거로부터 류머티즘, 신경통, 치통 등 통증과 황달, 화상, 습진, 종기 등에 사용해 왔다. 독일의 Bayer AG 사가 이 성분을 이용하여 아스피린을 화학적으로 합성하고 보급하였다.

성경적 의미(Symbolism)
- 초막절을 짓는데 사용하는 네가지 식물 중 하나

버드나무는 구약성경 여러 곳에 등장한다. 초막절에 드리는 네 가지 식물 중 하나다. 초막절 기간에 남자들은 네 가지 나무 즉 시트론나무, 화석나무, 올리브나무, 시내버들을 초막에 두었다(레위기 23장). 따라서 수양버들(시내버들)은 광야 시절을 기억하며 7일 동안 거처할 **초막을 짓는데 사용했다.** 토지 소산을 거둔 후에 지켜지는 초막절 첫날에 이 나무의 가지를 취하여 '7일 동안 즐거워하라'는 것은 풍성함에 대한 의미가 들어있다(레 23:39-40; 신 16:13-15). 나무껍질은 밤에 빛을 발하기도 한다.

초막절은 버드나무와 연관이 있고 버드나무는 물과 연관이 깊다. 나무가 모두 물가에 있음을 표현함으로 수자원이 필수임을 암시한다. '명절 끝날 곧 큰 날에 예수께서 서서 외쳐 이르시되 누구든지 목마르거든 내게로 와서 마시라 나를 믿는 자는 성경에 이름과 같이 그 배에서 생수의 강이 흘러나오리라 하시니(요 7:37-38).' 여기서 명절은 초막절이며 예수님은 생수 즉 물을 말씀하셨다.

풍요의 땅에 자라는 상징적 나무다. 버드나무가 자라는 곳은 언제나 물이 풍부한 곳이다. 풍족한 물이 있는 곳에서 잘 자라는 나무는 복있는 나무다.

주요성경(Main phrases)

레위기 23:40 첫 날에는 너희가 아름다운 나무 실과와 종려나무 가지와 무성한 나무 가지와 **시내버들**(willows)을 취하여 너희의 하나님 여호와 앞에서 이레 동안 즐거워할 것이라

이사야 15:7 그러므로 그들이 얻은 재물과 쌓았던 것을 가지고 **버드나무**(willows) 시내를 건너리니

에스겔 17:5 또 그 땅에 종자를 꺾어 옥토에 심되 **수양버들**(willow) 가지처럼 큰 물 가에 심더니

I-11-2. 버들잎사시나무(Euphrates poplar, 버드나무)

버들잎사시나무(유프라테포플러, Euphrates poplar)는 버드나무(willow)와는 다르며 우리나라의 미루나무와 유사하다. 시원한 청량감을 주는 사시나무속(*populus*) 버들잎사시나무는 요르단강 가 언덕에서 숲을 이루며 자란다. 이스라엘 같은 건조 지역에서는 시내나 물길을 따라 습기가 있는 곳에서 빨리 자란다. 소금기 있는 곳에서도 잘 자란다. 뿌리는 깊고 넓게 뻗는다. 키는 10-15m, 둘레는 2m 정도로 높게 자란다. **한 나무에서도 잎의 모양이 서로 다르다**(어린잎은 긴 타원형으로 willow와 비슷하나 크면 마름모꼴의 난형이 된다). 이런 이유로 성경에서도 버드나무(willow)와 혼동하기도 한다. 우리나라에서 자라는 포플러나무는 이태리포플러(*Populus euramericana*)라고 하는 외래종이다. 사시나무속 나무들(백양나무, 미루나무, 사시나무 등)은 약한 바람이 불어도 쉽게 잎이 흔들리며 소리가 난다. 우리 속담에 '사시나무 떨 듯' 이라는 말이 있다.

베르디(Verdi)의 오페라 나부코(Nabucco)에 나오는 노래 중에 '가라 내 상념이여(Va pensiero)' 라고 시작하는 히브리 노예들의 합창곡이 있다. 나부코는 구약성경 열왕기하에서 느부갓네살(Nebuchadnezzar)로 나오는 바빌론 왕이다. 바빌론

포로가 된 히브리 민족이 종교적 탄압을 견디면서도 하나님을 향한 간절한 마음을 굳건히 지키면서 마침내 고향으로 돌아간다는 내용이다. 가사 중간에 버드나무가 나온다. ["예언자의 금빛 하프여, 그대는 왜 버드나무(salice)에 걸린 채 침묵을 지키는가? 가슴속의 기억들을 되살려주오. 우리의 지난 시절을 말해주오."]

버들잎사시나무(이스라엘, 훌라 습지)

학명(Scientific name): *Populus euphratica* Oliv.

과명(Family name): Salicaceae(버드나무과)

영어(성경)이름[English (biblical) name]: poplar tree, Euphrates poplar

한글(성경)이름[Korean (biblical) name]: 버드나무

한국식물명(Korean name): 유프라데포플러나무, 버들잎사시나무

히브리이름(Hebrew name): 짜프짜파(צפצפה, Tzaftzafah)

주요서식지(Natural habitat): 북아프리카, 이란, 이스라엘(헬몬산)

성경적 의미(Symbolism)

- 바빌론에 포로 된 유대인들이 버드나무 아래서 고국을 그리며 포로 생활을 슬퍼했다

성경에서 포플러(poplar)나무와 버드나무가 잘 구별되지 않고 있다. 성경에 나오는 또 다른 버드나무는 버들잎사시나무(Euphrates poplar)로 여겨진다. 유프라테(Euphrates) 강가에서 흔히 발견되는 나무이다. 시편 137편은 바빌론에 포로로 잡혀간 유대인들의 비참함을 묘사한 글로, '바빌론의 강가에서 버드나무에 수금을 걸어 놓고 시온을 기억하며 멸망한 예루살렘을 향하여 울었다'고 기록되어 있다. 예루살렘을 향한 유대들의 애절함은 비장하다. 한편, 레위인들은 예루살렘 성전에서 하나님을 노래했던 수금으로 바벨론 사람들을 위해 연주하도록 요청을 받았다. 유대인들은 이방 땅에서 이방인들의 흥을 돋우기 위해 여호와의 노래를 부름으로 심한 모욕감을 느꼈으며, 그들 앞에서 더 이상 연주하는 것이 너무 슬퍼 비파를 버드나무에 걸었다고 시편 기자는 기록하고 있다(시 137편).

주요성경(Main phrases)

사무엘하 5:23 다윗이 여호와께 여쭈니 이르시되 올라가지 말고 그들 뒤로 돌아서 ***뽕나무**(poplar) 수풀 맞은편에서 그들을 기습하되

역대상 14:15 ***뽕나무**(poplar) 꼭대기에서 걸음 걷는 소리가 들리거든 곧 나가서 싸우라 너보다 하나님이 앞에 나아가서 블레셋 사람들의 군대를 치리라 하신지라

욥기 40:22 연잎 그늘이 덮으며 **시내버들**(poplar)이 그를 감싸는도다

시편 137 우리가 바벨론의 여러 강변 거기서 앉아서 시온을 기억하며 울었도다 그 중의 **버드나무**(poplar)에 우리가 우리의 수금을 걸었나니 이는 우리를 사로잡은 자가 거기서 우리에게 노래를 청하며 우리를 황폐하게 한 자가 기쁨을 청하고 자기들을 위하여 시온의 노래 중 하나를 노래하라 함이로다 우리가 이방 땅에서 어찌 여호와의 노래를 부를까 예루살렘아 내가 너를 잊을진대 내 오른손이 그의 재주를 잊을지로다 내가 예루살렘을 기억하지 아니하거나 내가 가장 즐거워하는 것보다 더 즐거워하지 아니할진대 내 혀가 내 입천장에 붙을지로다 여호와여 예루살렘이 멸망하던 날을 기억하시고 에돔 자손을 치소서 그들의 말이 헐어 버리라 헐어 버리라 그 기초까지 헐어 버리라 하

였나이다 멸망할 딸 바벨론아 네가 우리에게 행한 대로 네게 갚는 자가 복이 있으리로다 네 어린 것들을 바위에 메어치는 자는 복이 있으리로다

이사야 44:3–4 나는 목마른 자에게 물을 주며 마른 땅에 시내가 흐르게 하며 나의 영을 네 자손에게, 나의 복을 네 후손에게 부어 주리니 그들이 풀 가운데에서 솟아나기를 **시냇가의 버들**(poplar) 같이 할 것이라

에스겔 17:5 또 그 땅의 종자를 꺾어 옥토에 심되 **수양버들**(poplar) 가지처럼 큰 물가에 심더니

*poplar를 뽕나무로 번역하기도 했다.

I-11-3. 은백양(White poplar, 버드나무)

은백양(레바논)

학명(Scientific name): *Populus alba* L.

과명(Family name): Salicaceae(버드나무과)

영어(성경)이름[English (biblical) name]: (white) poplar

한글(성경)이름[Korean (biblical) name]: 버드나무

한국식물명(Korean name): 백양나무, 은백양

히브리이름(Hebrew name): 리브네(לִבְנֶה, libneh)

전 세계의 다양한 기후에서 자라는 나무다. 원산지는 유럽이다. 그러나 물이 있는 곳에서 잘 자라며 뜨거운 여름과 다소 추운 겨울을 가진 지역에서 잘 자란다. 15-30m 정도 자라는 낙엽성 교목이다. 나무 몸통의 둘레는 2m 정도 된다. 잔가지가 거의 없고 햇가지에 흰색 털이 빽빽히 난다. 나무껍질은 녹-백색 또는 녹-회색이며 특히 동전 또는 다이아몬드처럼 생긴 어두운 흔적이 있다. 잎은 계란형이고, 앞면은 녹색이며 뒷면은 흰색이다. 잎의 크기는 4-15㎝ 정도며 3-5개의 소엽을 가지고 있다. 나무가 부드러워서 공예품으로 많이 이용된다.

성경적 의미(Symbolism)

- 야곱이 아롱진 가축을 얻기 위해 사용한 세 나무 중 하나

야곱이 아롱진 양과 염소를 얻기 위해 버드나무와 살구나무와 신풍나무의 푸른 가지를 가져 디가 껍질을 벗겨서 흰 무늬를 냈다(창 30:37). 껍질을 벗긴 가지들을 물 먹이는 구유 안에 세워 놓아, 염소와 양떼가 와서 물을 먹을 때 바로 눈앞에 세워 놓은 그 가지들을 볼 수 있게 했다.

성경에서 버드나무, 버들잎사시나무, 은백양은 구별하지 않았다.

주요성경(Main phrases)

창세기 30:37 야곱이 버드나무(poplar)와 살구나무와 신풍나무의 푸른 가지를 가져다가 그것들의 껍질을 벗겨 흰 무늬를 내고

호세아 4:13 그들이 산 꼭대기에서 제사를 드리며 작은 산 위에서 분향하되 참나무와 버드나무(poplar)와 상수리나무 아래에서 하니 이는 그 나무 그늘이 좋음이라 이러므로 너희 딸들은 음행하며 너희 며느리들은 간음을 행하는도다

Ⅰ-12. 버즘나무(Oriental plane tree, 신풍나무, 단풍나무)

버즘나무, 플라타너스나무(레바논)

학명(Scientific name): *Platanus orientalis* L.

영어(성경)이름[English (biblical) name]: (oriental) plane tree

한국식물명(Korean name): 버즘나무, 플라타너스

주요서식지(Natural habitat): 메소포타미아(Mesopotamia), 레바논, 시리아

과명(Family name): Platanaceae(버즘나무과)

한글(성경)이름[Korean (biblical) name]: 신풍나무, 단풍나무

히브리이름(Hebrew name): 아르몬(עַרְמוֹן, armon)

동양플라타너스(Oriental platanus)나무로 잘 알려진 버즘나무는 원산지가 서아시아 또는 지중해 지역이다. 현재는 아시아와 유럽에 널리 분포되어 있다. 이스라엘에서는 북쪽에 강변을 따라 자란다. 로마 시내를 관통하는 떼베레(Tevere)강가에서도 흔히 볼 수 있다. 버즘나무 이름도 매년 표면에 생기는 회백색 버즘모양에서 유래되었다. 낙엽성으로 20-50m 정도 크게 자라는 나무다. 폭이 10-20㎝의 넓은 난형인 잎을 가진 이 나무는 나무껍질이 큰 조각으로 떨어지는 특징이 있다. 잎은 전체적으로 손 모양이며 5-7갈래로 나뉘어져 있다. 꽃은 매우 작고 4-5월에 핀다. 열매는 밤송이처럼 끝이 뾰족하지만 단단하지 않다. 긴 자루에 3-4개의 열매가 달린다. 열매의 씨앗에 붙은 털과 함께 날려 눈과 코, 피부에 알러지를 일으킨다. 속성수로 가로수의 경우 자주 전지작업을 해야 한다. 대기를 정화하는 능력이 있어 가로수로 많이 심는다. 그러나 뿌리가 얕고 키가 크기 때문에 바람이 많은 여름에 잘 쓰러진다. 중동 또는 아랍 지역에서는 정원수로 심는다.

의학의 아버지인 히포크라테스(Hippocrates)가 제자들을 가르쳤던 그리스의 고스(Kos)섬에 심은 나무로 유명하다(흔히 Hippocrates 나무라고 한다). 사도 바울이 2차 전도 여행을 마칠 즈음에 밀레도(Miletus)를 떠나 잠시 고스섬에 들렀던 기록이 있다(행 21:1). 공기를 정화하는 능력이 커서 가로수로 인기가 높다. 충북 청주의 가로수 길이 이 나무로 유명하다.

성경적 의미(Symbolism)
- 야곱이 아롱진 가축을 얻기 위해 사용한 나무

히브리어 '아롬(arom)'은 '벌거벗은(naked)'을 뜻하며 이 나무의 이름이 유래되었다. 신풍나무(플라타너스나무, plane tree)의 껍질을 벗기면 회백색으로 얼룩지는 버즘모양이 나온다. 창세기 30장 37절에서 언급한 신풍나무는 메소포타미아(Mesopotamia) 인근에서 자라는 나무다. 이스라엘에서는 매우 흔하게 발견된다. 중동 지역에 사는 이 나무는 주로 습지에 서식한다. 성경에서는 버드나무와 함께 언급되었다. 하란에서 외삼촌의 양을 치던 야곱이 자기 몫이 될 아롱진(얼룩)

양의 수를 늘리기 위해 개천 옆에 신풍나무(버즘나무) 가지를 꽂아 두었다. 그곳에서 아롱진 새끼를 얻을 수 있었다. 여기에서 언급한 신풍나무가 곧 플라타너스나무다. 에스겔 31장 8절에는 단풍나무로 번역되었는데 이 나무가 '아르몬(armon)'으로 곧 플라타너스(버즘)나무다.

야곱은 라반 밑에서 아내를 얻기 위해 14년을 봉사했고, 그 뒤에 자신의 양 떼를 위해 6년을 더 봉사했다. 14년 동안 라반을 위해 일했지만, 야곱은 빈손으로 라반의 집을 떠날 수밖에 없는 형편에 처해 있었다. 라반은 인색한 사람이었다. 또한 그는 정직하지도 않았다. 양은 대부분 하얗지, 아롱지거나 점이 있거나 검지 않다. 가끔 그런 양들이 있기는 하겠지만 드물다. 대부분의 염소도 검거나 희다. 점 있는 것과 아롱진 것은 매우 희귀하다. 야곱은 라반에게 이와 같이 희귀한 아롱진 양과 염소를 최소한의 삯으로 요구했다. 그럼에도 라반은 숫염소 중 얼룩무늬 있는 것과 점 있는 것을 골라냈고, 암염소 중 흰 바탕에 아롱진 것과 점 있는 것과, 양 중에서 검은 것들을 골라서 자기 아들들의 손에 맡겨 야곱의 가축과 멀리 떼어놓았다. 그는 아롱지거나 얼룩진 염소 및 양들과의 교배를 원천적으로 금지시키면서, 아롱지거나 얼룩진 새끼를 낳지 못할 것이라고 믿었다. 그러나, 야곱은 버드나무와 살구나무(산복사나무)와 신풍나무(버즘나무)의 푸른 가지를 가져 다가 껍질을 벗겨서 흰 무늬를 냈다(창 30:37). 껍질을 벗긴 가지들을 물 먹이는 구유 안에 세워 놓아, 염소와 양떼가 와서 물을 먹을 때 바로 눈앞에 세워 놓은 그 가지들을 볼 수 있게 했다. 그러자 아롱지고 얼룩진 건강한 새끼들이 태어나는 기적이 일어났다.

주요성경(Main phrases)

창세기 30:37 야곱이 버드나무와 살구나무와 **신풍나무**(plane tree)의 푸른 가지를 가져다가 그것들의 껍질을 벗겨 흰 무늬를 내고

에스겔 31:8 하나님의 동산의 백향목이 능히 그를 가리지 못하며 잣나무가 그 굵은 가지만 못하며 **단풍나무**(plane trees)가 그 가는 가지만 못하며 하나님의 동산의 어떤 나무도 그 아름다운 모양과 같지 못하였도다

Ⅰ-13. 은매화(Myrtle, 화석류)

성경에 화석류로 알려진 은매화는 이란을 중심으로 중동 지역 및 북아프리카에 서식하는 상록 관목이다. 성경 시대에 베들레헴, 헤브론, 갈멜산 등지에서 자랐다. 지금은 주로 울타리 또는 장식용 원예로 재배된다. 보통 5-8m 정도 자라며, 광택이 나는 3-5㎝의 잎은 두껍고 향이 나는 오일을 함유하고 있다. 그러나 냄

은매화 꽃과 열매(이스라엘, 예루살렘)

학명(Scientific name): *Myrtus communis* L.
과명(Family name): Myrtaceae(도금양과)
영어(성경)이름[English (biblical) name]: common myrtle
한글(성경)이름[Korean (biblical) name]: 화석류, 무성한 나무
한국식물명(Korean name): 은매화
히브리이름(Hebrew name): 하다스(הדס, hadas)
주요서식지(Natural habitat): 지중해, 이란, 중동, 북아프리카

새가 좋지는 않다. 이 식물은 사랑을 상징하는 식물이다. 약혼식 때 이 나무의 잎을 사용한다. 화환과 장식물로도 이용된다. 잎은 단단하고 가지와 엉켜 조밀하게 자란다. 보통 18㎜ 정도의 작고 많은 흰색 꽃은 별 모양이며 줄기에서 나온다. 꽃은 보통 늦여름에 핀다. 꽃잎은 다섯 개로 되어 있다. 둥글고 자줏빛이 나는 검은색 열매(berry)가 열린다. 건조한 지역에서 자라는 이 나무는 목재가 단단하고 아름다운 무늬가 있어서 운동기구 및 건축재로 사용된다.

고대로부터 이 식물은 통증과 열을 치료하는데 사용되었다. 최근 연구에서는 이 식물에 아스피린(aspirin) 화합물과 관련한 살리신(salicin)이 함유되어 있다고 밝혀졌다. 유럽에서는 코의 염증에 사용했다. 한편 이 식물에서 나오는 밀톨(myrtol)은 방부제 및 강장제로 사용했었다. 또한 이 나무의 잎이 달린 잔가지를 이용해 사제나 영웅들에게 관을 씌워 주었다. 로마와 그리스 신화에서는 은매화를 장미와 함께 비너스(Venus)나 아프로디테(Aphrodite)여신에게 봉헌했다. 또한 사랑(love)과 불멸(immortality)의 상징이었다. 유대인들은 이 식물을 남성을 상징하는 식물로 여겼으며 이 때문에 결혼식장에서 이 나뭇가지를 신랑에게 주었다. 미국 사우스 캐롤라이나(South Carolina) 동부에 휴양지로 널리 알려진 머틀비치(Myrtle Beach)가 유명하다. 이 나무와 비슷한 식물로 중국이나 한국에서 자라는 소귀나무의 학명은 *Myrica rubra*로 은매화와 다른 나무다.

성경적 의미(Symbolism)

- 초막절에 초막을 짓는데 사용한 나무

성경에서 언급한 화석류는 은매화다. 선과 미의 상징으로 사용되었다(사 55:13, 잣나무는 가시나무를 대신하여 나며 화석류는 찔레를 대신하여 날 것이라). 화석류(은매화)가 최초 언급된 곳은 느헤미야서 8장 15절이다. 초막절(Sukkoth)을 기념하며 초막을 만드는데 여러 나무들(감람나무 가지, 들감람나무 가지, 화석류나무 가지, 종려나무 가지)이 사용되었으며(레 23:40) 화석류(은매화)도 그중에 포함된다. 레위기 23장 40절에 나오는 무성한 나무가 화석류라고 말하는 학자도 있으나, 느헤미야서 8장 15절에는 화석류 나무와 무성한 나무를 동시에 언급했기 때문에 무성한 나무는 화석류가 될 수 없다고 주장한다. 하지만 무성한 가지(leafy tree)가 화석류라는 것에 동의하는 학자도 있다.

가시나무를 대신하여 은매화를 심음으로써 축복의 나무 중 하나로 여겼다(사 41:19). 스가랴 선지자는 하나님이 화석류 사이에 서 있는 모습을 보았으며 이 환상을 통해 성전을 재건하는 힘을 얻었다(슥 1:7-17). 은매화는 전통적으로 신부가 침실로 들어갈 때 소지하기도 한다. 또한, 죽은 자의 침대 위에 올려놓는 나무로도 언급했다(Mishnah).

성경에 나오는 인물인 '에스더(Esther)'는 페르시아어로는 '별(star)'을 뜻하는 단어에서 유래했다. 히브리식 본명은 '도금양나무(화석류)'라는 뜻의 '하닷사(Hadassah)'이며, 이 도금양나무 꽃이 별 모양을 하고 있다(에 2:7). 성경에서는 평화(peace)와 기쁨(joy) 및 정의(justice)를 상징했다.

은매화가 히브리어로 하닷사(hadassah)인데 사람의 이름으로 사용되기도 했다.

주요성경(Main phrases)

레위기 23:40 첫 날에는 너희가 아름다운 나무 실과와 종려나무 가지와 **무성한 나무**(leafy tree) 가지와 시내 버들을 취하여 너희의 하나님 여호와 앞에서 이레 동안 즐거워할 것이라

느헤미야 8:15 또 일렀으되 모든 성읍과 예루살렘에 공포하여 이르기를 너희는 산에 가서 감람나무 가지와 들감람나무 가지와 **화석류나무**(myrtles) 가지와 종려나무 가지와 **기타 무성한 나무 가지**를 가져다가 기록한 바를 따라 초막을 지으라 하라 한지라

에스더 2:7 그의 삼촌의 딸 **하닷사**(Hadassah) 곧 에스더는 부모가 없었으나 용모가 곱고 아리따운 처녀라 그의 부모가 죽은 후에 모르드개가 자기 딸 같이 양육하더라

이사야 41:19 내가 광야에는 백향목과 싯딤 나무와 **화석류**(myrtles)와 들감람나무를 심고 사막에는 잣나무와 소나무와 황양목을 함께 두리니

이사야 55:13 잣나무는 가시나무를 대신하여 나며 **화석류**(myrtle)는 찔레를 대신하여 날 것이라 이것이 여호와의 기념이 되며 영영한 표징이 되어 끊어지지 아니하리라

스가랴 1:8-11 내가 밤에 보니 한 사람이 붉은 말을 타고 골짜기 속 **화석류나무**(myrtles) 사이에 섰고 그 뒤에는 붉은 말과 자줏빛 말과 백마가 있기로

I-14. 가시갯대추나무(Christ's thorn jujube, 가시나무)

가시갯대추나무(이스라엘, 갈릴리)와 가시관(청주상당교회 부활절 장식)

학명(Scientific name): *Zizyphus spina-christi* (L.) Desf.

과명(Family name): Rhamnaceae(갈매나무과)

영어(성경)이름[English (biblical) name]: Christ's thorn jujube, bramble

한글(성경)이름[Korean (biblical) name]: 가시나무

한국식물명(Korean name): 가시갯대추나무

히브리이름(Hebrew name): 아타드(אָטָד, atad)

주요서식지(Natural habitat): 서남아시아, 동아프리카 등 열대지역

아카시아(Acacia)와는 또 다른 종으로 수단(Sudan)이 원산지인 이 식물은 이스라엘 전역에 자생하는 식물로 꽃과 잎이 마치 대추나무(*Zizyphus jujuba* Mill)를 닮은 가시나무다. 갈매나무과의 상록수로 키는 10m까지 자란다. 어떤 것은 수백 년을 생존한다. 잎은 난형으로 3-5㎝ 정도로 길고 너비는 2㎝ 정도이다. 가지는 밑으로 늘어진다. 길이 1-2㎝ 정도의 짧은 여러 개의 날카로운 가시들은 바늘처럼 예리하고 단단하다. 또한 일부는 가시의 끝은 약간 구부러져 있어 한 번 찔리면 깊은 상처가 난다. 3월과 7월 두 차례에 걸쳐 작고 노란 별처럼 생긴 꽃을 피운다. 열매는 매우 많이 열리며 크기는 1-2㎝ 정도이다. 노란 갈색의 동글동글한 모양인 이 열매는 나중에 붉은 갈색으로 변한다. 열매의 모양은 대추와 비슷하다. 열매를 먹을 수는 있으나 맛이 떫고 신맛과 단맛도 있다. 과거 이집트나 오아시스(oasis) 지역에서는 약이나 식품으로 사용하기 위해 재배했었다. 최근 연구에 의해 잎의 추출물이 염증에 효과가 있다고 알려졌다.

다른 식물로는 *Paliurus spina-christi* Mill.(스피나크리스티갯대추) 학명을 가진 식물도 Christ's thorn(가시면류관)으로 알려져 있다. 이 식물은 지중해와 유럽 남서부 및 중앙아시아에 분포한다. 보통 1-3m 정도 자라는 관목이다. Zohary는 '마태복음에 언급한 메시아 가시나무는 '*Sarcopoterium spinosum*(자관목)' 의 학명을 가진 thorny burnet(자관목)' 이라고도 주장했다.

성경적 의미(Symbolism)

- 로마군인들이 예수님의 머리에 이 가시나무로 만든 관을 씌웠다

예수그리스도의 고난을 상징하는 나무다. 예수께서 잡히시고 고문을 당하실 때 로마 군인들이 희롱하며 가시관을 엮어 예수의 머리에 씌웠던 가시나무로 믿어지고 있다. 이 나무는 사마리아, 요르단 계곡 및 예루살렘 주변에 흔하게 자생하고 있다. 날카로운 가시는 매우 단단해서, 이마를 깊이 찌르면 많은 피가 흘러나올 수 있다. 더구나 군인들이 예수의 오른손에 쥐어 주었던 갈대를 빼앗아 예수의 머리를 쳤으므로 이 나무로 만든 관의 가시는 더욱 깊게 머리와 이마를 찔렀을 것이다. 예수의 가시관을 만든 가시나무의 종류에 대해서는 여러 의견이 있으나 그 중에서 히브리어로 '아타드(atad)'로 불리는 이 가시나무가 가시관(Christ thorn)을 만든 식물일 것으로 추정하고 있다. 학명 *Paliurus spina-christi*는 "메시아의 가시나무(the messiah's thorny jujube)"를 뜻한다.

주요성경(Main phrases)

욥기 30:7 떨기나무 가운데에서 부르짖으며 가시나무(thornbush) 아래에 모여 있느니라

이사야 7:19 다 와서 거친 골짜기와 바위 틈과 **가시나무**(thornbush) 울타리와 모든 초장에 앉으리라

마태복음 7:16 그들의 열매로 그들을 알지니 **가시나무**(thornbushes)에서 포도를, 또는 엉겅퀴에서 무화과를 따겠느냐

마태복음 27:29 **가시**(thorns)관을 엮어 그 머리에 씌우고 갈대를 그 오른손에 들리고 그 앞에서 무릎을 꿇고 희롱하여 이르되 유대인의 왕이여 평안할지어다 하며

요한복음 19:5 이에 예수께서 **가시**(thorns)관을 쓰고 자색 옷을 입고 나오시니 빌라도가 그들에게 말하되 보라 이 사람이로다 하매

I-15. 자관목(Thorny burnet, 가시나무)

자관목(레바논)

학명(Scientific name): *Sarcopoterium spinosum* (L.) Spach

영어(성경)이름[English (biblical) name]: thorns, thorny burnet

한국식물명(Korean name): 자관목

주요서식지(Natural habitat): 지중해, 중동

과명(Family name): Rosaceae(장미과)

한글(성경)이름[Korean (biblical) name]: 가시나무

히브리이름(Hebrew name): 시르(סִיר, sir)

장미과 식물로 가시가 많으며 꽃이 피는 다년생 관목이다. 지중해와 중동이 원산지다. 건조 지역에서 잘 자란다. 줄기는 60㎝ 정도이며 털이 많은 새싹이 밑에서부터 뻗어간다. 잎은 8-16개씩 짝을 이룬다. 3-4월에 연노랑 꽃이 핀다. 나중에 베리(berry) 모양의 작고 빨간 열매를 맺는다. 잎이 없는 쪽에서 가시를 낸다. 줄기로부터 가시들이 촘촘히 엉켜 있으며 매우 단단하고 날카롭다. 가시의 길이는 최대 10㎝정도다. 마치 가시가 꽃을 보호하는 듯하다. 사람들은 이 가시나무를 이용하여 집과 성곽 주변에 울타리를 만들었다. 뿐만 아니라 연료로도 사용했다. 디오스코리데스(Dioscorides, 그리스의 식물학자)의 'De Materia Medica(약용식물사전)' 에도 나오는데, 열매는 설사, 상처, 출혈, 충혈 등에 사용한다고 기록되어 있다.

성경적 의미(Symbolism)

- 고난 받는 예수님의 머리에 씌어진 또 다른 가시나무로 여겨진다

로마군인들이 예수께 씌워준 가시관(Christ's thorn, crown of thorns)을 만든 또 다른 나무일 것으로 추정하고 있다(마 27:29). 날카롭고 수많은 가시들이 예수님의 머리에 씌워졌으므로 심한 고통을 주었을 것이다. 구약성경에는 담장(호 2:6), 또는 화목(전 7:6)으로 사용했다는 기록을 볼 수 있다. 줄기는 가시와 엉켜 있으며 억세고 날카롭다. 암꽃은 노랗고 숫꽃은 붉으며, 열매는 매우 많이 달린다. 나중에 3-5㎜의 작은 열매가 5-10개씩 뭉쳐서 열린다. 불에 탈 경우 작은 열매가 터지면서 소리를 낸다. 전도서는 이 소리를 우매자의 웃음 소리에 빗대어 설명하였다(전 7:6). 유대 산지나 들에 자생하며 집과 성곽 주변에서 흔히 볼 수 있는 나무다.

아비멜렉은 기드온을 통해 얻었던 은혜를 잊어버리고 세겜 사람들을 선동하여 스스로 왕이 되고자 요람의 형제 70여 명을 죽였다. 요람은 이복형 아비멜렉을 가시나무에 빗대어 비난했다(삿 9). 사사기에서 비유로 요람은 세겜 사람들에게 "나무들이 나무들의 왕을 삼고자 하여 감람나무, 무화과나무, 포도나무를 추대하려고 했으나 그 모든 나무들은 거절했다. 그러나 가시나무는 나무들에게

'나를 왕으로 삼겠다면 내게 기름을 붓고 내 그늘 밑에 피하라'고 했다." 결국 왕은 되었지만 한 여인이 던진 맷돌에 맞아 죽었다.

주요성경(Main phrases)

사사기 9:15 가시나무(thornbush)가 나무들에게 이르되 너희가 참으로 내게 기름을 부어 너희 위에 왕으로 삼겠거든 와서 내 그늘에 피하라 그리하지 아니하면 불이 **가시나무**(thornbush)에서 나와서 레바논의 백향목을 사를 것이니라 하였느니라

전도서 7:6 우매한 자들의 웃음소리는 솥 밑에서 **가시나무**(thorns)가 타는 소리 같으니 이것도 헛되니라

호세아 2:6 그러므로 내가 **가시**(thorns)로 그 길을 막으며 담을 쌓아 그로 그 길을 찾지 못하게 하리니

마태복음 27:29 **가시**(thorns)관을 엮어 그 머리에 씌우고 갈대를 그 오른손에 들리고 그 앞에서 무릎을 꿇고 희롱하여 이르되 유대인의 왕이여 평안할지어다 하며

Ⅰ-16. 지중해산딸기(Holy bramble, 떨기나무)

지중해산딸기(이스라엘, 유대 광야)

학명(Scientific name): *Rubus sanguineus* Friv. *Rubus sanctus* L.
과명(Family name): Rosaceae(장미과)
영어(성경)이름[English (biblical) name]: (burning) bush, holy bramble, blackberry
한글(성경)이름[Korean (biblical) name]: (가시)떨기나무
한국식물명(Korean name): 지중해산딸기
히브리이름(Hebrew name): 세네(סנה, səneh), 페델 카도쉬(פֶּטֶל קָדוֹשׁ, petel kadoshi)
주요서식지(Natural habitat): 유럽, 북아프리카

지중해 산딸기(*Rubus sanctus*)는 1-2m 정도 자라는 다년생 상록 관목으로 오아시스, 산골짜기, 습지 등 수원이 가까운 곳에서 수풀 형태의 덤불로 자란다. 중심 줄기가 없는 대신 15-20㎝로 길고 가는 여러개의 줄기가 있다. 가시는 아래로 굽어 박혀있다. 꽃은 흰색 또는 어두운 핑크색이며, 열매는 최종적으로 검은색

을 띤다. 이 관목은 산딸기의 일종으로 알려져 있다. 라틴어에서 유래한 'Rubus'는 'blackberry' 또는 'rasberry'를 뜻하고 'sanctus'는 '신성(sacred)'을 뜻한다. 매우 오래 사는 식물 중 하나다.

이 식물에 관해서는 많은 논쟁이 있다. Zohary(1982)는 'Senna bush(*Cassia senna* L.)'로 주장했는데, 히브리 이름의 '*seneh*'라는 명칭이 아랍 사람들은 'sene'로 부르는 식물인 '센나(*Cassia senna*)'이기 때문이다. 사실 '*seneh*'라는 히브리 원어에는 'thorny bush(가시덤불)'라는 뜻은 없다고 한다. Moldenke 및 Tristam은 '센나'는 가시가 없다고 주장하면서 콩과(Fabaceae) 식물인 '*Acacia* (*Vachellia*) *nilotica*'라고 주장했다. 또한, 떨기나무(burning bush)가 '*Dictamus albus* L.(Rutaceae)'의 학명을 가진 식물이라고 주장하기도 한다(Daan Smith). 이 식물은 보통 1m 정도 자라며 휘발성 기름 성분이 많아 횃불처럼 불이 붙는다. '센나'는 시나이(Sinai) 반도에서는 자라지 않으므로 타는 수풀(burning bush 또는 bramble bush)이 어떤 식물인지에 대해서 식물학자와 성경학자 사이에 논쟁이 많다.

성경적 의미(Symbolism)
- 하나님이 떨기나무 불꽃 안에서 모세를 부르셨다

모세가 시내산에서 타는 수풀(burning bush)을 떨기나무라고 했다. 떨기나무는 모세가 시내산에서 하나님의 사자를 만날 때 불꽃 가운데 있던 바로 그 나무다. 그러나 성경 원본에는 'sene(senna, *Cassia senna*)'로 기록되어 있다. 센나식물은 가시가 없어 신명기와 사도행전에 나오는 가시 떨기나무와는 다른 나무로 인식되어 왔다. 따라서 많은 학자들은 가시가 있는 지중해 산딸기가 떨기

떨기나무 앞의 모세(마르크 샤갈, 1966)

나무일 것으로 주장하고 있다.

모세가 마지막 생애를 마무리하면서 각 지파에게 축복하는 기도문에도 떨기나무를 인용했다. 모세는 요셉 지파를 향해 "가시떨기나무 가운데 거하시던 자의 은혜로 말미암아(신 33:16)"라고 축복한다. 시내산의 오래된 성 카터린 수도원에서 이 나무를 볼 수 있다. 이 수도원의 '불타는 수풀의 예배당(The Chapel of the Burning Bush)'에서 얼마 떨어지지 않은 곳에 희귀종인 지중해 산딸기(*Rubus sanctus*)가 있다고 알려져 있다. 매우 오래된 것으로 보이는 이 식물은 수도원이 지어질 10세기 무렵 이곳으로 이식되었다고 한다.

성경은 불타고 있는 수풀에 초자연적인 현상을 표현했다. 지중해 산딸기[*Rubus sanctus*(*Rubus sanguineus* Friv)]는 하나님이 최초로 사람들에게 자신을 드러내는 하나님의 상징이기도 하다. 하나님이 나무의 불꽃 가운데 나타나셨던 바로 그 나무다. 이집트의 노예생활에서 하나님의 백성으로 변화되는 연단을 통해 구원을 베푸신 것을 의미한다. 성경에 "떨기나무에 불이 붙었으나 타지 않았다"라고 기록되어 있다.

주요성경(Main phrases)

출애굽기 3:2 여호와의 사자가 **떨기나무**(bush) 가운데로부터 나오는 불꽃 안에서 그에게 나타나시니라 그가 보니 **떨기나무**(bush)에 불이 붙었으나 그 **떨기나무**(bush)가 사라지지 아니하는지라

출애굽기 3:4 여호와께서 그가 보려고 돌이켜 오는 것을 보신지라 하나님이 **떨기나무**(bush) 가운데서 그를 불러 이르시되 모세야 모세야 하시매 그가 이르되 내가 여기 있나이다

신명기 33:16 땅의 선물과 거기 충만한 것과 **가시떨기나무**(bush) 가운데 계시던 이의 은혜로 말미암아 복이 요셉의 머리에, 그의 형제 중 구별한 자의 정수리에 임할찌로다

사도행전 7:30 사십 년이 차매 천사가 시내 산 광야 가시나무 **떨기**(bush) 불꽃 가운데서 그에게 보이거늘

I-17. 유럽구기자나무(European boxthorn, 아세가)

유럽구기자나무(이스라엘, 지중해 해안)

학명(Scientific name): *Lycium europaeum* L.
영어(성경)이름[English (biblical) name]: boxthorn, desert thorn
한국식물명(Korean name): 유럽구기자나무
주요서식지(Natural habitat): 중동, 이스라엘, 서아시아, 남유럽

과명(Family name): Solanaceae(가지과)
한글(성경)이름[Korean (biblical) name]: 아세가
히브리이름(Hebrew name): 아세카(עֲזֵקָה, azekah)

구기자나무(*Lycium*)는 가시(thorn)가 있는 관목이다. 보통 2-4m 정도 자란다. 심장 모양의 작은 잎이 줄기에 많이 붙어있다. 3월에 나팔 모양의 꽃이 피며 꽃잎은 5개로 푸른 보라색이다. 긴 가지가 많고 나무의 상부에서 넓게 퍼진다. 줄기에는 많은 가시가 서로 엉켜 있다. 작은 열매(berry)는 노란색, 붉은색, 검은색으로 비타민과 미네랄이 많이 들어 있어서 오랫동안 약으로 사용했다. 구기자나무의 열매(berry)는 로마 약전에 수록될 정도로 유명한데 눈병과 염증에 사용했다. 최근 연구에서는 항암 효과가 인정되었다.

성경적 의미(Symbolism)

- 유럽구기자나무가 많이 자라는 곳을 아세가라 명명했을 것이다

아세가(azekah)라는 히브리 장소 이름에 구기자나무(boxthorn)에서 유래된 것으로 보인다. 성경에 이 나무를 직접 언급하지 않았으나 아세가(azekah)는 이스라엘 서부에 있는 도시로 7회 언급되었다(수 10:11). 이곳은 이스라엘 땅 중에서 매우 비옥하여 많은 식물들이 잘 자라는 곳이다. 따라서, 이 나무들이 많이 서식하는 장소라고 여겨진다. 유다의 서쪽 산지 '소고(Socoh)와 아세가(azekah) 사이'를 언급할 때, 아세가라는 명칭이 'boxthorn나무'에서 유래했다. 성경에는 식물 이름으로 장소를 언급한 경우가 많다. 실제로 성경에는 아카시아(shittim), 올리브(olive), 참나무(oak), 피스타치오(pistachio), 석류(pomegranate), 수양버들(willow) 등은 히브리 장소 이름으로도 알려져 있다. 가시가 많은 이 식물은 울타리 등으로 사용했을 것이다.

주요성경(Main phrases)

여호수아 10:10–11 여호와께서 그들을 이스라엘 앞에서 패하게 하시므로 여호수아가 그들을 기브온에서 크게 살육하고 벧호론에 올라가는 비탈에서 추격하여 **아세가**(Azekah)와 막게다까지 이르니라, 그들이 이스라엘 앞에서 도망하여 벧호론(Beth Horon)의 비탈에서 내려갈 때에 여호와께서 하늘에서 큰 우박 덩이를 **아세가**(Azekah)에 이르기까지 내리시매 그들이 죽었으니 이스라엘 자손의 칼에 죽은 자보다 우박에 죽은 자가 더 많았더라

여호수아 15:35 야르뭇과 아둘람과 소고와 아세가(Azekah)와

사무엘상 17:1 블레셋 사람들이 그들의 군대를 모으고 싸우고자 하여 유다에 속한 소고에 모여 소고와 **아세가**(Azekah) 사이의 에베스담밈에 진 치매

역대하 11:9 아도라임과 라기스와 아세가(Azekah)와

느헤미야 11:30 또 사노아와 아둘람과 그 마을들과 라기스와 그 들판과 아세가(Azekah)와 그 주변 동네들에 살았으니 그들은 브엘세바에서부터 힌놈의 골짜기까지 장막을 쳤으며

예레미야 34:7 그 때에 바벨론의 왕의 군대가 예루살렘과 유다의 남은 모든 성읍들을 쳤으니 곧 라기스와 아세가(Azekah)라 유다의 견고한 성읍 중에 이것들만 남았음이더라

I-18. 케이퍼(Caper)

케이퍼 꽃과 열매(레바논)

학명(Scientific name): *Capparis spinosa* L.
과명(Family name): Caparaceae(카파라과)
영어(성경)이름[English (biblical) name]: caper(caperberry)
한글(성경)이름[Korean (biblical) name]: 한글성경에 식물이름 없음
한국식물명(Korean name): 케이퍼
히브리이름(Hebrew name): 아비요나(אביונה, aviyonah)
주요서식지(Natural habitat): 중동, 지중해 연안

가지가 많은 다년생 관목이다. 중동의 건조한 바위 지역에 넓게 분포되어 있다. 담장 벽이나 계곡의 바위틈에서 1m쯤 자란다. 난형의 잎은 어긋나며 두텁고 반짝인다. 잎거드랑이에서 꽃대가 나오며, 네 개의 핑크 빛-흰색(pinkish-white) 꽃잎에서는 달콤한 향기가 난다. 꽃에는 길고 보라색의 많은 수술이 있다. 꽃은 오후에 피기 시작하여 밤새워 핀다. 식용이 가능한 새싹과 나중에 열리는 베리

(berry)는 피클(pickle)로 만들어 먹는다. 베리의 맛은 쓰고 맵다. 항산화효과가 있는 루틴(Rutin)과 비타민 C가 많이 들어있다고 알려져 있다. 화장품과 의약품으로도 사용된다. 그리스에서는 구풍제(장내 가스 제거)로 오랫동안 사용했다.

성경적 의미(Symbolism)

- 성경 시대 caper berry는 정욕 또는 기력 회복에 효과가 있는 것으로 인식했다

KJV 전도서 12장 5절 말씀[the grasshopper shall be a burden, and desire shall fail(KJV, 메뚜기도 짐이 될 것이며, 정욕이 그치리니)]은 매우 이해하기 어려운 구절이다. 그러나 2004년에 히브리 성경을 재 번역한 HCSB(Holman Christian Standard Bible)에 의하면, 'the grasshopper loses its spring, and caper berry has no effect(메뚜기는 봄을 잃고, caper berry는 효과가 없다)'로 번역했다. 히브리어 'aviyonah(아비요나)'는 'caper berry'와 관련하여, 'avah(아바)'는 열망(desire)를 의미하기 때문에 caper berry를 정욕으로 번역한 것으로 보인다. '아비요나'는 성경 전도서에 1회 나온다. 탈무드에도 아비요나(אֲבִיּוֹנָה)'가 언급되었다. 성경 시대 'caper berry'는 정욕 또는 기력 회복의 효과가 있는 것으로 인식되었다. 그럼에도 이 식물의 열매를 먹어도 노인에게 효과가 없었음을 성경에서 표현한 글이다. 회복의 어려움을 표현한 글이라고 여겨진다.

주요성경(Main phrases)

전도서 12:5 또한 그런 자들은 높은 곳을 두려워할 것이며 길에서는 놀랄 것이며 살구나무가 꽃이 필 것이며 메뚜기도 짐이 될 것이며 **정욕**이 그치리니 이는 사람이 자기의 영원한 집으로 돌아가고 조문객들이 거리로 왕래하게 됨이니라

Ⅰ-19. 월계수(Laurel)

월계수(이스라엘, 예루살렘)

학명(Scientific name): *Laurus nobilis* L.

과명(Family name): Lauraceae(녹나무과)

영어(성경)이름[English (biblical) name]: (bay) laurel, bay tree

한글(성경)이름[Korean (biblical) name]: 영광의 관, 승리자의 관

한국식물명(Korean name): 월계수, 계수나무

히브리이름(Hebrew name): 오렌(אֹרֶן, oren), 바에즈라(אזרח, bả ezrāḥ)

주요서식지(Natural habitat): 중동, 남유럽

'Laurel'은 '명예'를 뜻하는 그리스 말이다. 향기가 나는 상록 관목이며, 별명으로 'bay laurel(월계수)'라고도 부른다. 중동이 원산지인 이 식물은 키가 7-15m에 이르기도 한다. 지중해 전 지역에 널리 분포되어 있으며 이스라엘의 갈멜산이나 갈릴리 지역의 돌이 많은 곳에서 잘 자란다. 잎은 억세며 타원형의 녹색이고 길이는 6-12㎝ 정도이다. 문지르면 향기가 난다. 꽃은 연녹색이며 4-5월에 핀다. 꽃잎이 4장이고 잎겨드랑이에서 핀다. 작은 베리 형태의 열매가 열린다. 휘발성 오일을 함유하고 있어 강한 향기가 나며 잎은 따서 말려(bay leaf) 요리할 때 사용한다. 유럽에서는 오래전부터 허브로 사용해 왔다. 로마 시대에는 두통, 류머티즘에 사용했으며 전통적으로 상처 치료와 풀독(ivy poison)의 해독에도 사용했다.

그리스 신화에 의하면, 에로스가 태양의 신 아폴론(로마의 신은 아폴로)에게 사랑의 화살을, 다프네(Daphne)에게는 증오의 화살을 각각 쏘았다. 그래서 아폴론은 다프네를 사랑하지만 끝내 둘은 사랑을 이루지 못한 채 다프네가 죽어 변한 나무로 상징되며 이를 불쌍히 여긴 아폴론이 월계수를 항상 푸르게 하였다고 한다. 아폴론은 자신의 왕관도 이 나무로 만들어 썼다.

한편, 옛날 로마에서는 전쟁에서 승리한 장군이 개선식을 행할 때 이 나무 줄기로 관을 만들어 쓰게 했다. 따라서, 이 나무에게 '명예(또는 칭송)'란 뜻의 'laurel'을 붙여 학명으로 사용한다. 고대로부터 각종 스포츠 경기나 글짓기 등 대회 우승자들에게도 월계수관을 씌워 주었기 때문에 우승과 승리 및 성공의 상징이 되어 그 전통이 지금도 이어진다. 고대 올림픽(776 BC)에서 월계관을 머리에 씌워 주었으며 지금도 마라톤 우승자에게 씌워준다. 로마 시대에는 승리한 황제가 머리에 월계수관을 쓰고 개선했다. 중동이나 유럽에서는 정원수로 인기가 높다. 우리나라에서는 경남, 전남지역에 분포한다.

성경적 의미(Symbolism)
- 승리의 면류관, 영광의 면류관

월계관

성경에 직접 월계수를 언급하지는 않았다. 이사야 44장 14절에 'oren'이 나오는데 'oren'은 '월계수' 또는 '소나무(pine)'을 의미하기도 한다. 잎이 무성함은 허세를 의미하는데 악인의 허세나 우상을 상징하는 데 사용된 것으로 보인다. 시편 37편 35절에 '이 푸른 나무(evergreen tree, green bay tree)의 무성함'에서 언급한 나무를 일컫기도 한다. 신약에서 화환(행 14:13), 승리의 관, 영광의 관(고전 9:25; 딤후 2:5; 벧전 5:4) 등으로 언급한 것들이 월계수로 만든 관인 것으로 보고 있다. 월계관은 명예의 표시로 사용되었으며 운동시합이나 전쟁의 승자에게 수여되었다. 믿음의 용사들에게는 썩어질 월계관이 아니라 영원한 생명의 관을 씌워 주신다는 말씀이다.

월계관 인용 site 출처 https://www.bing.com/images/search?q=%ec%9b%94%ea%b3%84%ea%b4%80+%eb%82%98%eb%ac%b4&id=1B24950789185263B738947AA74FB09EAFD6A173&form=IQFRBA&first=1&disoverlay=1

주요성경(Main phrases)

고린도전서 9:25 이기기를 다투는 자마다 모든 일에 절제하나니 그들은 썩을 승리자의 관(crown)을 얻고자 하되 우리는 썩지 아니할 것을 얻고자 하노라

디모데후서 2:5 경기하는 자가 법대로 경기하지 아니하면 승리자의 관(victor's crown)을 얻지 못할 것이며

베드로전서 5:4 그리하면 목자장이 나타나실 때에 시들지 아니하는 영광의 관(the crown of glory)을 얻으리라

I-20. 유다박태기나무(Judas-tree)

유다박태기나무(레바논)

학명(Scientific name): *Cercis siliquastrum* L.

과명(Family name): Fabaceae(콩과)

영어(성경)이름[English (biblical) name]: Judas-tree

한글(성경)이름[Korean (biblical) name]:유다가 목매어 죽은 나무로 여김

한국식물명(Korean name): 유다박태기나무

히브리이름(Hebrew name): 케릴 하 호레시(כליל החורש, kelil hahoresh)

주요서식지(Natural habitat): 중동, 이스라엘, 서아시아, 남유럽

일반적으로 유다나무로 알려져 있으며 남유럽과 서아시아에서 서식하는 작은 낙엽성 관목이다. 잎이 나오기 전에 네 개의 꽃잎을 가진 꽃이 핀다. 짙은 분홍색 꽃이 피며, 향이 라일락 꽃과 비슷하다. 꽃은 식용으로 사용하기도 한다. 잎은 마치 콩팥(kidney)처럼 생겼다. 콩 모양의 열매가 달린다. 생장이 매우 빠르며 높이는 3-6m까지 자라고 넓게 퍼진다. 우리나라의 박태기나무와 유사하다.

성경적 의미(Symbolism)

예수를 판 유다가 이 나무에 목을 매 숨졌다고 전해온다. 이 나무의 꽃이 흰색에서 붉은색으로 변하며 꼬투리(pods)는 목을 매달은 것처럼 달려 있다. 프랑스에서 이 나무의 이름을 'Arbre de Judee'로 부르는데 '유다나무'라는 뜻이다. 아마도 꽃잎이 떨어지는 것이 마치 핏방울이 떨어지는 것처럼 보이기 때문일 것이다. 그러나 유다가 이 나무에 목메어 죽었는지는 분명하지 않다.

주요성경(Main phrases)

마태복음 27:5 유다가 은을 성소에 던져 넣고 물러가서 스스로 목매어 죽은지라

Ⅰ-21. 장미목(Red sanders, Almugwood, 자단나무, 백단목)

장미목과 체스(captured from)

학명(Scientific name): *Pterocarpus santalinus* L.

과명(Family name): Fabaceae(콩과)

영어(성경)이름[English (biblical) name]: algumlog, almugwood, red sanders, red sand, rose wood

한글(성경)이름[Korean (biblical) name]:자단, 백단목

한국식물명(Korean name): 장미목, 자단향

히브리이름(Hebrew name): 알묵(אַלְמֻג, almug)

주요서식지(Natural habitat): 인도남부, 스리랑카

출처 Bubba73 at English Wikipedia (https://commons.wikimedia.org/wiki/File:SandalwoodChessPieces.jpg), "SandalwoodChessPieces", https://creativecommons.org/licenses/by-sa/3.0/legalcode

장미목(자단, 백단목)은 중간 정도 크기의 낙엽성 나무로 8-10m 정도 자란다. 인도가 원산지며 주산지는 남인도 열대 지역이다. 풍부한 붉은색을 내는 아름다운 목재로 잘 알려져 있다. 지금은 남발되어 점점 줄어들고 있으며 보호 수종이다. 또한 적색 염료의 원료(santalin)가 된다. 장미꽃과 유사한 향을 내며, 식품에 색을 내는 데도 사용한다. 이 나무가 자라는 데에는 강한 햇빛이 필요하다. 몸통의 둘레는 약 50-150㎝ 정도이며 3년 이내의 어릴 때에는 키가 5m 정도로 빨리 자란다. 기온에 민감해서 영하 1도 아래에서는 죽는다. 잎은 난형이며 크기는 3-9㎝ 정도며, 꽃은 쌍으로 핀다.

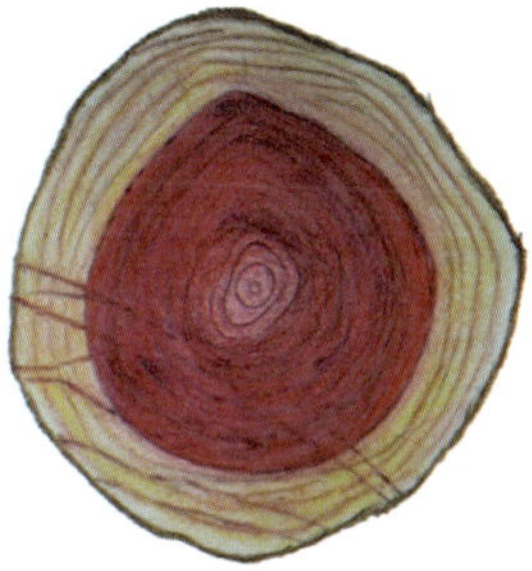

장미목 단면
(painted by the author, ⓒ 오기완)

중국 청나라 때에도 자단이라 하여 매우 귀한 나무였다. 청나라 황궁(자금성)에는 황제가 앉았던 자단(백단목)으로 만든 정교한 의자가 지금도 남아있다. 중국인들은 많은 돈을 들여 이 나무를 인도에서 수입하였고 심지어는 이 나무를 몰래 들여오다가 적발된 경우도 있다. 동남아와 아프리카 마다가스카르 섬에서도 자생하며 나무의 색이 아름다워 가구, 악기나 체스를 만드는데 사용된다. 수지는 수렴성이 좋아 의약품과 화장품의 원료로도 쓰인다. 지구상에서 가장 값비싼 목재다.

성경적 의미(Symbolism)

- 인도에서 생산되고 중동에서 수입한 고급 목재

성경에서 백단목[algum/almug wood(log)]은 장미목(자단)을 말한다. 성경에는 레바논에서 수입한 귀한 목재로 기록되었다[레바논에서 백향목과 잣나무와 백단목을 내게로 보내소서. 내가 알기로는 당신의 종은 레바논에서 벌목을 잘 하나니 내 종들이 당신의 종들을 도울지라(대하 2:8)]. 성경에 나오는 백단목(almug wood)은 이 지역에서는 없는 나무로 인도에서 비단길(silk-road)을 통해 레바논으로, 이를 다시 레바논에서 이스라엘로 가져온 목재일 것으로 추정된다. 백단목을 수입하는 과정을 성경에서 자세히 설명하고 있다[오빌(Ophir)에서부터 금을 실어온 히람의 배들이 오빌에서 많은 백단목과 보석을 운반하여 오매(왕상 10:11)]. 여기서 히람의 배에 있는 백단목은 인도(India)에서 수입한 것을 다시 솔로몬에게 준 것일 수 있다. 그 이유는 12절에 나오는데 "이같은 백단목은 전에도 온 일이 없었고 오늘까지도 보지 못하였더라"라고 기록한 것으로 보아 이 지역에서 생산되지 않음을 간접적으로 나타낸 것이다. 예루살렘 성전을 짓고 가구를 만드는데 사용되었거나, 악기를 만들어 레위인들이 성전에서 연주했을 것이다.

주요성경(Main phrases)

열왕기상 10:11 오빌에서부터 금을 실어온 히람의 배들이 오빌에서 많은 **백단목**(almugwood)과 보석을 운반하여 오매

역대하 2:8 또 레바논에서 백향목과 잣나무와 **백단목**(almugwood)을 내게로 보내소서 내가 알거니와 당신의 종은 레바논에서 벌목을 잘 하나니 내 종들이 당신의 종들을 도울지라

역대하 9:10 후람의 신하들과 솔로몬의 신하들도 오빌에서 금을 실어 올 때에 **백단목**(almugwood)과 보석을 가져온지라

I-22. 흑단나무(Ebony, 박달나무)

흑단나무와 나무 단면(painted by the author, ⓒ 오기완)

학명(Scientific name): *Diospyros ebenum* Koenig

과명(Family name): Ebenaceae(감나무과)

영어(성경)이름[English (biblical) name]: ebony, blackwood

한글(성경)이름[Korean (biblical) name]: 박달나무

한국식물명(Korean name): 흑단나무, 오목

히브리이름(Hebrew name): 호베님(הָבְנִים, hovenim)

수요서식지(Natural habitat): 인도, 인도네시아, 스리랑카

이미지 참고 출처 https://www.bing.com/images/search?view=detailV2&ccid=nBt9ZWJV&id=753949A6F51B7FBC3EC984848E5E8715C266CBA7&thid=OIP.nBt9ZWJVx6hbxkVBZ5SFFwHaD2&mediaurl=https%3A%2F%2Fi.pinimg.com%2Foriginals%2Fd2%2Fef%2F52%2Fd2ef52694ef29d55fbb4ed4cec832b7f.jpg&exph=309&expw=594&q=ebony+%eb%82%98%eb%ac%b4&form=IRPRST&ck=C3795637B65836B04937B55E9341FB52&selectedindex=1&itb=0&qpvt=ebony+%eb%82%98%eb%ac%b4&ajaxhist=0&ajaxserp=0&pivotparams=insightsToken%3Dccid_5c92IOKM*cp_F50E25EF3EFCBD2AEE68C2915537ABBF*mid_CE96AE4BD67A5BF3F88D0FE176D83CE19FD4E401*simid_608004569039928192*thid_OIP.5c92IOKMUEUF2GwyoHFruAHaDY&vt=0&sim=11&iss=VSI&ajaxhist=0&ajaxserp=0

이스라엘로 수입된 또 다른 목재가 오목이다. 오목(ebony. 烏木)으로 알려진 흑단나무는 상록교목으로 치밀하고 매우 단단한 검은 목재를 일컫는다. 비중이 커서 물에 가라앉는다. 인도 남부와 스리랑카가 원산지이다. 인도네시아에서도 자란다. 성장이 매우 느린 상록수이다. 키는 20-25m 자란다. 잎의 길이는 6-15㎝, 너비는 3-5㎝ 정도이며 감나무와 비슷하다. 나무의 중앙 부위가 검고 작은 열매(2㎝)가 열린다. 지금은 남벌로 인하여 희귀종이 되었다. 주로 고급 가구, 장신구, 조각품 및 악기를 만드는데 사용한다. 서양에서는 가구나 체스를 만드는데 많이 사용했다. 고대 이집트 무덤에서 종종 발견된다. 이스라엘은 이 목재를 수입했을 것으로 생각된다.

성경적 의미(symbolism)

- 인도 및 동남아에서 가져온 고가의 검은색 목재

히브리어 'hovenim'은 '단단하다'라는 뜻을 가지고 있다. 드단 사람들이 오목을 거래했다고 에스겔서에 기록되었다. 드단(Dedan)은 현재 사우디아라비아의 작은 오아시스 도시다. 아프리카 무역상들이 이곳에서 물건을 거래했다. 페니키아인들은 드단에서 가져온 무역품을 두로에서 거래했을 것이다. 당시 두로는 국제 무역 중심지로 잘 알려져 있다. 유대인들도 이 지역에서 교역이 있었음을 보여주고 있지만 원산지인 인도에 대한 언급은 없다. 앞서 언급한 바대로 이 나무는 고급 목재로 알려져 있으며 왕실에서 귀하게 사용되었을 것이다. **성경에서는 박달나무로 번역했는데 오목과는 다른 나무다.**

주요성경(Main phrases)

에스겔 27:15 드단(Rhodes, Dedan) 사람은 네 상인이 되었음이여 여러 섬이 너와 거래하여 상아와 **박달나무**(ebony)를 네 물품과 바꾸어 갔도다

Ⅱ 과일과 견과(Fruits and Nuts)

Ⅱ-1. 올리브나무(Olive tree, 감람나무)

인류가 오래전부터 재배해 온 나무로 알려져 있다. 올리브나무는 5m 정도 자라는 상록 관목이다. 야생 올리브는 이보다 훨씬 작다. 40여 종이 있으나 '*Olea europaea* L.'의 학명을 가진 올리브나무는 지중해 지역에서만 자라는 나무이다. 척박한 땅에서도 강한 생명력을 나타낸다. 돌이 많은 석회암 지역에서도 잘 사라지만, 매우 느리게 자라는 나무이다. 수명이 수백 년 또는 1천 년이나 된다.

올리브 농장(레바논, 헬몬산)

오래된 올리브나무(이스라엘, 예루살렘 겟세마네교회 옆)

학명(Scientific name): *Olea europaea* L.
과명(Family name): Oleaceae(물푸레나무과)
영어(성경)이름[English (biblical) name]: olive tree
한글(성경)이름[Korean (biblical) name]: 감람나무
한국식물명(Korean name): 올리브나무
히브리이름(Hebrew name): 자이트(זַיִת, zayit)
주요서식지(Natural habitat): 지중해 지역(북아프리카, 남유럽, 중동)

예루살렘의 겟세마네에는 오래된 올리브나무가 있는데 2,500년쯤 되었다고 하나 정확하지는 않다. 오래된 나무의 몸통 중앙은 자연적으로 썩어 속이 비어 있기 때문에 나이테를 확인할 수 없다. 네게브사막에서 매우 오래된 것으로 추정되는 나무 화석이 발견되었다.

이 나뭇잎의 길이는 4-10㎝ 정도이며 너비는 1-3㎝이다. 쌍떡잎식물로 잎의 윗부분은 진한 녹색이고 뒷면은 흰 털이 있으며 은색을 띤다. 잎은 3년 정도 붙어 있는다. 꽃은 황백색이고 늦은 봄 4-5월에 피며, 늦가을 9월경에 열매가 익기 시작하며 초겨울에 푸른색 또는 검은 보라색 열매를 수확한다. 열매는 핵

과(核果)로 길이 5㎝ 정도이고 지중해 및 중동 지역, 그리고 북아프리카와 남유럽에 분포한다.

올리브(olive)의 어원은 oil에서 기원한다. 열매로부터 오일을 얻기 때문이다. 열매는 올리브기름(olive oil)을 생산하는 중요한 식품이다. 녹색의 열매는 보통 10-15%의 오일이, 검은 열매는 20-35%의 오일이 들어있다. 오일에는 비타민, 불포화지방산(70-80%), 폴리페놀(polyphenol) 등이 풍부하다. 올리브유는 **세계 5대 건강식품**(올리브유, 김치, 낫또, 요거트, 렌틸콩) **중 하나이기도 하다.** 그 외 다양한 용도로 사용되었다. 의약품, 향수, 화장품, 비누 등의 원료가 된다. 가톨릭 성당에서는 지금도 올리브기름을 사용하여 등불을 켠다. 올리브나무는 공예품을 만드는데도 좋다.

UN의 상징 문양(올리브 잎이 지구를 감싸고 있다)

고대로부터 유명한 이 나무는 그리스 신화에도 등장한다. 지혜의 신이라 알려진 아테나 여신이 풍요와 평화의 상징인 올리브나무를 가져왔으며, 시민들이 도시 이름을 아테네로 정했다고 한다. 고대로부터 올리브 잎과 가지는 풍요, 평화, 희망, 영광의 상징이었다. 비둘기와 함께 평화와 희망과 안전을 상징하며 UN의 상징 깃발에 올리브 나뭇잎이 담겨있다. 또한, 부의 상징이기도 했다. 고대 이스라엘에서는 재산의 많고 적음을 그 사람이 소유한 양과 올리브나무의 숫자를 세어 따졌다고 한다. 유대지방의 반란을 제압한 로마의 베스파시아누스(Flavius Vespasianus, AD 9-79) 황제는 예루살렘에서 유대인들이 살지 못하도록 모든 올리브나무를 베어 버리라고 명령했다(AD 70년 전후).

성경적 의미(Symbolism)
- 올리브기름, 관유로 성스럽게 사용되다

성경에 7대 소산[밀, 보리, 포도, 무화과, 석류, 감람나무, 꿀(대추야자) - 신 8:8] 중 하나로 올리브는 성경에서 가장 많이 언급되었으며 아름다움(beauty), 건강(health), 힘

(power), 평안(peace), 명성(reputation), 풍요(wealth), 축복(blessing) 등과 관련이 깊다. 올리브나무는 수천 년에 걸쳐 재배해 왔고, 경제와 문화에서도 중요한 역할을 해 왔다. 올리브유는 이스라엘의 주요 수출품이었다. 솔로몬이 성전과 궁전을 지을 때 히람 왕에게 벌목의 댓가로 준 답례품이 올리브유와 밀이었다.

고대 이스라엘 사람들은 식품뿐만 아니라 하나님의 일꾼(제사장, 선지자, 왕)을 세워 위임할 때나 성소의 성물들을 성별할 때 뿌리거나 발랐다(삿 9:8). 야곱이 돌기둥을 세우고 그 위에 기름을 부어(창 18:14, 35:14) 신성함을 부여하는데 사용했다. 가톨릭에서는 세례식 때 올리브기름을 사용한다. 성경 시대 예루살렘 동쪽에 올리브산(the Mount of Olive, 감람산)은 올리브로 가득했으며, 이 산에 있는 **'겟세마네(Gethsemane)' 동산**(예수께서 처형되기 전 마지막 밤을 보내신 곳)**은 '기름을 짜는 곳' 이었다**(Gat-shmanin=oil-press). 이곳 주민들이 공동으로 올리브기름을 짰던 장소였다. 예수님은 올리브기름을 짜는 틀이 있는 동산에서 마치 기름을 쥐어짜듯 하나님께 간절히 기도했다.

성경에서 과실과 곡식은 축복의 상징이었다. "내가 너희에게 철 따라 비를 주리니 땅은 그 산물을 내고 밭의 나무는 열매를 맺으리라(레 26:4)"고 성경은 기록하고 있다. 올리브나무는 창세기부터 계시록까지 등장한다. 창세기 노아의 홍수 때 처음 나오고[노아의 대 홍수 때 비둘기를 방주 밖으로 날려보냈는데, 비둘기가 올리브 나뭇잎을 물고 오므로 비가 그치고 사람이 살 수 있는 땅이 된 것을 알게 되었다(창 8:11)]. 요한계시록에도 나온다[계피와 향료와 향과 향유와 유향과 포도주와 감람유(olive oil)와 고운 밀가루와 밀이요 소와 양과 말과 수레와 종들과 사람의 영혼들이라(계 18:13)].

올리브나무는 유대인을 상징한다. 돌(들)올리브나무는 이방인을 말하는데 올리브나무에 접붙임을 받아 축복을 누리는 것을 말한다(롬 11:17-18). 올리브나무의 뿌리에 접붙임을 받았으므로 자랑하지 말아야 한다는 뜻이다. 올리브나무의 특징 중 하나는 나무의 수명이 길다는 것이다.

한글성경에서는 올리브나무를 감람나무로 번역했는데 실제로는 다른 식물이다. 초기 성경을 번역할 당시 이 나무가 없으므로 이해를 돕기 위해 중국의 감람나무(*Canarium album*, Bruseraceae)로 번역했다. 일명 흰 올리브(white olive) 또는 중국 올리브(Chines olive)라고 하는 감람나무는 중국 남부(광저우)와 베트남 등에 자라는 나무로 잎과 열매가 올리브나무와 거의 같다. 감람나무 열매는 호흡기 질환 등 한약재로 쓰인다.

마태복음 2장 23절에 '나사렛이란 동네에 와서 사니 이는 선지자로 하신 말씀에 나사렛 사람이라 칭하리라 하심을 이루려 함이라' 이는 마태복음에서만 나오는 유일한 말씀이다. 구약성경 어느 곳에서도 앞으로 오실 메시아가 '나사렛 사람이라 칭하리라'라고 한 예언이 없다. 성경학자들은 '오류'라고 주장하는데, 그러나 좀 더 들여다보면 이 말이 실수가 아님을 이해할 수 있다. 히브리어로 '나사렛'은 '나쯔라트'며, 올리브나무 주변의 뿌리에 나온 가지(또는 줄기)를 '네쩨르'라고 부른다. 유대인들에게 '네쩨르'는 메시아를 뜻한다. '나사렛에서 자란 예수가 곧 메시아'라고 선포하는 마태의 의도를 이해할 수 있다[이새의 줄기에서 한 싹(호테르)이 나며 그 뿌리에서 한 가지(네쩨르)가 나서 결실할 것이요(사 11:1)].

주요성경(Main phrases)

창세기 8:11 저녁때에 비둘기가 그에게로 돌아왔는데 그 입에 **감람나무**(olive tree) 새 잎사귀가 있는지라 이에 노아가 땅에 물이 줄어든 줄을 알았으며

신명기 8:8 밀과 보리의 소산지요 포도와 무화과와 석류와 **감람나무**(olive tree)와 꿀의 소산지라

사사기 9:8–9 하루는 나무들이 나가서 기름을 부어 자신들 위에 왕으로 삼으려 하여 **감람나무**(olive tree)에게 이르되 너는 우리 위에 왕이 되라 하매 **감람나무**(olive tree)가 그들에게 이르되 내게 있는 나의 기름은 하나님과 사람을 영화롭게 하나니 내가 어찌 그것을 버리고 가서 나무들 위에 우쭐대리요 한지라

예레미야 11:16 여호와께서는 그의 이름을 일컬어 좋은 열매 맺는 아름다운 푸른 **감람나무**(olive tree)라 하였었으나 큰 소동 중에 그 위에 불을 피웠고 그 가지는 꺾였도다

호세아 14:6 그의 가지는 퍼지며 그의 아름다움은 **감람나무**(olive tree)와 같고 그의 향기는 레바논 백향목 같으리니

로마서 11:17 또한 가지 얼마가 꺾이었는데 돌감람나무인 네가 그들 중에 접붙임이 되어 **참감람나무**(olive tree) 뿌리의 진액을 함께 받는 자가 되었은즉

II-2. 들올리브나무(Wild olive, 들감람나무)

들(돌)올리브나무와 꽃, 열매(이스라엘, 예루살렘)

학명(Scientific name): *Olea oleastar Hoffmans. & Link*

영어(성경)이름[English (biblical) name]: wild olive tree

한국식물명(Korean name): 들올리브나무, 야생올리브나무

주요서식지(Natural habitat): 지중해 지역(북아프리카, 남유럽, 중동)

과명(Family name): Oleaceae(물푸레나무과)

한글(성경)이름[Korean (biblical) name]: 들(돌)감람나무

히브리이름(Hebrew name): 예츠 쉐멘(עץ שמן, yetz shemen)

야생인 들감람나무(돌올리브나무)는 중동이 원산지이다. 이 나무는 올리브나무와 과명이 같은 물푸레나무과(Oleaceae)에 속한다. 강수량이 적은 땅에서 잘 자란다. 잎은 어긋나며 은색으로 좁고(1.0-2.5cm) 길다(4-9cm). 가시가 많은 관목으로 5-7m 정도 자란다. 5-6월에 향기로운 수많은 흰 꽃들이 핀다. 열매는 올리브와 비슷하지만 크기가 작고 희다(1.0-1.7cm). 햇빛을 받으면 오렌지색 또는 붉은색으로 변한다. 맛은 단맛과 쓴맛이 난다. 이 열매의 오일은 골관절염(osteoarthritis)에 효과가 있어 페르시아인들은 소염·진통제로 사용했다.

성경적 의미(Symbolism)
- 유대인은 올리브나무로, 이방인은 들올리브나무로 비유했다

들감람나무를 가짜 올리브(false olive)라고도 부른다. 성경에서 사이프러스, 소나무 등으로 번역하기도 했다. 성경에서는 이방인을 뜻하는 의미로 사용했다. 유대인은 참감람나무이고 이방인은 들감람나무이며 이방인들이 유대인에게 접붙임을 받으면 참감람나무인 유대인과 동일하게 된다는 것이다. 접붙임은 좋지 않은 나무에 좋은 가지를 접목하여 좋은 실과를 많이 얻기 위한 수단이다.

주요성경(Main phrases)

느헤미야 8:15 또 일렀으되 모든 성읍과 예루살렘에 공포하여 이르기를 너희는 산에 가서 감람나무 가지와 **들감람나무**(wild olive trees) 가지와 화석류나무 가지와 종려나무 가지와 기타 무성한 나무 가지를 가져다가 기록한 바를 따라 초막을 지으라 하라 한지라

로마서 11:17 또한 가지 얼마가 꺾이었는데 **돌감람나무**(wild olive tree)인 네가 그들 중에 접붙임이 되어 참감람나무의 뿌리의 진액을 함께 받은 자가 되었은즉

로마서 11:24 네가 원 **돌감람나무**(wild olive tree)에서 찍힘을 받고 본성을 거슬러 좋은 감람나무(olive tree)에 접붙임을 받았으니 원 가지인 이 사람들이야 얼마나 더 자기 감람나무(olive tree)에 접붙이심을 받으랴

II-3. 포도나무(Grapevine)

포도나무(이스라엘, 소렉 와디)

학명(Scientific name): *Vitis vinifera* L.
과명(Family name): Vitaceae(포도과)
영어(성경)이름[English (biblical) name]: grapevine
한글(성경)이름[Korean (biblical) name]: 포도나무
한국식물명(Korean name): 포도나무
히브리이름(Hebrew name): 게펜(גֶּפֶן, gefen, vine)
주요서식지(Natural habitat): 지중해 유럽, 전 세계

포도나무는 길이가 3-30m까지 자라는 줄기(덩굴)를 지닌 목재 식물(woody plant)이다. 원줄기는 매우 두텁고 나무껍질은 섬유로 덮혀 있으며 자라면서 벗겨진다. 새로운 줄기가 해마다 나와 2-4m 정도 자라며 여기에 열매를 맺는다. 손바닥 모양(5개의 소엽)의 잎은 줄기를 따라 교대로 난다. 3-4월에 작은 꽃이 피며 녹

색을 띤다. 포도는 포도나무에서 열리는 열매를 부르는 말이다. 북위 61°의 노르웨이(Norway)에서도 재배될 정도로 전 세계에 분포되어 있다. 그러나 해발 600m 이상에서는 잘 자라지 않는다. 특히 모래 지역이나 화산 지역에서 잘 자란다. 토질과 햇빛은 포도의 질을 결정할 정도로 중요하다. 북반구에서는 9월과 10월에 남반구에서는 3월과 4월에 수확한다.

포도는 포도당 등 당분이 많아서 피로회복에도 좋고 비타민이 풍부해서 신진대사를 활발하게 한다. 그 밖에 칼슘, 인, 철, 나트륨, 마그네슘 등 무기질도 있다. 특히 안토시아닌(anthocyanin)과 같은 항산화성 페놀(phenol) 화합물도 풍부하다. 최근에 미량의 멜라토닌(melatonin)이 발견되어 수면유도에도 효과적일 수 있다고 알려졌다. 불포화 지방산도 함유되어 있다. 특히, 포도 열매가 중요 식품인 이유는 대추야자, 올리브, 무화과처럼 저장해 두었다가 원하는 시기에 먹을 수 있기 때문이다.

탄소 연대 측정으로 BC 6000년 경의 것으로 알려진 포도가 코카서스(Caucasus) 지방(지금의 Georgia)에서 발견되었다. 약 7,000년 된 포도수 통이 이란(Iran)에서 발견되었다. 그리스 철학자들은 포도의 치료 효과에 대해 칭송했다. 포도와 포도주는 그리스 신화 호머(Homer) 등 대부분의 고대 문헌에도 등장한다.

야생 포도(*Vitis sylvestris*)가 남유럽과 카스피해, 히말라야에 자생하고 있으며 재배 포도나무와는 달리 야생 포도나무는 암수가 구별되어 있다. 포도는 나무의 종류에 따라 맛과 색 그리고, 모양과 크기가 다르다. 세계 과일 총 생산량의 1/3이 포도이며 가장 많이 생산되는 과일이다.

히브리어 'gefen'은 포도나무(vine)이고 'kerem'은 포도밭(vineyard)이며, 'anavim'은 포도(grapes)이고, 'yahin'은 포도주(wine)다.

성경적 의미(Symbolism)
- 예수님께서 자신을 이 나무로 비유하시다

올리브(Olive) 나무와 함께 성경에 많이(45회) 언급되는 식물이다. 이스라엘의 중요한 7대 농업생산품(밀, 보리, 포도, 무화과, 석류, 올리브, 대추야자) 중의 하나다. 팔레스타인 지역에서는 역사 시대부터 포도를 재배했으며 이 지역 사람들에게 가장 중요한 소산으로 여겨졌다. 포도는 유대 민족의 상징물이 되었다. 성경에는 좋은 포도나무가 들포도(wild grapes)가 되는 것을 언급하기도 했다(사 5:2). 포도는 회당의 바닥이나 벽 등의 모자이크(mosaic)에서 흔히 볼 수 있으며, 항아리, 가구, 무덤, 동전, 타일 등에도 새겨져 있다. 포도는 이스라엘 국가의 상징(national emblem)이기도 하다. 추방당해서도 그들은 '유다의 포도'를 귀히 여겼으며 외국에 매장된 비석에도 포도 문양을 새겨 놓았다. 포도를 심고 그 열매를 먹는 것은 안정된 삶을 암시한다(왕하 19:29). 성경에는 포도(vines), 포도원(vineyards), 포도주(wine)로 자주 언급되었다.

창세기에서 '노아가 농업을 시작하면서 포도나무를 심었다'고 했다(창 9:20). 이후 구약과 신약성경에 자주 등장하는 것으로 보아 유대인에 의해 광범위하게 경작되었다는 것을 알 수 있다. 또한 민수기에서는 '포도 한 송이를 막대기에 꿰어 두 사람이 메고'라고 기록될 만큼 잘 재배했다고 되어 있다(민 13:23). 에스골 골짜기(the valley of Eshcol)는 가나안의 질 좋은 포도 단지였다. '에스골(Eshcol)'은 '풍요로운 결실(fruitfulnrss)' 또는 '축복(blessing)'을 뜻하는 히브리어 'esher'에서 유래했다.

살렘(Salem)의 왕 멜기세덱은 아브람에게 포도주를 대접하며 그를 축복했다(창 14:18). 사람들은 하나님의 최고 은사 중 하나인 포도주를 기뻐했다(삿 9:13, 시 104:15). 솔로몬은 엔게디(En-Gedi)지역의 포도원을 노래했다. 포도는 축복받은 이스라엘의 상징이기도 하다. 유익한 아내는 포도나무와 비교된다(시 128:3). 포도 수확의 실패는 하나님의 진노의 표시였다(시 78:47; 렘 8:13; 욜 1:7). 포도와 관련된 많은 비유가 있다. 포도는 풍요(plenty), 번영(prosperity), 축복(blessing) 및 평화(peace)의 상징이다(신 8:7, 8; 암 9:13; 슥 8:12).

구약에서 포도나무가 이스라엘을 의미했다면(사 5:7) 신약에서는 예수님 자신을 의미했다(요 15). 예수님의 공생애는 포도로 시작해서 포도로 마쳤다고 해도 과언이 아니다. 가나 혼인잔치에서 물로 포도주를 만드셨으며, 주님과 성도와의 관계를 포도나무와 가지에 비유했다. 최후의 만찬에서 제자들과 포도주를 마셨으며, 십자가에서 마지막 숨을 거두시기 전에도 쓴 포도주를 마시게 했다.

창세기 9:20 노아가 농사를 시작하여 **포도나무**(vine)를 심었더니

창세기 14:18 살렘 왕 멜기세덱이 떡과 **포도주**(wine)를 가지고 나왔으니 그는 지극히 높으신 하나님의 제사장이었더라

민수기 13:23 또 에스골 골짜기에 이르러 거기서 **포도송이**(grapes)가 달린 가지를 베어 둘이 막대기에 꿰어 메고 또 석류와 무화과를 따니라

신명기 8:8 밀과 보리의 소산지요 **포도**(grapes)와 무화과와 석류와 감람나무와 꿀의 소산지라

사사기 9:13 **포도나무**(vine)가 그들에게 이르되 하나님과 사람을 기쁘게 하는 내 포도주를 내가 어찌 버리고 가서 나무들 위에 우쭐대리요 한지라

열왕기하 19:29 또 네게 보일 징조가 이러하니 너희가 금년에는 스스로 자라난 것을 먹고 내년에는 그것에서 난 것을 먹되 제3년에는 심고 거두며 **포도원**(vineyards)을 심고 그 열매를 먹으리라

시편 78:47 그들의 **포도나무**(vines)를 우박으로, 그들의 뽕나무를 서리로 죽이셨으며

시편 104:15 사람의 마음을 기쁘게 하는 **포도주**(wine)와 사람의 얼굴을 윤택하게 하는 기름과 사람의 마음을 힘있게 하는 양식을 주셨도다

시편 128:3 네 집 안방에 있는 네 아내는 결실한 **포도나무**(vine) 같으며 네 식탁에 둘러 앉은 자식들은 어린 감람나무 같으리로다

아가 1:14 나의 사랑하는 자는 내게 엔게디 **포도원**(vineyards)의 고벨화 송이구나

이사야 5:2 땅을 파서 돌을 제하고 극상품 **포도나무**(vine)를 심었도다 그 중에 망대를 세웠고 또 그 안에 술틀을 팠도다 좋은 포도 맺기를 바랐더니 들포도를 맺었도다

이사야 5:7 무릇 만군의 여호와의 **포도원**(vineyard)은 이스라엘 족속이요 그가 기뻐하시는 나무는 유다 사람이라 그들에게 정의를 바라셨더니 도리어 포학이요 그들에게 공의를 바라셨더니 도리어 부르짖음이었도다

예레미야 8:13 여호와의 말씀이니라 내가 그들을 진멸하리니 **포도나무**(vine)에 포도가 없을 것이며 무화과나무에 무화과가 없을 것이며 그 잎사귀가 마를 것이라 내가 그들에게 준 것이 없어지리라 하셨나니

요엘 1:7 그들이 내 **포도나무**(vine)를 멸하며 내 무화과나무를 긁어 말갛게 벗겨서 버리니 그 모든 가지가 하얗게 되었도다

아모스 9:13 여호와의 말씀이니라 보라 날이 이를지라 그 때에 파종하는 자가 곡식 추수하는 자의 뒤를 이으며 **포도**(grapes)를 밟는 자가 씨 뿌리는 자의 뒤를 이으며 산들은 단 포도주를 흘리며 작은 산들은 녹으리라

스가랴 8:12 곧 평강의 씨앗을 얻을 것이라 **포도나무**(vine)가 열매를 맺으며 땅이 산물을 내며 하늘은 이슬을 내리리니 내가 이 남은 백성으로 이 모든 것을 누리게 하리라

누가복음 6:44 나무는 각각 그 열매로 아나니 가시나무에서 무화과를 또는 찔레에서 포도

(grapes)를 따지 못하였느니라

요한복음 2:3 포도주가 떨어진지라 예수의 어머니가 예수에게 이르되 저들에게 포도주(wine)가 없다 하니

요한복음 15:1-2 나는 참 포도나무(vine)요 내 아버지는 농부라 무릇 내게 붙어 있어 열매를 맺지 아니하는 가지는 아버지께서 그것을 제거해 버리시고 무릇 열매를 맺는 가지는 더 열매를 맺게 하려 하여 그것을 깨끗하게 하시느니라

요한복음 15:5 나는 포도나무(vine)요 너희는 가지라 그가 내 안에, 내가 그 안에 거하면 사람이 열매를 많이 맺나니 나를 떠나서는 너희가 아무 것도 할 수 없음이라

II-4. 무화과나무(Fig tree)

무화과나무(이스라엘, 가이사라)

학명(Scientific name): *Ficus carica* L.
과명(Family name): Moraceae(뽕나무과)
영어(성경)이름[English (biblical) name]: fig tree
한글(성경)이름[Korean (biblical) name]: 무화과나무
한국식물명(Korean name): 무화과나무
히브리이름(Hebrew name): 테에나(תְּאֵנָה, teenah)
주요서식지(Natural habitat): 페르시아, 중동 및 서아시아, 아열대 기후에 분포

무화과의 원산지는 이란 또는 튀르키예로 알려져 있다. 유사식물이 80여 종이나 된다. 중동이나 서아시아 등 아열대 건조한 기후에서 잘 자라는 키가 작은 과일나무이다. 뽕나무과로 낙엽성 활엽 관목이다. 과수원에서 재배하거나 집 근처에 심기도 한다. 잎은 거칠고 두껍지만 향기로우며 12-25㎝ 정도로 크고 길다. 손바닥처럼 3-5개의 소엽(palmate leaves)을 가지고 있다. 잎의 낮은 부분에 털이 있으며 가려움이나 피부병을 일으킬 수 있다. 꽃은 외부에서 볼 수 없다. 무화과를 따보면 열매처럼 생겼지만 사실 먹는 부분이 꽃이다. 즉 우리의 눈에 보이는 열매 껍질은 꽃받침이며, 내부의 붉은 것이 꽃이다. 수정은 복잡한 과정을 겪는다. 입구인 열매 밑동에 밀리미터(㎜) 단위의 작은 구멍이 나 있으며 보통 나비나 벌들은 들어가지 못하고 무화과나무에 공생하는 무화과 말벌(wasp)들이 속으로 들어가 꽃들을 수정시켜 준다. 과일은 4월부터 9월까지 열린다. 히브리어로 첫 열매를 파게(page, 또는 bikkura)라 하고 다음에 열리는 열매를 테에나(teen-ah)라고 부른다. 헬라어로 무화과가 쉬케(shike)인데 이후 성경에서는 구별하지 않고 기록했다. 이 과일은 1년에 5회 정도 계속해서 열리는데, 이른 과일(page)은 작고 맛이 없으며 여름부터 가을에 열리는 티에나(tiena)를 먹는다. 열매의 크기는 3-5㎝이고 나무는 7-10m 정도 자란다. 말린 무화과는 당도가 높아 중동 지역의 중요한 식량지원이었다. 무더운 여름철에는 그늘을 제공하기도 한다. 줄기를 자르면 유액이 나오며 피부염을 일으킬 수 있으며 살충 효과도 있다. 무화과는 폴리페놀(gallic acid, catechin, rutin, chlorogenic acid 등)을 성분을 함유하고 있다. 특히 과일은 질병 후 약해진 신체를 회복하는 좋은 식품으로도 알려져 있다. 의약품으로 흔히 종기, 기타 피부발진 등에 사용해왔다. 또한 원기회복으로 무화과 열매를 먹었다.

성경적 의미(Symbolism)

- 에덴 동산에 있었던 식물, 아담과 하와가 이 나뭇잎으로 몸을 가렸다

유대인들은 전통적으로 무화과를 집에서 재배했다. 7종의 식물들(보리, 밀, 포도, 무화과, 석류, 올리브, 꿀)은 수확하는 시기 순서대로 나열되어 있으며 무화과는 네 번째다. 고대 유대의 선지자들은 저주와 궁핍의 표시로 포도와 무화과 농사의 흉작을 언급했다(렘 8:13).

무화과는 에덴동산에서 생명나무, 그리고 선악과와 함께 나오는 식물이다. 아담과 하와가 무화과 나뭇잎으로 몸을 가렸다(창 3:7). 지금도 열대지방의 원시인들은 이 나뭇잎으로 옷을 만든다.

'포도나무 아래', 또는 '무화과나무 아래'라는 말은 전통적으로 유대인들에게 평화와 번영을 뜻했다(왕상 4:25; 미 4:4). 곧 다가오는 메시아의 날을 노래한 것이다. 전쟁의 황폐함을 포도나무의 열매와 무화과나무의 열매가 없다는 것으로 비유했다(렘 8:13).

그러나, 예수께서 입성한 후 잎만 무성하고 열매가 없는 무화과나무를 저주했다(마 21:18-22; 막 11:12-14, 19-21). 다음날에 그 나무는 말랐고 이는 예수의 능력을 보여준 사건이다. 그런데 이 말씀을 이해하는데 어려움이 있다. 유월절 즈음에는 무화과 열매가 작고 아직 익지 않으며, 소위 파게(초기 열매)가 열리는데 맛이 없어 잘 먹지는 않지만 가난하고 굶주린 자들에게는 여전히 먹을 수 있는 음식이었다. 예수님이 파게조차도 열리지 않은 이 나무를 저주한 것으로 파게도 잘 열리지 않는 나무는 결국 티에나도 잘 열리지 않기 때문이다.

또한 이스라엘 사람들에게 계절의 끝은 여름이다. 이는 종말을 뜻하기도 한다. 따라서 무화과나무의 비유를 배우라고 강조했다. '그 가지가 연하고 잎사귀를 내면 여름이 가까운 것을 아나니, 인자가 가까이 이른 줄 알라'고 했다(마 24:32-33).

무화과는 전통적으로 화상과 피부병에 사용했다. 이사야 선지자는 무화과 반죽으로 히스기야(Hezekiah)의 피부병을 치료했다(왕하 20:7). 당시에 무화과는 변비나 화상, 피부병을 치료했다고 한다.

창세기 3:7 이에 그들의 눈이 밝아져 자기들이 벗은 줄을 알고 **무화과나무**(fig tree) 잎을 엮어 치마로 삼았더라

신명기 8:8 밀과 보리의 소산지요 포도와 **무화과**(fig)와 석류와 감람나무와 꿀의 소산지라

열왕기상 4:25 솔로몬이 사는 동안에 유다와 이스라엘이 단에서부터 브엘세바에 이르기까지 각기 포도나무 아래와 **무화과나무**(fig tree) 아래에서 평안히 살았더라

열왕기하 20:7 이사야가 이르되 **무화과**(fig) 반죽을 가져오라 하매 무리가 가져다가 그 상처에 놓으니 나으니라

아가 2:13 **무화과나무**(fig tree)에는 푸른 열매가 익었고 포도나무는 꽃을 피워 향기를 토하는구나 나의 사랑, 나의 어여쁜 자야 일어나서 함께 가자

이사야 9:10 벽돌이 무너졌으나 우리는 다듬은 돌로 쌓고 **뽕나무들**(figs)이 찍혔으나 우리는 백향목으로 그것을 대신하리라 하는도다

예레미야 8:13 내가 그들을 진멸하리니 포도나무에 포도가 없을 것이며 **무화과나무**(fig tree)에 무화과가 없을 것이며, 그 잎사귀라 마를 것이다 내가 그들에게 준 것이 없어지리라

요엘 1:7 그들이 내 포도나무(vine)를 멸하며 내 **무화과나무**(fig tree)를 긁어 말갛게 벗겨서 버리니 그 모든 가지가 하얗게 되었도다

미가 4:4 각 사람이 자기 포도나무 아래와 자기 **무화과나무**(fig tree) 아래에 앉을 것이라 그들을 두렵게 할 자가 없으리니 이는 만군의 여호와의 입이 이같이 말씀하셨음이라

마태복음 24:32 **무화과나무**(fig tree)의 비유를 배우라 그 가지가 연하여지고 잎사귀를 내면 여름이 가까운 줄을 아나니

요한복음 1:48 나다나엘이 이르되 어떻게 나를 아시나이까 예수께서 대답하여 이르시되 빌립이 너를 부르기 전에 네가 **무화과나무**(fig tree) 아래에 있을 때에 보았노라 함으로

II-5. 돌무화과나무(Sycamore fig tree, 뽕나무)

돌무하과나무(이스라엘, 하 야르덴 공원)

학명(Scientific name): *Ficus sycomorus* L.
과명(Family name): Moraceae(뽕나무과)
영어(성경)이름[English (biblical) name]: sycamore fig tree
한글(성경)이름[Korean (biblical) name]: 뽕나무
한국식물명(Korean name): 돌무화과나무
히브리이름(Hebrew name): 쉬크마(שִׁקְמָה, shiqmah)
주요서식지(Natural habitat): 남아프리카 원산, 레바논, 이스라엘, 이집트

뽕나무과(Moraceae)인 돌무화과나무는 무화과나무와는 달리, 높이 10-15m, 너비 40m까지 뻗는 우람하고 아름다운 상록 열대성 큰 교목이다. 유대지역의 평지에서 흔히 발견된다. 마을이나 집 주변에 심는다. 나무의 몸통은 2-7m 정도로 굵다. 성지에서는 낙엽이 진다. 키가 크지만 가지가 낮게 뻗어 사람이 올라가기가 쉽다. 향기롭고 짙은 녹색의 잎은 심장모양으로 길이는 약 14㎝, 너비는 10㎝다. 잎은 뽕나무(mulberry)와 유사하지만 뽕나무가 아니다. 꽃은 무화과처럼 속에서 핀다. 이 나무도 대부분의 열대식물처럼 나이테가 없다. 그리스에서는 가로수로 많이 심어졌다. 이 나무가 과일을 맺는 수정 과정은 독특하다. 마치 암컷 말벌이 무화과의 작은 구멍에서 수컷을 끌어내는 것처럼 보이기 때문이다. 그러나 실제로는 암컷 말벌이 돌무화과(일명 caprifig) 안에서 부화하는데, 암컷이 들어가기 전에 작은 수컷 말벌과 교미하는 것이 그렇게 보이는 것이다. 이때 무화과나무의 꽃가루의 수분이 이루어져 수정이 되는 것이다. 집단적(clusters)으로 열리는 2-3㎝ 크기의 열매는 1년에 두 번 수확하며, 크기 및 당도나 맛에서 무화과보다 형편없지만 구약 시대 빈민들의 먹거리가 되었다. **가난한 자의 식품으로 알려진 열매다.** 이스라엘에서는 건축용 목재로 사용되었으며 회당의 문을 만드는데 사용되었다. 이집트에서는 미라 상자(관)를 만드는데 사용했으며 3,000년이 지난 후에도 좋은 상태를 유지하고 있다. 또한 로마군에 의해 파괴된 마사다에서 이 목재가 많이 발견되었다. 좋은 목재로 가구, 문, 서랍 등을 만드는데 이용한다. 현재는 텔아비브(Tel Aviv)에서 가로수로 많이 볼 수 있다.

성경적 의미(Symbolism)

- 삭개오가 예수님을 보기위해 이 나무에 올라가다

영문성경에는 'sycamore fig tree'로 번역되었으며 돌무화과나무를 말한다. 일부 한글성경은 'sycamore fig tree'를 '뽕나무(mulberry tree)'로 번역했으나, 뽕나무는 'sycamine tree'다. "(여리고에서) 앞으로 달려가 보기 위하여 뽕나무에 올라가니 이는 예수께서 그리로 지나가시게 됨이러라(눅 19:4)"에서 삭개오(Zacchaeus)가 올라간 나무는 뽕나무(syncamine tree 또는 mulberry tree)가 아닌 돌무화과나무

(sycamore fig tree)다. 영어 단어가 유사하며 종종 혼동한다. 반면에, 누가복음 17장 6절에 "너희에게 겨자씨 한 알만한 믿음이 있었더라면 이 뽕나무더러 뿌리가 뽑혀…"에서 나오는 나무는 뽕나무(sycamine tree 또는 mulberry tree)가 맞다. 개역개정의 구약성경에서도 뽕나무로 번역되었는데 돌무화과나무가 맞다. 돌무화과나무가 신약에서는 1회, 구약에는 6회 언급되었다. 팔레스타인에는 드물지만, 여리고(Jericho)와 가나안(Canaan)에는 흔한 나무다.

구약 다윗 시대 사람들은 이 나무를 재배했고, 아모스(Amos) 선지자는 돌무화과나무를 기르는 사람이었다(대상 27:28; 암 7:14). 작은 돌무화과 열매에 상처를 내면 열매는 더욱 커지고 빨리 읽는다. 이 열매의 상처에서 에칠렌(ethylene)이라는 화학물질이 분비되어 과실을 익게 만든다는 사실이 입증되었다. 실제로 덜 익은 바나나, 오렌지 등에 에칠렌을 접촉시키면 빨리 익는다. 아모스는 열매에 상처를 내는 일을 한 사람이었다. 오래전부터 이집트에서는 이 나무에 상처를 내는 것이 보편화 되었다. 따라서 나무 곳곳에 상처가 많다. 히브리어 '쉬크마'는 재활(부활) 또는 회복을 의미한다. 예수께서 삭게오에게 "오늘 구원이 이 집에 이르렀다(눅 19:9)"고 말씀하셨다.

주요성경(Main phrases)

역대상 27:28 게델 사람 바알하난은 평야의 감람나무와 **뽕나무**(sycamore fig tree)를 맡았고 요하스는 기름 곳간을 맡았고

역대하 1:15 왕이 예루살렘에서 은금을 돌 같이 흔하게 하고 백향목을 평지의 **뽕나무**(sycamore fig tree) 같이 많게 하였더라

시편 78:47 그들의 포도나무를 우박으로, 그들의 **뽕나무**(sycamore-figs)를 서리로 죽이셨으며

아모스 7:14 아모스가 아마샤에게 대답하여 이르되 나는 선지자가 아니며 선지자의 아들도 아니라 나는 목자요 **뽕나무**(sycamore fig trees)를 재배하는 자로서

누가복음 19:4 앞으로 달려가서 보기 위하여 **돌무화과나무**(sycamore fig tree)에 올라가니 이는 예수께서 그리로 지나가시게 됨이러라

II-6. 석류나무(Pomegranate tree)

학명 또는 이름에 'granatum' 및 'granate'가 나오는데 스페인어로 석류를 '그라나다(Granada)'라고 한다. 스페인의 자치주인 그라나다에서는 석류를 모티브(Motive)로 한 공공기물을 볼 수 있다. 라틴어 pome'은 'apple'을 뜻하고, 'granatum'은 'seeded(씨가 많은)'의 뜻이다. 이집트 투트모세 3세(Thutmoses Ⅲ, 1480 BC) 무덤에서는 석류가 조각된 돌이, 가나안지역에서는 BC 1650년 경 석류가 조각된 나무 그릇이 발견되었다.

작은 과일 나무로 2-5m 정도 자라는 낙엽성 관목이다. 지금은 전 세계에 분포되어 있지만 이란이 원산지인 듯하다. 중동과 이집트에 분포되어 있다. 가지에 작은 가시들이 나 있고, 윤기가 있는 장타원의 잎은 3-7㎝로 좁고 길고 쌍

서류(이스라엘, 엘라 골짜기)

학명(Scientific name): *Punica granatum* L.
과명(Family name): Lythraceae(부처꽃과)
영어(성경)이름[English (biblical) name]: pomegranate tree
한글(성경)이름[Korean (biblical) name]: 석류나무
한국식물명(Korean name): 석류나무
히브리이름(Hebrew name): 림몬(רִמּוֹן, rimmon)
주요서식지(Natural habitat): 유럽, 인도, 이란

으로 난다. 3-7개의 붉은 잎을 가진 아름다운 꽃은 봄에 피며 3-5㎝의 크기를 가진다. 처음부터 진홍색 열매는 익어서도 변화가 없다. 열매의 끝은 왕관 모양을 하고 있다. 북반구에서는 9월부터 2월에 수확한다. 열매의 지름이 6-8㎝에 둥근 모양으로 단단하며 안은 두 겹으로 되어있다. 바깥쪽은 노란 껍질로, 안에는 흰색의 스폰지로 형성되어 있다. 과육(씨를 감싸고 있는 pulp)을 먹을 수 있고, 쥬스는 빵, 요리, 음료에 이용된다. 또한, 동서고금을 통해 **다산과 풍요의 상징**이 되었다. 석류가 열매를 많이 맺는 것처럼 자손을 많이 낳고 풍요롭게 살라는 뜻이다. 따라서 혼례복에서 포도나 석류 문양을 많이 발견할 수 있다. 무어인들(Moors)은 가죽제품을 만드는데 석류를 사용했다. 여성 호르몬이 함유되어 여성

에게 좋은 과일로 알려졌으며 생리 불순을 회복시키거나 다이어트(diet)에 쓰였다. 다량의 폴리페놀(polyphenol)류와 안토시아닌(anthocyanin) 등이 함유되어 있고, 풍부한 탄닌은 설사나 이질에 좋으며 껍질을 말려 끓여 먹으면 기침이 덜 난다. 그 외 불포화 지방산도 많이 함유되어 있을 뿐 아니라 과거에는 석류를 붉은색 염료로 사용하는 등 효용 가치가 높은 식물이다.

성경적 의미(Symbolism)
- 풍요와 다산을 상징하다

가나안의 7대 소산(밀, 보리, 포도, 무화과, 석류, 올리브, 꿀 또는 대추야자) 중 하나인 석류는 유대인들에게는 매우 중요한 과일일 뿐 아니라 이 과일이 상징하는 바도 매우 중요했다(신 8:8).

출처 https://www.google.co.kr/search?sca_esv=ea470e4985ed4d8d&sxsrf=ACQVn08qscSzb6bujuUzQ8ukwwIjlIaCag:1707189692338&q=%EC%A0%9C%EC%82%AC%EC%9E%A5%EC%9D%98+%EC%98%88%EB%B3%B5&tbm=isch&source=lnms&prmd=ivsnbmz&sa=X&ved=2ahUKEwjL1bKZ4ZWEAxWtsFYBHalND2wQ0pQJegQIDRAB&biw=1912&bih=932&dpr=1#imgrc=2R9haDg1nL4d_M

첫째, 석류열매는 대제사장 아론이 입을 옷에 대한 하나님의 지시에서 처음 언급된다. **제사장의 에봇 받침 겉옷자락에 돌아가며 청색 자색 홍색 실로 석류를 수 놓으며, 옷 가장자리로 돌아가며 석류가 있게 하라고** 했다(출 28:33-34). 석류 안에는 수많은 종자가 들어있으며(사람들은 토라 계명의 수에 해당하는 613개의 씨앗이 있다고 한다), 이스라엘 사람들은 열매 안에 담겨있는 석류의 씨앗으로 번영을 상징한다. 즉, 석류는 이스라엘 사람들을 상징한다.

둘째, 가나안 땅을 탐험하는 12명의 정탐꾼들은 그 땅에 우유와 꿀이 흘러들고 있음을 증명하기 위해 모세와 이스라엘 백성에게 보여줄 땅의 농산물을 가져오도록 하였다. 석류는 포도와 무화과 같은 다른 유명한 과일과 함께 포함되었다. 석류는 풍성함과 축복의 상징이기도 하다(민 13:23).

셋째, 솔로몬의 왕국에 두 개의 청동 기둥에는 특별히 석류가 언급되었다(왕상 7:18). 지혜로운 사람으로 알려진 솔로몬은 기둥에 지혜의 상징으로 석류열매를 사용하기도 했다. 또한, 솔로몬에게 석류 열매는 아름다움과 로맨스를 의미했다(아 4:3). 여성의 아름다움을 석류에 비유한 것이다.

주요성경(Main phrases)

출애굽기 28:33–34 그 옷 가장자리로 돌아가며 청색 자색 홍색 실로 석류(pomegranate)를 수 놓고 금 방울을 간격을 두어 달되 그 옷 가장자리로 돌아가며 한 금 방울, 한 석류(pomegranate), 한 금 방울, 한 석류(pomegranate)가 있게 하라

민수기 13:23 또 에스골 골짜기에 이르러 거기서 포도송이가 달린 가지를 베어 둘이 막대기에 꿰어 메고 또 석류(pomegranate)와 무화과를 따니라

열왕기상 7:18 기둥을 이렇게 만들었고 또 두 줄 석류(pomegranate)를 한 그물 위에 둘러 만들어서 기둥 꼭대기에 있는 머리에 두르게 하였고 다른 기둥 머리에도 그렇게 하였으며

아가 4:3 네 입술은 홍색 실 같고 네 입은 어여쁘고 너울 속의 네 뺨은 석류(pomegranate) 한 쪽 같구나

II-7. 대추야자나무(Date palm, 종려나무)

대추야자나무와 열매(이스라엘, 므깃도)

학명(Scientific name): *Phoenix dactylifera* L.
과명(Family name): Arecaceae(종려나무과)
영어(성경)이름[English (biblical) name]: date palm
한글(성경)이름[Korean (biblical) name]: 종려나무
한국식물명(Korean name): 대추야자나무
히브리이름(Hebrew name): 타마르(תָּמָר, tamar)
주요서식지(Natural habitat): 서남아시아, 북아프리카

히브리어 'tamar'는 대추야자나무'다. 그리스 이름은 '피닉스(Phoenix)'인데 '불사조'를 뜻하며, 이 이름은 중동의 페니키아(Phoenicia) 지명에서 유래했다. 인류가 선사 시대부터 재배한 식물이다. **나무가 죽거나 베어내도 그 그루터기에서 다시 싹이 자라난다.** 학명의 'Dactyl'은 'finger(손가락)'를 뜻하는 그리스

어이다. 대추야자(Date palm)는 종려나무과에 속하는 상록교목이다. 적어도 20여 종이 있다. 암수가 구별된 나무이다. 서남아시아와 북아프리카가 원산지이다. 열대 및 아열대 사막기후의 오아시스 모래땅에 자란다. 사해나 갈릴리 지역에 많이 있다. 5년 정도 되면 열매를 맺기 시작하여 30년쯤에 가장 많이 열린다. 약 100-150년 정도 생존한다. 키는 10-30m 정도 자라며, 어느 정도 자라면 몸통은 거의 변하지 않는다. 마주 난 잎(우상복엽)의 길이는 20-40㎝로 매우 우아하다. 줄기의 끝에서 5m 정도 크기의 깃털 모양 잎이 자란다. 몸통은 죽은 나뭇잎 줄기 섬유로 둘려 있고 정상에서 열매가 열린다. 3월에 잎 사이에서 긴 꽃대가 나오며 4-5월에 수많은 꽃이 핀다. 노랗거나 붉은색인 열매의 길이는 3-7㎝, 굵기는 2.5㎝ 정도이다. 보통 8-12월에 수확한다. 한 송이에 15-20㎏의 열매가 맺힌다. 사막 지역에 사는 사람들에게 중요한 식품이었다. 단맛이 일품이며 당의 함량이 65%나 된다. 또한 비타민 B, 철분 등이 풍부하다. 나무 수명이 길고 풍성한 열매가 맺혀 중동 지방에서 정원수로 많이 심는다. 나무는 뜨거운 태양을 가려주어 그늘을 제공한다. 잎, 줄기 몸통까지 건축에 사용된다. 줄기는 바구니 등 가구를 만드는 데도 사용된다.

황금종려상에 도안된 대추야자나뭇잎

또한, 대추야자나무는 대상들의 표지물(landmark)로 잘 알려져 있다. 마카비왕조(BC 2세기) 시대에는 **승리의 상징**으로 표현되었다. 유대를 정복한 로마 시대에는 이 나무 밑에 앉은 여인을 동전에 새겼다(유대, 정복되다, Judea, Capta). 프랑스의 '칸 영화제의 황금종려(Palme d'Or)상' 의 트로피에 대추야자(종려)나무 잎사귀가 새겨져 있다. 또한 승리(victory), 평화(peace), 번영(fertility)을 상징한다.

클레오파트라도 탐냈던 대추야자의 성읍 여리고: 헤롯1세(헤롯 대왕)는 에서의 후손인 에놈 사람이있다. 이스라엘 처후 하스몬 왕조의 왕손인 안티고노스가 파르티아의 힘을 빌려 하스몬 왕조의 복귄을 노렸다. 이때 로마의 안토니우스 편에 있던 헤롯은 마사다로 피해 목숨을 건졌고, 이후 헤롯을 지원하는 안토니우스 군대가 파르티아 군을 격파하고 안티고노스를 처형하면서 하스몬 왕조는 멸망했다. 이후 헤롯은 유대왕이 되기 위한 작업을 착착 진행했는데 부인과 이혼하고 하스몬 왕조의 공주인 미리암(BC 54-BC 29)과 혼인하여 정통성을 확보하고자 했다. 유대왕족으로 약속된 다윗의 후손이 아닌 헤롯은 많은 갈등을 노련한 정치력을 발휘하며 통치해 나갔다. 로마에서 쫓겨난 안토니우스가 클레오파트라와 혼인했는데 클레오파트라는 대추야자가 풍부한 여리고와 아스팔트의 생산지인 사해를 탐하여 안토니우스에게 소유권을 요구하였다. 헤롯은 여리고의 소유권을 클레오파트라에게 이전했으며 나중에 클레오파트라가 사망하면서 다시 찾아왔다.

성경적 의미(Symbolism)

- 예수님의 예루살렘 입성 때, 이 나뭇가지를 흔들며 '호산나' 외쳤다

성경에 30회 이상 언급되었으며 매우 중요한 식량자원이다. 타마르(tamar)는 히브리어로 대추야자를 칭하며 또한 꿀을 의미하기도 한다. '젖과 꿀이 흐르는 땅' 에서 꿀은 벌꿀이지만 당도가 매우 높은 대추야자나무 열매도 포함한다고 볼 수 있다. **여리고의 또 다른 고대 도시 이름은 대추야자(종려)나무 성읍(the city of palm trees)이었다**(신 34:3; 대하 28:15). 당시 여리고를 포함한 가나안 땅에는 오늘날과 마찬가지로 대추야자나무가 무성했다는 것이다. 오아시스 지역에서 이 나무를 흔히 볼 수 있으며 출애굽한 이스라엘 백성들이 광야에서 먹을 수 있었던 생명 양식이었다(삿 1:16).

광야에서의 삶을 기억하는 **초막절에 4가지 식물**을 손에 쥐고 성전에 들어가 의식에 동참하게 되는데 대추야자나무가 포함된다(레 23:40; 느 8:15).

성경에서 대추야자나무는 풍요와, 번영과 승리의 상징으로 언급했다. 수많은 열매가 풍성하게 달리기 때문이다. 구약성경에 '다말' 은 다산의 상징이기도 한 'tamar' 에서 유래되었다(창 38:6; 삼하 13:1). 또한, 번영의 상징으로, "의인은 종려나무 같이 번성하며"라고 했다(시 92:12). 예수님이 예루살렘으로 입성할 때 당시 이스라엘 군중들은 대추야자나무 가지를 흔들고 '호산나'를 부르며 환호했다(요 12:13). 종려주일을 기념할 때 대추야자 잎을 사용한다. 한편, 아름다움을 상징하기도 했는데 성전 안에 대추야자나무의 문양을 새겼다(왕상 6:29; 대하 3:5).

성경에서 명명한 종려나무는 대추야자나무다. 중국 남부, 일본 및 제주에서 흔히 발견되는 나무의 학명은 '*Trachycarpus fortunei* L.(당종려나무)' 이다.

당종려나무(Trachycarpus fortunei L., 한국, 제주)

주요성경(Main phrases)

레위기 23:40 첫 날에는 너희가 아름다운 나무 실과와 **종려나무**(palm tree) 가지와 무성한 나무 가지와 시내 버들을 취하여 너희의 하나님 여호와 앞에서 이레 동안 즐거워할 것이라

신명기 34:3 네겝과 **종려나무**(palm tree)의 성읍 여리고 골짜기 평지를 소알까지 보이시고

사사기 1:16 모세의 장인은 겐 사람이라 그의 자손이 유다 자손과 함께 **종려나무**(palms) 성읍에서 올라가서 아랏 남방의 유다 황무지에 이르러 그 백성 중에 거주하니라

열왕기상 6:29 내 외소 사방 벽에는 모두 그룹들과 **종려**(palm trees)와 핀 꽃 형상을 아로새겼고

역대하 3:5 그 대전 천장은 잣나무로 만들고 또 순금으로 입히고 그 위에 **종려나무**(palms)와 사슬 형상을 새겼고

느헤미야 8:15 또 일렀으되 모든 성읍과 예루살렘에 공포하여 이르기를 너희는 산에 가서 감람나무 가지와 들감람나무 가지와 화석류나무 가지와 **종려나무**(palm tree) 가지와 기타 무성한 나무 가지를 가져다가 기록한 바를 따라 초막을 지으라 하라 한지라

시편 92:12 의인은 **종려나무**(palm tree) 같이 번성하며 레바논의 백향목 같이 성장하리로다

요한복음 12:13 **종려나무**(palm tree) 가지를 가지고 맞으러 나가 외치되 호산나 찬송하리로다 주의 이름으로 오시는 이 곧 이스라엘의 왕이시여 하더라

II-8. 산복사나무(Almond tree, 살구나무, 파단행, 감복숭아)

산복사나무 꽃과 열매(이스라엘, 예루살렘)

학명(Scientific name): *Amygdalus communis* L. (*Prunus dulcis*)

과명(Family name): Rosaceae(장미과)

영어(성경)이름[English (biblical) name]: almond tree

한글(성경)이름[Korean (biblical) name]: 살구나무, 파단행(아몬드 열매), 감복숭아

한국식물명(Korean name): 산복사나무

히브리이름(Hebrew name): 솨케드(שָׁקֵד, shaked)

주요서식지(Natural habitat): 이란, 터키 등 중동

산복사나무는 이란을 중심으로 중앙아시아 서부에 자생하는 아몬드 열매 나무다. '*Prunus*' 속 또는 '*Amygdalus*' 속의 복숭아로 분류되며 종자를 둘러싼 껍질(endocarp)의 주름에 의해서 다른 아군과 구별된다. 핵과(drupe)로 잘 알려져 있는 산복사나무는 키가 3-10m, 나무의 직경이 30㎝로 자라는 낙엽성교목이다. 이 나무는 새봄에 잎이 나기 전에 제일 먼저 꽃이 피며 매우 향기롭다. 히브리 이름 '솨케드'는 '흔들어 깨운다'라는 뜻이 있으며, 긴 겨울이 지나고 가장 먼저 봄을 알리는 꽃이다. 이른 봄에 꽃이 피며 연한 홍색이고 5개의 꽃잎을 지닌다. 잎은 8-13㎝로 긴 편이며 초기에는 녹색이지만 점차 자색으로 변한다. 7-8월에는 3㎝ 정도 크기의 아몬드 열매를 수확한다. 연중 15-30℃의 따뜻한 중동 지역에서 잘 자란다. 식수 후 3년이 지나면 열매를 맺는다. 아몬드(Almond)의 어원은 원래 그리스의 복숭아(amygdala)에서 유래했다. 뇌 구조의 하나인 편도(amygdala)는 그리스어 어원이 'amygdale'이다. 단맛을 가지고 있지만 쓴맛도 있다. 영양성분이 풍부한 열매는 지방(50%)과 단백질(21%), 탄수화물(22%)이 들어있다. 또한 청산배당체(시안화합물, cyanide)가 함유되어 있는 아미그달린(amygdalin)이 독성을 일으킨다. 쓴맛이 크면 시안화합물 함량이 높다. 어린이들에게는 주의가 필요하다. 아몬드는 기침을 억제하고 가래를 줄인다.

성경적 의미(Symbolism)
- 아론의 싹 난 지팡이

법궤 안에 들어있는 세 가지 물품(십계명, 만나, 아론의 싹 난 지팡이)중 하나인 아론의 싹 난 지팡이가 곧 산복사나무다. 아몬드는 이스라엘의 초기 문서에서도 발견되며 유대인에게 중요한 식품이면서 중요한 무역상품이기도 했다. 야곱이 이집트에 있는 아들 요셉에게 줄 예물로 아몬드를 가져가게 했을 정도로 귀중한 물품이었다(창 43:11). 이 나무와 꽃 그리고 열매는 이스라엘에 문화적으로나 지정학적으로 매우 중요하다.

하나님은 예레미야에게 산복사나뭇가지를 보여주며 그가 한 말을 반드시 이루겠다고 언약했다(렘 1:11-12). 히브리어 "솨케드"의 뜻은 "쉬케드(지키다, 흔들

로마 황제 티투스(Titus) 개선문에 조각된 금등잔대(로마, 촛대 끝부분이 산복사나무 꽃으로 장식되었다)

어 깨우다)"에서 유래되었다. 따라서 "산복사나무는 마치 파수군처럼 겨울 내내 깨어 지키고 있다가 봄이 다가옴을 확인하고 가장 먼저 꽃을 피움으로 계절을 알린다"라고 한다. 그러므로 **등잔대 위에 만들어진 산복사나무 꽃은 성전 안을 밝게 비추어 그 안을 지키는 역할을 한다는 의미다.**

성전 안에서 사용하였던 금 등잔대(menorah)의 등받침이 산복사나무 꽃 모양이었다(출 25:31-40, 31:17-18). 이 등잔대를 AD 70년에 예루살렘을 멸망시킨 로마 황제 티투스(Titus)의 개선문에 조각된 그림에서 확인할 수 있다.

성경번역에서 파단행은 페르시아(Persia)어 'badam'에서 유래되었으며 아몬드의 중국식 표기이다. 복숭아 속 식물들이 봄에 일찍 꽃이 피듯이 산복사나무 꽃은 봄의 상징이며 시작과 희망의 상징이기도 하다(민 17:8). 유대교에서는 네 종류의 새해가 있는데, 그 중에 투비쉬밧(Tu BiShvat)이라는 명절은 힐렐학파(Hillel Judism)의 의견에 따라 "나무의 새해"로 지정되었고, 우리나라의 식목일처럼 나무를 심는다.

성경에 나오는 살구나무는 살구나무가 아닌 산복사나무다.

창세기 30:37 야곱이 버드나무와 **살구나무**(almond tree)와 신풍나무의 푸른 가지를 가져다가 그것들의 껍질을 벗겨 흰 무늬를 내고

창세기 43:11 그들의 아버지 이스라엘이 그들에게 이르되 그러할진대 이렇게 하라 너희는 이 땅의 아름다운 소산을 그릇에 담아가지고 내려가서 그 사람에게 예물로 드릴지니 곧 유향 조금과 꿀 조금과 향품과 몰약과 유향나무 열매와 **감복숭아**(almond)이니라

출애굽기 25:33 이쪽 가지에 **살구**(almond tree)꽃 형상의 잔 셋과 꽃받침과 꽃이 있게 하고 저쪽 가지에도 **살구**(almond)꽃 형상의 잔 셋과 꽃받침과 꽃이 있게 하여 등잔대에서 나온 가지 여섯을 같게 할지며

민수기 17:8 이튿날 모세가 증거의 장막에 들어가 본즉 레위 집을 위하여 낸 아론의 지팡이에 움이 돋고 순이 나고 꽃이 피어서 **살구 열매**(almond)가 열렸더라

예레미야 1:11-12 여호와의 말씀이 또 내게 임하니라 이르시되 예레미야야 네가 무엇을 보느냐 하시매 내가 대답하되 내가 **살구나무**(almond tree) 가지를 보나이다 여호와께서 내게 이르시되 네가 잘 보았도다 이는 내가 내 말을 지켜 그대로 이루려 함이라 하시니라

II-9. 피스타치오나무(Pistachio tree, 비자나무, 유향나무)

피스타치오(이스라엘, 예루살렘)

학명(Scientific name): *Pistacia vera* L.

과명(Family name): Anacardiaceae(옻나무과)

영어(성경)이름[English (biblical) name]: pistachio(nuts)

한글(성경)이름[Korean (biblical) name]: 비자나무, 유향나무

한국식물명(Korean name): 피스타치오나무

히브리이름(Hebrew name): 바트나(בָּטְנָה, batnah) 베텐(בֶּטֶן, beten)

주요서식지(Natural Habitat): 중앙아시아, 중동

피스타치오는 옻나무과에 속하며 중앙아시아가 원산지이다. 현재는 튀르키예, 이탈리아 등 지중해 연안에 분포한다. 사막이나 염도가 높은 모래땅에서 잘 자란다. 잎은 침엽이며 낙엽성이다. 300년을 생존하는 나무도 있다. 잎의 길이는 10-20㎝ 정도이고 나무는 암수가 구별된다. 20년된 나무 한 그루에서 50kg 정도 수확한다. 햇빛이 잘 들고 습도가 낮은 곳에서도 잘 자란다. 영하의 날씨에도 죽지 않는 단단한 나무다. 나무의 크기는 7m 정도로 자란다. 넓게 퍼져 자라는 나무다. 큰 나무의 몸통 둘레는 2m나 된다. 핑크색 열매는 7-10월 사이에 익는다. 열매는 오일이 풍부하고 맛도 좋으며 영양이 풍부한 핵과다. 열매에는 지방이 45%, 탄수화물이 28%, 단백질이 20% 함유되어 있다. 특히 불포화지방산(linoleic acid, oleic acid)이 많다. 또한 각종 미네랄과 비타민 등도 풍부하다. 당시 이스라엘에서는 작고 떫은 열매를 맺는 테레빈나무(*Pistacia terebinth*)의 열매와 혼동하기도 했다.

이스라엘의 야생 피스타치오(*P. atlantica*)의 열매도 먹을 수 있어서 같이 부르지만 이 열매는 맛이 쓰다. 이 지역에서는 야생 피스타치오의 열매를 볶아서 식품으로 사용했으며 수지와 오일은 약용이나 염료로도 사용했다.

성경적 의미(Symbolism)
- 야곱이 이집트 총리에게 보낸 가나안 소산 특산품

피스타치오 열매는 성경 시대에 매우 귀중한 식량 자원으로 중요한 무역 대상 품목이었다. 성경에서는 피스타치오로 추정되는 글이 한군데 있다. 창세기 43장 11절에 '그들의 아버지 이스라엘이 그들에게 이르되 그러할진대 이렇게 하라 너희는 이 땅의 아름다운 소산을 그릇에 담아가지고 내려가서 그 사람에게 예물로 드릴지니 곧 유향 조금과 꿀 조금과 향품과 몰약과 유향나무 열매와 감복숭아이니라(Then their father Israel said to them, "If it must be, then do this: Put some of the best products of the land in your bags and take them down to the man as a gift-a little balm and a little honey, some spices and myrrh, some **pistachio nuts** and almonds).' 영어성경은 nuts, 또는 pistachio로 번역했지만, 개역개정 성경은 유향나무 열매로, 개역

한글성경은 비자나무로 번역했다. 이 나무가 오랫동안 이스라엘에서 재배되었다고 탈무드에서 언급했다. 야곱은 가나안 소산인 피스타치오를 가지고 이집트 식량을 구입하기를 원했다(창 43:11).

비자나무 역시 중동 지역에는 없는 식물로, 피스타치오를 중국의 유사한 식물인 비자나무(*Torreya nucifera*)로 번역한 것으로 보인다. 비자나무는 주목나무과에 속하며 피스타치오와는 전혀 다른 나무로 한방에서 개비자나무(*Cephalotaxus koreana*) 열매와 함께 구충제로 사용했다. 비자나무는 교목이고 개비자나무는 관목이다.

주요성경(Main phrases)

창세기 43:11 그들의 아버지 이스라엘이 그들에게 이르되 그러할진대 이렇게 하라 너희는 이 땅의 아름다운 소산을 그릇에 담아가지고 내려가서 그 사람에게 예물로 드릴지니 곧 유향 조금과 꿀 조금과 향품과 몰약과 **유향나무 열매**(pistachio nuts)와 감복숭아이니라

II-10. 호두나무(Walnut tree, 호도나무)

호두나무(이스라엘, 골란고원)

학명(Scientific name): *Juglans regia* L.
과명(Family name): Juglandaceae(가래나무과)
영어(성경)이름[English (biblical) name]: walnut(nut)
한글(성경)이름[Korean (biblical) name]: 호도
한국식물명(Korean name): 호두나무
히브리이름(Hebrew name): 에고스(אגוז, egoz)
주요서식지(Natural habitat): 코카서스, 발칸, 남동유럽, 튀르키예

원산지는 페르시아(Persia)로 알려져 있다. 호두는 핵과(drupe)로 잘 알려져 있다. 지금은 유대지역에 잘 자라고 있지만 성경 시대에도 이 나무가 유대지역에서 자랐는지 의심해 왔으나, 2015년 텔아비브 대학교 고고학자 랑거트 박사가 이스라엘 지방에서 발굴된 꽃가루를 통해 호두나무가 고대 이스라엘에서 재배되

었음을 증명했다. 요세푸스[Josephus Flavius(37-100 AD, 유대인 출신의 로마 정치가)]는 게네사렛(Genesareth) 골짜기에 호두나무가 많이 자라고 있다고 칭송했다. 거대한 낙엽성 교목으로 25-30m 정도 자란다. 많은 햇빛을 받으면 더 잘 자라며 잎은 서로 마주보고 나며 쌍엽을 이룬다. 길이는 20-40cm 정도이다. 핵과가 익으면 9-10월에 수확한다. 견과나 오일을 식품으로 사용한다. 15%의 단백질, 65%의 지방, 14%의 탄수화물을 함유하고 있다. FDA에서는 관상동맥 예방을 위해 하루에 견과류 30-40g의 섭취를 권장한다. 목재로도 사용하며 가구를 만들 때에도 이용한다. 부드럽고 곧은 몸통 때문에 체스 판을 만들 때도 이용한다.

학명 '*Juglans*'의 의미는 '제우스신에게 바치는 열매'라는 뜻이다. 그리스인들은 다산의 여신 아데미(Artemis)에게 호두를 바쳤다. 원래 호두는 원산지가 페르시아(Persian walnut)다. BC 4세기경에 알렉산더 대왕이 호두를 페르시아에서 마케도니아(Macedonia)로 가져왔다고 한다. 다산을 상징하여 로마 및 페르시아 시대에 결혼하면 호두를 뿌리기도 했다. 호두를 먹은 남성들은 정자가 더 건강해진다는 연구 결과도 있으며, 이 나무의 잎에서 여성호르몬인 프로게스테론 작용 성분이 발견되기도 했다.

성경적 의미(Symbolism)
- 술람미 여인이 걷던 동산의 나무

성경학자는 아가 6장 11절에 나오는 **nuts**가 호두나무 열매일 것으로 추정하고 있다. 술람미 여인이 포도나무와 석류나무를 보려고 호두 동산에 내려가는 장면을 기록했다.

주요성경(Main phrases)

아가 6:11 골짜기의 푸른 초목을 보려고 포도나무가 순이 났는가 석류나무가 꽃이 피었는가 알려고 내가 호도(nut) 동산으로 내려갔을 때에

II-11. 뽕나무(Mulberry tree)

뽕나무(레바논)

학명(Scientific name): *Morus nigra* L.

영어(성경)이름[English (biblical) name]: mulberry tree, sycamine tree

한국식물명(Korean name): (검)뽕나무

주요서식지(Natural habitat): 이스라엘, 이집트

과명(Family name): Moraceae(뽕나무과)

한글(성경)이름[Korean (biblical) name]: 뽕나무

히브리이름(Hebrew name): 툿(תות, tut)

뽕나무(*M. nigra*)는 낙엽성 교목으로 5-15m 정도 자라는 나무다. 잎은 타원형으로 어긋나며 뒷면에 털이 있다. 중동 지역에서의 베리(berry)는 먹기 위한 나무로 보인다. 꽃은 3-5월에 피며, 연두색 열매가 붉은 색으로 되었다가 나중에 검게 되면 단맛과 신맛을 지닌다. 성경 시대에 이스라엘에 흔히 야생으로 자라는 나무로 알려졌다. 그리스 로마 시대에는 오디주(mulberry wine)을 만드는데 사용했고 나무는 가구나 수레바퀴를 만드는데 사용했다. 검뽕나무는 열매의 색이 암적색에서 흑색이고 열매가 크며 즙액이 많아 식용하기에 알맞다. 붉은뽕나무 열매(베리) 색은 자주색에서 흑색으로 되며 열매의 크기나 맛은 유사하다. 뽕나무는 잘 갈라지지 않아 아주 단단하고 견고한 목재 및 가구로 사용된다.

성경적 의미(Symbolism)

- 작은 믿음만 있어도 이 나무를 바다로 옮길 수 있다

뽕나무는 성경 누가복음에 단 1회 인용되었다. 유대지역의 뽕나무(mulberry)는 그 뿌리를 깊게 박고 오래 사는 큰 나무 중 하나다. 이런 나무를 옮기는 일은 불가능한 일이다. 그러나 겨자씨 만한 믿음만 있다면 이 나무를 통째로 옮길 수 있다고 말씀하신다. 사람에게 불가능한 일이 하나님에게는 가능하다고 비유한 말이다. 즉 강한 믿음을 강조하고 있다.

삭개오가 올라간 나무를 비롯하여 한글신약성경에 삭게오와 관련하여 뽕나무로 인용된 나무는 뽕나무가 아니라 돌무화과나무(sycamore tree)다. 또한 구약에서 포플러(poplar)나무가 뽕나무로 번역되기도 했다.

주요성경(Main phrases)

누가복음 17:6 주께서 이르시되 너희에게 겨자씨 한 알만한 믿음이 있었더라면 이 **뽕나무**(mulberry tree)더러 뿌리가 뽑혀 바다에 심기어라 하였을 것이요 그것이 너희에게 순종하였으리라

II-12. 시트론나무(Citron tree, 아름다운 나무 실과)

시트론(Citron)은 유럽, 중동, 북인도, 남 중국에 이르기까지 널리 분포되어 있다. 원산지는 히말라야이다. 그러나 지역에 따라 씨가 있는 것과 없는 것, 손가락 모양의 시트론 등 다양하다. 단단하고 작은 가시가 있는 상록 관목이다. 나무는 5m 정도 크게 자란다. 잎은 늘 푸르며 15㎝ 정도로 창끝 모양이다. 안쪽은 희고 바깥쪽은 핑크색인 꽃은 봄에서 여름 사이에 핀다. 현재의 시트론은 교배종이다(hybrization). 과일 모양은 레몬과 오렌지 중간 정도이며 레몬과 아주 비슷하다. 열매는 매우 강한 산도를 가지고 있다. BC 136년 유대 동전의 한쪽에 시트론이 새겨져 있다. 우리에게는 유자로 알려지기도 했지만 종이 다르다.

시트론나무(이스라엘, 네오트 케두밈)

학명(Scientific name). *Citrus medica* L.
과명(Family name): Rutaceae(운향과)
영어(성경)이름[English (biblical) name]: citron tree
한글(성경)이름[Korean (biblical) name]: 아름다운 나무 실과
한국식물명(Korean name): 시트론나무
히브리이름(Hebrew name): 예츠 아보트(עֵץ עֲבֹת, yetz abot)
주요서식지(Natural habitat): 이스라엘, 이집트

성경적 의미(Symbolism)
- 초막절 의식에 사용되는 나무

시트론(Citron)은 유대인의 초막절 의식(Sukkoth ritual) 때 사용한다. 번영(prosperity)과 완전(perfection)의 상징이다. 초막절에 사용되는 이 과일은 흠이 없고 완전한 것이어야 했다. 레위기 23장 40절에 4개의 기념 식물 중에서 한 나무를 citron(시트론)이라고 성경학자들은 믿고 있다. 바빌론 2차 귀환 때 가져온 것으로 추정된다. 네 가지 물건(나무 실과, 종려나무 가지, 무성한 나무 가지, 시내버들)을 드리며 축복을 위해 사용하였다. 시트론은 미쉬나(구전 토라를 최초로 기록으로 옮긴 것) 시절부터 유대 관습의 상징이 되었다. 출애굽 기간 동안 광야생활을 상징하고 기념하는 초막절은 느헤미야 8장 15절에서 초막을 짓는 5가지 식물 재료(감람나무 가지, 들감람나무 가지, 화석류나무 가지, 종려나무 가지, 무성한 나무 가지)로 설명했고, 무성한나무가 시트론 나무일 것으로 믿어왔다. 나중에 유대교에서는 1세기부터 "아름다운 나무실과"를 시트론으로 해석하고 초막절에 4종류의 식물 즉 레위기 24장 40절에 나오는 네 가지 식물을 흔드는 의식을 행하였다

한편, 레위기 23장 40절에 나오는 무성한나무가 화석류라고 말하는 학자도 있으나, 느헤미야서 8장 15절에서는 화석류나무와 무성한 나무를 동시에 언급했기 때문에 무성한 나무는 화석류가 될 수 없다.

주요성경(Main phrases)

레위기 23:40 첫 날에는 너희가 **아름다운 나무 실과**(fruit of splendid tree, citron)와 종려나무 가지와 무성한 나무(thick trees) 가지와 시내 버들을 취하여 너희의 하나님 여호와 앞에서 이레 동안 즐거워할 것이라

느헤미야 8:15 또 일렀으되 모든 성읍과 예루살렘에 공포하여 이르기를 너희는 산에 가서 감람나무 가지와 들감람나무 가지와 화석류나무 가지와 종려나무 가지와 기타 **무성한 나무 가지**(citron)를 가져다가 기록한 바를 따라 초막을 지으라 하라 한지라

II-13. 사과나무(Apple tree)

사과나무(이스라엘, 골란고원)

학명(Scientific name): *Malus sylvestris* Mill.

영어(성경)이름[English (biblical) name]: apple

한국식물명(Korean name): 사과나무

주요서식지(Natural habitat): 이란 등 중앙아시아, 유럽

과명(Family name): Rosaceae(장미과)

한글(성경)이름[Korean (biblical) name]: 사과나무

히브리이름(Hebrew name): 디푸이(תַּפּוּחַ, Tippah)

성경에 나오는 사과는 야생 사과(forest apple, 원생종 사과)를 의미한다. 실제로 가시(thorn)를 지니고 있다. 현재 원생종 사과는 대부분이 사라졌지만 일부 유럽에 자생하고 있다. 나무의 키는 10m 정도의 높이로 수명은 80-100년이다. 봄(3-4월)에 꽃이 피고 가을에 익는다. 고어(Goor, 1968)에 의하면 사과는 BC 4000년부터 이란, 아르메니아(Armenia), 튀르키예, 시리아(Syria)로부터 이스라엘과 이집트에 소개되었다고 한다. 이집트 람세스(Ramesses) 2세 때(BC 1279-1213) 나일(Nile)강 델타(Delta)지역에는 사과, 올리브, 무화과 등이 가득했다고 한다. 농가에서 재배되는 현재의 사과(*M. domestica, M. pumila*)는 수많은 교배(hybrid)를 거친 것들이다.

성경적 의미(Symbolism)

히브리 성경의 'tappuah'라는 명칭이 있는데 '사과'라고 단정짓기는 여전히 무리이다. 그 이유는 사과를 아랍어로 'tuffah'라고 부르기 때문이다.

사과는 잠언에 1회, 아가서에 4회, 요엘서에 1회 나온다. 성경에는 아름답고 향기로운 과일로 묘사되었다. 한편, 에덴 동산에는 두 그루 나무가 있었다. 하나는 생명나무 또 하나는 선악과 즉 지혜의 나무라 불렸다. 이름 그대로 영생과 지혜를 얻는 나무였는데, 아담과 하와는 하나님의 계율을 어기고 선악과를 먹음으로 에덴동산에서 쫓겨났다. 일반적으로 이 과일이 사과였다고 일컬어진다. 그러나 창세기에서는 이 과일의 이름(종류)을 분명하게 정해 놓지 않았다.

주요성경(Main phrases)

창세기 3:3 동산 중앙에 있는 나무의 **열매**(fruit)는 하나님의 말씀에 너희는 먹지도 말고 만지지도 말라 너희가 죽을까 하노라 하셨느니라

잠언 25:11 경우에 합당한 말은 아로새긴 은 쟁반에 **금사과**(apple)니라

아가 2:5 너희는 건포도로 내 힘을 돕고 **사과**(apple)로 나를 시원하게 하라 내가 사랑하므로 병이 생겼음이라

요엘 1:12 포도나무가 시들었고 무화과나무가 말랐으며 석류나무와 대추나무와 **사과나무**(apple tree)와 밭의 모든 나무가 다 시들었으니 이러므로 사람의 즐거움이 말랐도다

II-14. 수박(Water-melon, 참외)

수박(이스라엘, 네게브 키부츠)

학명(Scientific name): *Citrullus lanatus* (Thunb.) Masf.
영어(성경)이름[English (biblical) name]: water-melon(melon)
한국식물명(Korean name): 수박
주요서식지(Natural habitat): 남유럽, 아프리카
과명(Family name): Cucurbitaceae(박과)
한글(성경)이름[Korean (biblical) name]: 참외
히브리이름(Hebrew name): 아바티(אבטיח, abattih)

북아프리카가 원산지로 알려져 있으며 이집트에서는 오래전부터 재배해 왔다. 오늘날의 수박은 품종을 개량한 것이다. 박과로 덩굴성 한해살이 식물이다. 잎과 줄기는 잔털로 덮여 있으며 일부 잎이 변해서 된 덩굴손은 코일처럼 생겼다. 잎의 길이는 6-20㎝, 너비는 4-15㎝ 정도이다. 잎은 세 개의 소엽을 가지고 있다. 줄기의 길이는 약 3m 정도 자란다. 꽃이 피고 1개월 후면 익는다. 열매의 무게는 2-4㎏이다. 이집트 파라오의 무덤에서 수박씨가 발견되었으며 고대 벽화에서도 수박이 발견되었다.

성경적 의미(Symbolism)

민수기 11장에 나오는 참외(melon)는 'muskmelon' 또는 수박(watermelon)일 것으로 추측한다. 영어 및 한글성경은 참외(melon)로 번역했다. 고대 이집트 무덤에서 수박씨가 발견되었으며 파라오 때 재배되었다는 증거가 있다. 이스라엘 사람들이 출애굽 때 물이 귀한 뜨거운 사막에서 가장 먹고 싶었던 과일이 아마도 수박(참외)이었을 것이라고 생각한다. 이스라엘 사람들이 이집트 노예 시절에 먹었던 수박을 기억한 것이다.

주요성경(Main phrases)

민수기 11:5 우리가 애굽에 있을 때에는 값없이 생선과 오이와 **참외**(water-melon)와 부추와 파와 마늘들을 먹은 것이 생각나거늘

Ⅲ 약초와 향신료(Herbs & Spices)

Ⅲ-1. 박하(Mint)

꿀풀과에 속하며 전 세계적으로 25종이 넘는다. 모든 박하를 총칭하여 '페퍼민트(peppermint)'라고 부른다. 털이 있는 녹색의 잎은 타원형으로 양 끝이 좁고 끝은 톱니가 있다. 다년생 초본으로 30-120㎝ 정도 자란

박하(이스라엘, 예루살렘)

학명(Scientific name): *Mentha longifolia* L.
과명(Family name): Lamiaceae(꿀풀과)
영어(성경)이름[English (biblical) name]: mint
한글(성경)이름[Korean (biblical) name]: 박하
한국식물명(Korean name): 영생이, 박하
히브리이름(Hebrew name): 민타(מנתה, mintah)
주요서식지(Natural habitat): 남유럽, 동남아시아

다. 줄기는 네모 모양이며 식물 전체에서 강한 향기가 난다. 꽃은 자주색 종 모양이며 열매가 타원형인 이 식물은 약초로 널리 알려져 있다. 가지 나누기로 번식시켜 재배할 수 있을 만큼 재배가 쉽고 번식이 용이하다. 이스라엘에서는 잡초처럼 흔하게 볼 수 있다. 화장품이나 치약, 구강청정제, 아이스크림 등의 제조에 사용한다. 특히 주성분인 멘톨(menthol)은 청량감이 좋아 껌(chewing gum)과 감기 등에 사용하는 목캔디의 첨가물로 쓰인다. 신경안정 효과도 있다. 순수 우리말로는 '영생이'라고 한다.

성경적 의미(Symbolism)
- 서기관과 바리새인들의 십일조

박하, 회향 및 근채 또는 루(운향) 등은 십일조로 드려진 물품이다. 박하는 밭이나 들에서 흔하게 재배되었다. 박하 정유는 향신료로 많이 사용되었지만 약으로도 사용되었다. 박하는 위장병, 두통, 감기에 사용했기 때문에 제사장이 이 십일조 물품을 약으로 사용했을 것으로 추측된다. 고대 사회는 사제(성직자, 제사장 등)가 병을 치료하는 의사 역할도 겸했다. 예수님께서는 정의와 긍휼과 믿음을 십일조만큼 소중히 여기신다는 말씀이다.

주요성경(Main phrases)

마태복음 23:23 화 있을진저 외식하는 서기관들과 바리새인들이여 너희가 **박하**(mints)와 회향과 근채의 십일조는 드리되 율법의 더 중한 바 정의와 긍휼과 믿음은 버렸도다 그러나 이것도 행하고 저것도 버리지 말아야 할지니라

누가복음 11:42 화 있을진저 너희 바리새인이여 너희가 **박하**(mints)와 운향과 모든 채소의 십일조는 드리되 공의와 하나님께 대한 사랑은 버리는도다 그러나 이것도 행하고 저것도 버리지 말아야 할지니라

Ⅲ-2. 루(Rue, 운향)

루(이스라엘, 네게브)

학명(Scientific name): *Ruta graveolens* L

영어(성경)이름[English (biblical) name]: (commom) rue

한국식물명(Korean name): 루

주요서식지(Natural habitat): 발칸반도, 유럽

과명(Family name): Rutaceae(운향과)

한글(성경)이름[Korean (biblical) name]: 운향

히브리이름(Hebrew name): 페감(פֵּיגָם, Pegam), 루다(רוּדָה, ruda)

발칸반도가 원산인 이 식물은 화초 또는 약초(herb)로 재배한다. 다년생 초목으로 보통 40-70㎝ 정도 자란다. 아래로부터 가지가 갈라져 덤불을 이루어 자란다. 이 식물의 잎은 청회색이며 꽃은 노랗고 봄에 핀다. 뜨겁고 건조한 땅에서 잘 자라며 강한 냄새를 가지고 있다. 학명에 '*graveolens*'는 이 식물의 특성을 잘 말해주고 있으며 'gravis'는 '강하다'라는 뜻이고 'olens'는 '향기'라는 뜻으로 '강하고 독특한 냄새'를 지니고 있다. 맛은 쓰며 상처나 전염병 치료를 위해 사용했다. 루(운향)가 있는 곳에는 마귀가 가까이 못하고, 결혼을 안 한 처녀들은 이것을 지니고 있으면 유혹을 물리칠 수 있다고 믿었다. 오래전부터 뱀독의 해독제로 사용했다. 14세기까지만 해도 이 식물은 매우 효과적인 치료제로 인식되었다. 그러나 이 식물은 알러지를 유발하며 피부 발적을 일으킨다.

이 식물은 다양한 요리에 사용된다. 생선이나 육류의 요리에 향신료로 사용한다. 로마 가톨릭 교회에서는 미사를 드릴 때 이 식물의 뿌리를 성수에 담아 뿌렸다. 마르면 향이 사라진다. 한편 튀르키예에서는 붉은색 염료를 만드는데 뿌리를 사용했다.

성경적 의미(Symbolism)

- 서기관과 바리새인들의 십일조

신약성경 누가복음에 1회 나온다. 바리새인들이 십일조 품목으로 드리는 약용 향료로 알려졌으며 냄새가 매우 강하다. 몸에 바르거나 흡입을 통한 치료제로 사용되었다. 다양한 치료 효과가 있어서 사제들은 향신료보다는 의약품으로 더 선호했다. 구약 시대 십일조 대상의 품목으로 알려져 있다.

주요성경(Main phrases)

누가복음 11:42 화 있을진저 너희 바리새인이여 너희가 박하와 운향(rue)과 모든 채소의 십일조는 드리되 공의와 하나님께 대한 사랑은 버리는도다 그러나 이것도 행하고 저것도 버리지 말아야 할지니라

III-3. 마조람(Majoram, 히솝, 우슬초)

마조람(이스라엘, 예루살렘)

학명(Scientific name): *Origanum majorana* L.
과명(Family name): Lamiaceae(꿀풀과)
영어(성경)이름[English (biblical) name]: Syrian hyssop, biblical hyssop
한글(성경)이름[Korean (biblical) name]: 우슬초
한국식물명(Korean name): 마조람(Majoram)
히브리이름(Hebrew name): 에조브(אֵזוֹב, ezov), 마조람(מֵיוֹרָם, majoram)
주요서식지(Natural habitat): 이란, 중동, 키프러스, 시나이 반도

꿀풀과 다년생 초본 식물로 중동, 이스라엘 해변, 시나이반도 지역의 건조하고 척박한 땅에서 자라는 희귀한 식물이다. 둥근 잎이 마주보고 자라며 줄기와 잎 뒷면에 잔털이 많다. 보통 60-150㎝ 정도 자란다. 줄기는 막대기처럼 단단하다. 꽃은 6월과 8월 사이에 피며 작고 담황색 또는 흰색이다. 이 식물에 치몰(thymol) 등이 함유되어서 박하 향기가 나며 다른 향신료와 함께 사용한다. 허브차로 소화불량과 감기 등 호흡기 질환에 전통적으로 사용해 왔다. 베두인들은 빵을 구울 때 소금과 섞어 첨가했다. 이스라엘 사람들은 생선을 구울 때 사용했던 향신료로 사용했다. 학자들에 의하면 '*Origanum majorana* L.' 의 학명을 가진 식물이 시나이 반도 등에 더 넓게 퍼져 있으며, 이 식물이 구약성경의 히솝(biblical hyssop)이라는 것이다. 하지만, 남유럽에 자생하는 또 다른 종류의 히솝 식물로 '*Hyssopus officinalis*' 이 있다.

쇠무릎(우슬, 한국, 청주)

위 식물은 우리나라의 우슬(牛膝)과는 다르다. 따라서 국내에는 없는 식물로, 중국과 한국에 자생하는 우슬과 유사하여 붙여진 이름이다. 국내 우슬은 한자어로 풀면 '쇠무릎' 모양으로 잘 알려진 비름과에 속하는 식물이다. 국내 우슬의 학명은 '*Achyranthes japonica*' 이다. 마조람은 오랫동안 약초(herb)로 사용해 왔다. 특히 관절염과 근육통에 사용되었다. 중동 사람들 몸에서 자타르(jatar) 냄새가 난다고 하는데 자타르는 조미료의 일종으로 마조람(히솝)과 후추를 섞어 만든 향신료다.

성경적 의미(Symbolism)
- 구원의 식물, 정결의식 때 사용하다

성경에 '우슬초(Hyssop, 히솝풀)'는 마조람이며, 또 다른 이름으로 에조브(ezov)라고 부른다. 히솝과는 다른 식물이다. 히브리 성경에서 'ezov'의 뜻은 '묶음으로 묶친 식물'이라는 뜻을 가지고 있다. 또한 'ezev'는 '지나가다 또는 넘어가다'라는 의미로 이스라엘 백성을 구원하는 식물로 알려져 있다. 이집트에서 첫 유월절 때 어린양의 피를 문인방과 문설주에 우슬초 묶음(ezov)을 가져다가 발라서 처음 난 사람과 동물이 죽는 재앙을 피할 수 있었다(출 12:22). 이후 집을 청결하게 할 때(민 19:18) 어린양의 피를 뿌리는 붓으로 또는 예배의 목적으로 사용되었다. 제사를 위해 암송아지를 불 가운데 사르고 있을 때 히솝(우슬초)을 함께 던져 향을 내는데 사용했다(민 19:6). 다윗은 회개하면서 "우슬초로 나를 정결하게 하소서 내가 정하리이다. 나의 죄를 씻어주소서 내가 눈보다 희리이다(시 51:7)"라고 참회의 기도를 드렸다.

또한 예수님의 목마름을 달래는 도구로도 사용되었다. 신 포도주를 적신 해면을 우슬초에 매어 예수의 입에 대었다(요 19:29). 신 포도주를 받으신 후, 죽기 전에 큰 소리를 질렀다고 되어 있는데 하나는 '다 이루었다'이고 다른 하나는 "내 영혼을 아버지께 부탁하나이다"에 해당된다.

성경 시대 문둥병은 불치의 병으로, 만약 문둥병으로부터 나은 사람은 제사장에게 진찰을 받고 확인 절차(제사)를 받으면 진영 안으로 복귀할 수 있었다. 이 때 우슬초를 사용했다. 즉, 죽인 새의 피와 생수를 섞은 물이 있는 질그릇에 살아 있는 새, 백향목, 홍색 실, 우슬초를 담근다. 그리고 피가 섞인 생수로 환자에게 일곱 번 뿌린다. 물에 잠시 남아 두었던 새를 자유롭게 놓아준다. 새가 들판으로 자유롭게 나아가는 것처럼 죽음의 사슬과도 같은 문둥병이 풀어지고 자유롭게 살아갈 수 있음을 나타낸다. 청결, 겸손, 정결의 상징이다.

죄로 인하여 상처받고 찢긴 마음을 씻어 주기라도 하듯 예루살렘 통곡의 벽 사이에서는 우슬(ezov)이 자란다.

주요성경(Main phrases)

출애굽기 12:22 우슬초(hyssop) 묶음을 가져다가 그릇에 담은 피에 적셔서 그 피를 문 인방과 좌우 설주에 뿌리고 아침까지 한 사람도 자기 집 문 밖에 나가지 말라

레위기 14:4 제사장은 그 정결함을 받을 자(문둥병 환자)를 위하여 명령하여 살아 있는 정결한 새 두 마리와 백향목과 홍색 실과 우슬초(hyssop)를 가져오게 하고

민수기 19:6 동시에 제사장은 백향목과 우슬초(hyssop)와 홍색 실을 가져다가 암송아지를 사르는 불 가운데에 던질 것이며

시편 51:7 우슬초(hyssop)로 나를 정결하게 하소서 내가 정하리이다 나의 죄를 씻어 주소서 내가 눈보다 희리이다

요한복음 19:29 거기 신 포도주가 가득히 담긴 그릇이 있는지라 사람들이 신 포도주를 적신 해면을 우슬초(hyssop)에 매어 예수의 입에 대니

히브리서 9:19 모세가 율법대로 모든 계명을 온 백성들에게 말한 후에 송아지와 염소의 피 및 물과 붉은 양털과 우슬초(hyssop)를 취하여 그 두루마리와 온 백성에게 뿌리며

Ⅲ-4. 맨드레이크(Mandrake, 합환채)

맨드레이크(이스라엘, 다볼산)

학명(Scientific name): *Mandragora officinarum* L. (*Atropa mandragora*)
과명(Family name): Solanaceae(가지과)
영어(성경)이름[English (biblical) name]: mandrake
한글(성경)이름[Korean (biblical) name]: 합환채
한국식물명(Korean name): 맨드레이크
히브리이름(Hebrew name): 두다임(דּוּדָאִים, dudaim)
주요서식지(Natural habitat): 중동, 포르투갈, 중부 유럽

고대로부터 중동과 인근 유럽 지역에서 자라는 매우 유명한 다년생 초본이다. 잎은 난형이고 뿌리는 굵고 똑바로 아래로 뻗는다. 종모양의 꽃과 노란 열매를 맺는다. 최대로 45㎝ 정도 자란다. 식물 전체가 마치 사람의 하체와 유사하여 여러 가지 전설로 인해 유명해진 식물이다.

가지과(Solanaceae) 식물로 히말라야지역에서도 볼 수 있지만 주로 중동 지역에서 발견된다. 줄기가 없는 큰 뿌리 식물이다. 톱니 모양의 잎은 창끝 모양 또는 타원형으로 길이가 약 30㎝ 정도다. 봄에 피는 노란꽃은 나중에 보라색으로 변한다. 열매는 타원형이며 처음에는 녹색이고 나중에 노랗게 된다. 이 열매는 작은 토마토 모양으로 향기가 있고 먹을 수도 있지만 독성이 있다. 과거 이 열매는 임신에 효과가 있는 것으로 알려졌었다. 따라서 최음제로 사용했다. 여성에게 임신을 할 수 있도록 도와준다고 믿었다. 행운을 가져다주는 부적으로도 사용했다. 뿌리의 모양이 사람과 비슷하여 중동에서는 부와 다산의 목적으로, 한편, 악마나 병으로부터 안전을 지켜주는 것으로 생각했다. 또한 고대에는 마취제로도 사용했다. 그러나 최근 연구에서 뿌리는 수면 효과와 최음 및 환각 효과가 있다는 것을 증명했지만 미약하다. 학명에서도 볼 수 있듯이 아트로핀(atropine)을 함유하고 있어 항콜린작용(anticholinergic)으로 인한 결과인 것이다. 이 식물이 함유하고 있는 아트로핀은 독작용을 일으킨다. 약학의 아버지라 불리는 그리스의 **디오스코리데스**(Dioscorides)는 일찍이 그의 책 **De Materia Medica**(의약품)에서 맨드레이크의 수면효과를 언급했다.

디오스코리데스(Dioscorides)의 책,
De Materia Medica에 수록된 만드라고라 삽화

이 식물은 고대 문헌에 자주 등장한다. 마키아벨리의 희극 '만드라고라', 세익스피어의 희극 '안토니와 클레오파트라' 및 '오셀로'에도 이 만드라고라가 등장한다.

중국어인 합환채의 뜻은 합할 합(合)에, 기쁠 환(歡)으로 '남녀가 함께 기뻐한다'는 뜻으로 다소 자극적인 용어라서 '만드레이크' 또는 '만드라고라'로 바꾸는 것이 좋을 듯하다.

성경적 의미(Symbolism)
- 행복을 가져다주는 식물

만드라고라는 행복을 가져다주는 식물로 잘 알려져 있다. 성경에서는 '사랑의 사과(apple of love)로도 불린다(아 7:13). 구약 창세기에 자녀를 얻기 위해 사용한 일종의 최음제로 알려져 있다. 아들 르우벤이 들에서 구한 합환채를 어머니 레아에게 주었다. 동생 라헬은 그 합환채를 청구했으나 거절당했다. 그날 밤 라헬은 남편을 언니 레아에게 양보하는 조건으로 합화채를 얻어냈다. 그리고 레아는 야곱으로부터 다섯째 아들을 얻었다(창 30:14-16). 나중에 라헬은 합환채를 얻었지만 그럼에도 오랫동안 아기를 갖지 못했다. 고대 시대 합환채를 임신 촉진제로 사용했지만 앞서 설명한 대로 현대 과학으로 보면 그렇게 효과가 좋은 약재는 아니다.

자녀기 곧 기업이었으므로 영유아 사망률이 높은 고대사회에서 아이를 많이 낳는 것은 매우 중요한 덕목이었다. 따라서 다산을 목적으로 하는 생약제제는 많은 인기를 얻었다(아 7:13). 그러나, 합환체는 독성이 강한 뿌리 식물일 뿐 최음이나 임신촉진 효과는 미약하다.

주요성경(Main phrases)

창세기 30:14–16 밀 거둘 때 르우벤이 나가서 들에서 **합환채**(mandrake)를 얻어 그의 어머니 레아에게 드렸더니 라헬이 레아에게 이르되 언니의 아들의 **합환채**(mandrake)를 청구하노라 레아가 그에게 이르되 네가 내 남편을 빼앗는 것이 작은 일이냐 그런데 네가 내 아들의 **합환채**(mandrake)도 빼앗고자 하느냐 라헬이 이르되 그러면 언니의 아들의 **합환체**(mandrake) 대신에 오늘 밤에 내 남편이 언니와 동침하리라 하니라 저물 때에 야곱이 들에서 돌아오매 레아가 나와서 그를 영접하며 이르되 내게로 들어오라 내가 내 아들의 **합환채**(mandrake)로 당신을 샀노라 그 밤에 야곱이 그와 동침하였더라

아가 7:13 **합환채**(mandrake)가 향기를 뿜어내고 우리의 문 앞에는 여러 가지 귀한 열매가 새 것, 묵은 것으로 마련되었구나 내가 내 사랑하는 자 너를 위하여 쌓아 둔 것이로다

Ⅲ-5. 캐러웨이(Caraway, 소회향)

중동지방에 널리 분포되어 있는 미나리과 향신료다. 캐러웨이(성경에서는 소회향으로 번역된 식물)의 꽃대는 40-60cm 높이로 자란다. 희고 핑크 빛의 작은 꽃이 핀다. 향기가 나며 맛이 좋은 약초로 잘 알려져 있다. 열매를 비롯한 전체를 식품으로 사용한다. 유럽에서는 음식에 첨가한다. 씨는 4-5mm 길이로 두께는 1mm 정도이며 검고 매운맛이 난다. 씨의 껍질은 견고하며 약간 굽어 있다. 미국에서는 호밀(rye) 빵에 뿌려 먹는데 이를 유대빵이라고 부른다. 뿌리는 당근과 유사하다. 캐러웨이의 열매는 비누, 로션, 향수 등에 사용한다. 열매에서 짠 기름을 음식의 향신료로 사용한다. 비누를 만드는데도 사용한다. 쿠민과 더불어 식품과 알코올 음료의 향신료

캐러웨이(이스라엘, 예루살렘)

학명(Scientific name): *Carum carvi*
과명(Family name): Apiaceae(미나리과)
영어(성경)이름[English (biblical) name]: caraway
한글(성경)이름[Korean (biblical) name]: 소회향
한국식물명(Korean name): 캐러웨이
히브리이름(Hebrew name): 케짜흐(קֶצַח, qetsah)
주요서식지(Natural habitat): 중동, 유라시아, 북아프리카

로도 사용해 왔다. 신선한 잎은 생선요리에도 사용된다. 씨에는 정유 성분과 루테올린(luteolin) 및 로스마린산(rosmarinic acid) 등과 같은 폴리페놀(polyphenol) 성분이 많이 들어있다. 고대로부터 강정식물로 잘 알려져 있다.

아주 유사한 식물로 딜(dill, *Anethum graveolens*)이 있는데 구별하기가 쉽지 않다.

성경적 의미(Symbolism)

- 향신료로 십일조 대상 품목

성경에서 향신료로 소개한 소회향(caraway), 근채(cumin, 성경에서는 대회향), 회향(dill) 등은 모두 미나리과 식물로 우리가 쉽게 볼 수 있는 파슬리와 유사한 식물들이다. 그러나 구별하기가 쉽지 않다. 성경에서 말하는 소회향은 캐러웨이(caraway)이고 대회향은 쿠민(cumin)이다. 성경에서 소회향으로 번역한 캐러웨이는 한약재로 잘 알려진 소회향(*Foenicullum vulgare*)의 열매와는 전혀 다른 식물이다. 성경에서 캐러웨이(caraway)는 미나리과에 속하는 2년생 초본식물로 잎은 실처럼 갈라졌으며 줄기는 20-30㎝ 정도로 자란다. 중동 지역의 해변과 건조 지역에 자란다. 지금은 재배하기도 하고 야생에서 채취하기도 한다.

이사야서에 2회 나온다(28:25, 27). 소회향과 대회향을 말할 때 함께 기술되었다. 성경의 기록에서도 재배한 내용이 있으며 구약 시대 당시 재배했던 것으로 추정된다. 실제 고대로부터 재배해 왔다.

주요성경(Main phrases)

이사야 28:25 지면을 이미 평평히 하였으면 **소회향**(caraway)을 뿌리며 대회향(cumin)을 뿌리며 소맥을 줄줄이 심으며 대맥을 정한 곳에 심으며 귀리를 그 가에 심지 아니하겠느냐

이사야 28:27 **소회향**(caraway)은 도리깨로 떨지 아니하며 대회향에는 수레바퀴를 굴리지 아니하고 **소회향**(caraway)은 작대기로 떨고 대회향(cumin)은 막대기로 떨며

Ⅲ-6. 쿠민(Cumin, 근채, 대회향)

쿠민 꽃과 열매(painted by the author, © 오기완)

학명(Scientific name): *Cuminum cyminum* L.

영어(성경)이름[English (biblical) name]: cumin

한국식물명(Korean name): 근채, 쿠민

히브리이름(Hebrew name): 카몬(כַּמֹּן, kammon)

과명(Family name): Apiaceae(미나리과)

한글(성경)이름[Korean (biblical) name]: 근채, 대회향

주요서식지(Natural habitat): 중동, 남서아시아

쿠민(Cumin)의 씨

미나리과에 속하는 근채(cumin, 성경에서는 대회향으로 번역됨)는 보통 30-50㎝ 정도 자라는 1년생 초본이다. 파슬리와 매우 유사하다. 줄기는 녹색 또는 어두운 녹색이다. 잎 모양은 3엽(tri-foliate)로 5-10㎝ 길이이며 실 모양이다. 꽃은 작고 연한 핑크색 또는 보라색이다. 씨의 수확은 손으로 한다. 쿠민은 parsley, dill, ferula, caraway와 같은 속 식물이므로 모양과 색 등이 유사하다. 쿠민은 중동, 이집트 등에서 재배해 왔으며 성경에도 재배했다는 기록이 있다(사 28:25). 오래전부터 향신료로 사용했다. 약간 매운맛을 띠며 다량의 필수지방산이 함유되어 있다. 인도에서는 카레에 첨가하는 향신료로 사용한다. 차와 함께 사용할 때 몸을 따뜻하게 하는 성질이 있어 장질환, 감기, 감염 등에 사용하기도 한다. 여러 가지 음식 요리에 사용된다. 휘발성 쿠민알데히드(cuminaldehyde)가 주성분이다. 종종 caraway(성경에서는 소회향)와 혼동하기도 한다. 쿠민이 'caraway' 보다 더 매운 특징이 있다. 최근 두 향신료의 약리학적 연구가 활발히 이루어지고 있다. 어떤 영어성경에서는 아니스(anise)로 번역하기도 한다(마 23:23). 그러나 아니스의 학명은 '*Pimpinella anisum*'로 다른 식물이다.

한편, 흑쿠민(black cumin, *Nigella sativa* L.)으로 보는 학자도 있다. 흑쿠민은 검은 카라웨이(black caraway)로도 알려져 있으며 'parsley'와 같은 속 식물이다. 높이는 20-30㎝ 정도 자라며 1년생 식물이다. 잎은 가늘게 갈라져 있다. 꽃은 연보라색이고 꽃잎은 5개이다. 검은 씨는 털로 덮여 있는 캡슐에 3-7개 들어있다. 향신료로 사용하며 맵고 자극적이다. 빵, 케이크 또는 수프에 뿌려 사용한다.

우리가 잘 아는 한약재인 대회향(일명 팔각회향, *Illicium verum*)은 붓순나무 열매를 사용하는 한약재로 쿠민(cumin)과는 다른 식물이다.

성경적 의미(Symbolism)
- 십일조 대상 헌물

구약에서는 박하와 회향과 함께 십일조 대상 농산물로 잘 알려져 있다. 오랫동안 이 지역에서 재배해 왔다(사 28:25). 성경에 언급한 박하, 회향, 근채 등은 당시에 모두 값싼 향신료였다(마 23:23). 'Caraway'와 근채(cumin)는 주로 씨에서 나오는 기름을 식품의 향신료로 사용했다. 외식하는 서기관들과 바리새인들이 값싼 채소인 근채를 십일조로 드리면서 정의와 긍휼과 믿음을 버렸다고 책망했다. 마태복음 23장 23절에 나오는 근채는 쿠민이며 흑쿠민으로 보는 학자도 있다. 성경에서 'cumin'은 '근채다.

주요성경(Main phrases)

이사야 28:25 지면을 이미 평평히 하였으면 소회향(caraway)을 뿌리며 **대회향**(cumin)을 뿌리며 소맥을 줄줄이 심으며 대맥을 정한 곳에 심으며 귀리를 그 가에 심지 아니하겠느냐

이사야 28:27 소회향은 도리깨로 떨지 아니하며 **대회향**(cumin)에는 수레바퀴를 굴리지 아니하고 소회향(caraway)은 작대기로 떨고 **대회향**(cumin)은 막대기로 떨며

마태복음 23:23 화 있을진저 외식하는 서기관들과 바리새인들이여 너희가 박하와 회향(dill)과 근채(cumin)의 십일조는 드리되 율법의 더 중한 바 정의와 긍휼과 믿음은 버렸도다 그러나 이것도 행하고 저것도 버리지 말아야 할지니라

III-7. 딜(Dill, 회향)

딜(이스라엘, 예루살렘)

학명(Scientific name): *Anethum graveolens* L.
과명(Family name): Apiaceae(미나리과)
영어(성경)이름[English (biblical) name]: dill
한글(성경)이름[Korean (biblical) name]: 회향
한국식물명(Korean name): 딜
히브리이름(Hebrew name): 싸마르(שמיר, Shamir)
주요서식지(Natural habitat): 중동, 팔레스타인, 이란

앞서 언급했듯이 딜(dill)은 소회향(caraway)과 구분된다. 딜은 1년생 초본 약초(herb)다. 유라시아에 야생으로 분포되어 있다. 키는 60-100㎝ 정도 자란다. 잎의 길이는 10-20㎝ 정도고, 굵기는1-2㎜로 가늘고 길다. 마치 실과 같다. 줄기 끝에 희고 노란 꽃이 솜처럼 모여 우산(양산) 모양처럼 핀다. 씨의 길이는 4-5㎜이고 두께는 1㎜ 정도로 표면이 아주 단단하다. 딜은 고대로부터 이집트와 팔레스타인 지역에서 향신료와 의약품으로 사용해 왔다. 어린 가지와 신선한 잎은 샐러

드로 사용되고, 향기가 좋은 씨는 갈아서 향신료로 사용한다. 빵의 재료로도 사용한다. 상쾌한 맛이 있어 생선의 비린 맛을 제거하는데 좋다. 오이, 고추, 올리브, 마늘 등 채소를 절일 때 사용하기도 한다. 딜(Dill)은 오랫동안 위장 질환에도 사용했으며 비누 제조에도 사용한다. 딜과 유사한 식물들인 Fennel, 고수(coriander), anise 등도 몸을 따뜻하게 하며 진정작용이 있다. 이집트 파라오, 아멘호텝(Amenhotep)의 무덤에서 딜의 씨앗이 발견되었다(BC 1400년). 딜(Dill)은 중국에서 회향 또는 시라자(蒔蘿子)로 알려져 있다. 마태복음 23장 23절에 회향을 다른 학자들은 'anise(*Pimpinella anisum*)' 라고 일컫기도 한다.

성경적 의미(Symbolism)
- 십일조로 드리는 헌물

성경 마태복음서에 1회 나오는데, 회향(dill)이 십일조 대상 품목인 것을 알 수 있다. 그러나 종교지도자들은 박하, 회향, 근채 등 흔하고 값싼 농산물로 십일조는 하나님께 잘 드리면서 정의와 긍휼, 믿음을 버렸다고 예수님으로부터 그들의 신앙 가치관에 대해 비난 받았다. 성경에서 회향이라고 번역한 식물이 딜(dill)이다.

주요성경(Main phrases)

마태복음 23:23 화 있을진저 외식하는 서기관들과 바리새인들이여 너희가 박하와 **회향**(dill)과 근채의 십일조는 드리되 율법의 더 중한 바 정의와 긍휼과 믿음은 버렸도다 그러나 이것도 행하고 저것도 버리지 말아야 할지니라

Ⅲ-8. 고수(Coriander, 깟)

과거 우리나라에는 없던 식물로 한자어로는 고수이고 히브리어로는 깟(gad)으로 불린다. 따라서 깟의 히브리어 발음을 그대로 성경에서 명명했다. 1년생으로 보통 40-70㎝ 정도 자란다. 야생 미나리와 유사하다. 5월에 분홍색 작은 꽃들이 핀다. 꽃에서 열매가 맺히는데 마치 만나와 같다고 했다(출 16:31). 서남아시아 지역의 토착 식물로 알려져 있다. 근래 국내에서도 고수풀로 알려진 이 식물

고수(이스라엘, 예루살렘)

학명(Scientific name): *Coriandrum sativum* L.
과명(Family name): Umbelliferae(산형과)
영어(성경)이름[English (biblical) name]: coriander
한글(성경)이름[Korean (biblical) name]: 깟(씨)
한국식물명(Korean name): 고수
히브리이름(Hebrew name): 가드(גַּד, gad)
주요서식지(Natural habitat): 남유럽, 북아프리카, 서남아시아

의 씨를 얻기 위해 재배한다. 분홍색 또는 하얀색을 띠는 작은 꽃들이 우산 모양으로 무리 지어 핀다. 어린잎과 씨는 향신료로 사용된다. 열매는 황갈색으로 부드럽고 향기로운 냄새가 나는데, 이 냄새는 레몬 껍질과 사루비아를 섞은 것과 비슷하다. 씨에는 0.1-1% 정도의 정유가 들어 있으며, 그 주요 성분은 코리안드롤(coriandrol)이다. 빵, 소시지나 카레 등을 만들 때 향을 내기 위해 쓰이며, 라틴아메리카, 인도, 중국 등에서는 부드러운 어린 잎을 요리에 쓴다. 중국, 베트남 등 동남아 지역의 음식 냄새가 대부분 고수 냄새이다. 고수의 사용은 이집트 파피루스에도 기록되어 있을 정도로 오래되었다. 이 열매를 한방에서는 호유실이라고 하며 한약재로 사용한다. 기침을 멎게 하고 소화를 돕는 효과가 있다고 알려져 있다. 중국 파슬리(Chinese parsley)라고도 하며 중국 음식에 대부분 향신료로 사용한다. 그리스어 **'*korios*'는 bedbug**(빈대)**를 뜻하며**, 익숙하지 않으면 이 냄새가 역겨울 수 있는데, 빈대 냄새와 같기 때문이다.

성경적 의미(Symbolism)
- 만나의 특성을 알리기 위해 인용한 식물의 씨

출애굽 때 음식물이 부족하여 하늘로부터 공급받은 만나의 모양은 '고수풀 씨앗처럼 하얗고, 그 맛은 꿀 섞은 과자 같았다'고 설명했다(출 16:31). 만나는 고수의 씨앗 같으나 맛은 꿀맛이었던 것이다. 서리 같은 것(출 16:14)이라고도 설명했다. 만나는 사막에서 자라는 나무에 맺힌 새벽 이슬 모양을 하고 있었다. 또한 만나는 깟씨(gad)와 같고 모양은 진주와 같다고 했다.

주요성경(Main phrases)

출애굽기 16:31이스라엘 족속이 그 이름을 만나라 하였으며 깟씨(coriander) 같이 희고 맛은 꿀 섞은 과자 같았더라

민수기 11:7 만나는 깟씨(coriander)와 같고 모양은 진주와 같은 것이라

III-9. 흑겨자(Black mustard, 겨자)

흑겨자(이스라엘, 갈릴리)

학명(Scientific name): *Brassica nigra* (L.) Koch

과명(Family name): Cruciferae(십자화과)

영어(성경)이름[English (biblical) name]: black mustard

한글(성경)이름[Korean (biblical) name]: 겨자

한국식물명(Korean name): 흑겨자

히브리이름(Hebrew name): 하르달(חרדל, char'dal), 시나피(σίναπι, sinapi)

주요서식지(Natural habitat): 중동, 남유럽, 북아프리카

겨자밭(이스라엘, 갈릴리)

이 식물은 1년생으로 중동 지역에서 흔히 볼 수 있는 식물이다. 작은 씨가 촉촉한 토양에 떨어지면 잘 자라며 60-150㎝ 정도까지 자란다. 새가 깃들 정도는 된다. 겨자 꽃이 피는 시기에는 갈릴리를 중심으로 하여 주변이 겨자 꽃으로 덮인다. 우기인 2-4월에 꽃이 만발한다. 네 개의 노란 꽃잎과 네 개의 꽃받침이 있으며 둥근 네 개의 씨가 열린다. 겨자씨는 1-2㎜ 크기로 아주 작으며 매운맛을 지닌 향신료이다. 씨는 갈아서 사용하기도 하고 기름을 내어 사용하기도 한다. 이 식물은 잎도 먹는다. 제주 지방의 유채와 비슷하다. 드물기는 했지만 성경 시대에 흰겨자(*Sinapsis alba*)도 있었다. 기록에 의하면 수메르인(Sumer)들은 3,000년 전부터 식품(향신료)으로 사용했다고 한다. 한편 약으로도 사용했는데 전통적으로 근육통과 감기 치료에 사용했다. 최근에는 당뇨에도 효과가 있다고 알려져 있다.

성경적 의미(Symbolism)
- 작은 믿음의 위대함을 비유하다

예수님의 비유(마태, 마가, 누가복음)에 나오는 식물로써 향신료 중 하나인데, 씨가 작아 보잘것없는 존재 같지만 작은 것으로부터 큰 것을 이룬다는 비유로 믿음의 성장을 강조하셨다(마 13:31-32). 겨자씨가 땅에 떨어져 싹이 나면 이 일대가 겨자 밭으로 변할 정도로 번식력이 강하다. 봄이 되면 갈릴리 호수 주변에 잡초처럼 핀다. 특히 예수님이 천국 복음을 전할 때 비유로 말씀하신 성경식물이다. 실제로 예수님이 갈릴리 호숫가에서 전한 복음이 전 세계에 전달되었듯이 복음은 그곳에서 자라는 겨자의 작은 씨와 같은 생명력이 있다. 신약성경에 다섯 차례 등장한다(마 13:31, 17:20; 막 4:31; 눅 13:19, 17:7).

누가복음에서 겨자씨와 뽕나무를 비교하며 말씀하셨다(눅 17:6). 이 둘은 비교할 수 없을 정도로 하나는 작고, 하나는 크다. 겨자씨는 성경에서 작은 것을 상징하고 있다. 믿음이 아무리 작을지라도 그 믿음으로 뽕나무를 옮길 수 있다는 것을 말씀하셨다.

한편, 겨자나무에 새가 깃들기에는 너무 작은 식물이다. 따라서 학자들은 칫솔나무로 불리는 '*Savadora persica* Garc.(Savadoraceae, 사바도라과)'가 성경에서 언급한 겨자나무일 것이라고 주장하기도 한다. 겨자는 1년생이고 초본이지만, 칫솔나무는 높이가 6-7m에 달하는 큰 나무로 새가 깃들기에 충분하다는 것이다. 씨는 겨자씨보다 크기가 작다. 마태복음(마 13:31-32)에 "풀보다 커서 나무가 되며 공중의 새가 가지에 깃든다"고 기록되었다.

칫솔나무(*Savadora persica* Garc. 이스라엘, 쿰란)

특히 아랍인들은 이 나무를 겨자나무(mustard tree)라고 부른다. 이 나무의 막대기로 치아를 닦는데 사용했다. 이 식물의 잎은 먹을 수 있으며 전통적으로 샐러드에 사용한다. 겨자 맛이 나는 씨는 향신료로 사용한다.

주요성경(Main phrases)

마태복음 13:31-32 또 비유를 들어 이르시되 천국은 마치 사람이 자기 밭에 갖다 심은 **겨자씨**(mustard seed) 한 알 같으니 이는 모든 씨보다 작은 것이로되 자란 후에는 풀보다 커서 나무가 되매 공중의 새들이 와서 그 가지에 깃들이느니라

마태복음 17:20 이르시되 너희 믿음이 작은 까닭이니라 진실로 너희에게 이르노니 만일 너희에게 믿음이 **겨자씨**(mustard seed) 한 알 만큼만 있어도 이 산을 명하여 여기서 저기로 옮겨지라 하면 옮겨질 것이요 또 너희가 못할 것이 없으리라

마가복음 4:31 **겨자씨**(mustard seed) 한 알과 같으니 땅에 심길 때에는 땅 위의 모든 씨보다 작은 것이로되

누가복음 13:19 마치 사람이 자기 채소밭에 갖다 심은 **겨자씨**(mustard seed) 한 알 같으니 자라 나무가 되어 공중의 새들이 그 가지에 깃들였느니라

누가복음 17:6 주께서 이르시되 너희에게 **겨자씨**(mustard seed) 한 알만한 믿음이 있었더라면 이 뽕나무더러 뿌리가 뽑혀 바다에 심기어라 하였을 것이요 그것이 너희에게 순종하였으리라

III-10. 몰약나무(Myrrh tree, 몰약)

몰약나무(painted by the author, ⓒ 우기화)와 수지

학명(Scientific name): *Commiphora myrrha* (Nees) Engl

과명(Family name): Bruseraceae(감람나무과)

영어(성경)이름[English (biblical) name]: myrrh

한글(성경)이름[Korean (biblical) name]: 몰약(나무)

한국식물명(Korean name): 몰약나무

히브리이름(Hebrew name): 모르(מֹר, mor)

주요서식지(Natural habitat): 아라비아 반도(예멘, 오만), 에티오피아

이미지 참조 https://www.google.co.kr/search?sca_esv=39108e8eef4c5168&sxsrf=ACQVn0_UQHuIFBHAwro2bIAZ8fh6RUzPew:1710670437403&q=%EB%AA%B0%EC%95%BD%EB%82%98%EB%AC%B4&tbm=isch&source=lnms&sa=X&ved=2ahUKEwjW3f79h_uEAxXzmFYBHeUgDE0Q0pQJegQIDxAB&biw=1912&bih=932&dpr=1

몰약나무는 감람나무과에 속하는 나무로 몰약은 몰약나무로부터 얻은 수지를 말한다. 몰약나무 수피에서 나오는 방향성의 고무상 수지를 몰약(myrrh)이라고 한다. 적어도 이 나무의 다른 종이 135종이나 있다. 몰약나무는 소말리아, 에티오피아, 아랍 남부 지방 등 더운 건조 지역에서 자생하는 가시가 있는 관목이며 높이 약 2-5m이다. 잎은 보통 단엽 또는 삼복엽이며 난형이다. 나무의 꽃은 붉거나 노랗다. 열매는 핵과이다. 강수량에 따라서 건조한 지역은 일반적으로 잎과 나무의 크기가 작으며 강수량이 많은 지역은 잎과 나무의 크기도 크다. 나무 또는 나무의 수지(resin)에서 쓴맛의 향이 난다. 다른 사막의 나무처럼 줄기에 가시가 있다. 나무의 몸통은 매우 두텁고 녹색이다. 건조 시기에는 잎이 떨어지며 나무의 몸통이 광합성을 한다. 수액을 얻기 위해 나무에 상처를 주는데 이 수액이 몰약을 함유하고 있다. 건조한 지역에서 생산되는 몰약은 매우 귀하며 값이 비싸다. 의약품(치약, 상처 치료)과 향수의 원료로 사용된다. 통증을 억제하는 기능이 있어 류머티즘, 관절염 등에 사용한다. 고대 이집트의 사원에서는 이 수지를 태워 향기를 냈으며 시체의 방부 처리로 미라를 만들 때 사용했다. 실제로 가톨릭 교회에서는 아라비아나 소말리아 원산인 이 나무의 수액을 향으로 사용한다. 'Myrr'는 셈족에서 나온 단어(아람어로는 murr)이며 아람어로 '쓰다(bitter)'라는 의미를 가지고 있다. 수지는 항균 및 항진균 작용이 있다.

향품들이 대부분 아라비아에서 생산되어 수입되었다. 홍해 항구 에시온겔벨(Ezion-Gerber)을 기점으로, 쉐바(Sheba, 이디오피아), 테마(Tema, 사우디 메카), 예멘 지역이 포함된 아라비아 무역로가 이 향신료의 교역 중심 루트(Incense & Spice Route)였다.

성경적 의미(Symbolism)
- 동방박사의 구주 탄생 선물

성경에 주로 유향과 몰약은 함께 언급된다. 몰약은 예수의 탄생(마 2:11)과 죽음(막 15:23; 요 19:39)에 등장한 향유다. 동방박사들(magi)이 아기 예수의 탄생을 축하하기 위해 황금, 유향 그리고 몰약을 선물한 것으로 유명하다(마 2:11). 동방박사들은 아라비아 반도로부터 홍해를 지나는 향신료 루트를 통해 유대 베들레헴에 온 것으로 보인다. 유향과 몰약은 고대로부터 매우 귀한 것으로 여겨 왔다. 특히 몰약은 태워 제사에 주로 사용했지만, 화장품으로 사용했다. 그 외 방향제나 방부제로 사용했다.

또한, 예수를 십자가에 못 박으면서 '몰약을 탄 포도주'를 주었다(막 15:23). 그리고, 니고데모가 예수를 장사하기 위해 몰약과 침향(알로에)을 가져왔다(요 19:39).

출애굽기 30장 23절에서는 여호와께서 모세에게 몰약 500세겔(Shekel)과 250세겔의 계피 및 창포를 성막과 성소에 기름 뿌리는데 사용하라고 명하신다.

에스더 2장 12절에 처녀들이 아하수에로 왕에게 나아가기 위해 몰약을 발랐다. 에스더가 아하수에로 왕에게 나아가기 전 몸을 정결하게 하기 위해 여섯 달 동안 몰약 화장품을 사용하였다(에 1:12). 왕의 옷에도 뿌렸다(시 45:8). 여인들은 향유 주머니를 만들어서 달고 다녔다. 동방정교, 가톨릭에서는 부활절 성례 때 몰약을 사용한다.

주요성경(Main phrases)

창세기 37:25 그들이 앉아 음식을 먹다가 눈을 들어 본즉 한 무리의 이스마엘 사람들이 길르앗에서 오는데 그 낙타들에 향품과 유향과 **몰약**(myrrh)을 싣고 애굽으로 내려가는지라

에스더 2:12 처녀마다 차례대로 아하수에로 왕에게 나아가기 전에 여자에 대하여 정한 규례대로 열두 달 동안을 행하되 여섯 달은 **몰약**(myrrh) 기름을 쓰고 여섯 달은 향품과 여자에게 쓰는 다른 물품을 써서 몸을 정결하게 하는 기한을 마치며

시편 45:8 왕의 모든 옷은 **몰약**(myrrh)과 침향과 육계의 향기가 있으며 상아궁에서 나오는 현악은 왕을 즐겁게 하도다

아가 5:5 일어나 내 사랑하는 자를 위하여 문을 열 때 **몰약**(myrrh)이 내 손에서, **몰약**(myrrh)의 즙이 내 손가락에서 문빗장에 떨어지는구나

마태복음 2:11 집에 들어가 아기와 그의 어머니 마리아가 함께 있는 것을 보고 엎드려 아기께 경배하고 보배합을 열어 황금(gold)과 유향(frankincense)과 **몰약**(myrrh)을 예물로 드리니라

마가복음 15:23 **몰약**(myrrh)을 탄 포도주를 주었으나 예수께서 받지 아니하시니라

요한복음 19:39 일찍이 예수께 밤에 찾아왔던 니고데모도 **몰약**(myrrh)과 침향 섞은 것을 백 리트라쯤 가지고 온지라

Ⅲ-11. 보스웰리아(Boswellia, 유향)

보스웰리아나무와 수지(painted by the author, ⓒ 오기완)

학명(Scientific name): *Boswellia sacra* Flueckiger

과명(Family name): Bruseraceae(감람나무과)

영어(성경)이름[English (biblical) name]: frankincense

한글(성경)이름[Korean (biblical) name]: 유향

한국식물명(Korean name): 유향나무, 보스웰리아

히브리이름(Hebrew name): 레보나(לבונה, lebonah)

주요서식지(Natural habitat): 중동, 오만, 예멘, 아프리카

이미지 참조 https://www.google.co.kr/search?q=%EB%B3%B4%EC%8A%A4%EC%9B%B0%EB%A6%AC%EC%95%84+%EB%82%98%EB%AC%B4&tbm=isch&ved=2ahUKEwjDlPrG5-SEAxUcVvUHHQCsDdsQ2-cCegQIABAA&oq=%EB%B3%B4%EC%8A%A4%EC%9B%B0%EB%A6%AC%EC%95%84+%EB%82%98%EB%AC%B4&gs_lp=EgNpbWciFuuztOyKpOybsOumrOyVhCDrgpjrrLQyBRAAGIAEMgcQABiABBgYSJMiUOMJWLIfcAF4AJABAJgBjgGgAe8GqgEDOC4xuAEDyAEA-AEBigILZ3dzLXdpei1pbWfCAgQQIxgniAYB&sclient=img&ei=mRfrZYPkMJys1e8PgNi22A0&bih=932&biw=1912

유향나무 즉 보스웰리아나무로부터 얻은 수지를 유향이라 한다. 감람나무과인 유향나무의 원산지는 아라비아반도 남쪽의 오만과 예멘 및 인접국인 아프리카 소말리아로 알려져 있다. 유향은 남아라비아와 동아프리카를 가로지르는 유명한 향(신)료 루트(Incense & Spice Route)를 통해 대상들에 의해 이스라엘로 수입되었다. 아라비아 반도에서는 5,000년 전부터 거래되었다.

보스웰리아(유향나무)는 보통 2-8m 정도 자라는 낙엽성 관목이다. 잎은 줄기를 따라 쌍엽으로 자란다. 연한 녹색의 꽃은 작으며 5개의 꽃잎은 가지고 있다. 건조한 산악 지역의 비탈에서 자란다. 7-10년 정도의 나무에서 수지를 채취할 수 있다. 나무의 몸통에 상처를 주면 우유 빛 수액이 흘러나오며 공기와 접촉하면 굳어져서 손으로 채취한다. 주로 향수의 원료로 사용하며 특히 **관절염 치료** 효과가 있다고 알려져 있다. 향은 기관지 천식에도 효과가 있다. 그 외 여러 질환에 효과적인 것으로 알려져 건강식품으로 제품화되었다. 주 성분은 보스웰릭산(β-boswellic acid)이다. 이 나무의 학명에 스웨덴의 식물학자 John Boswell이라는 이름이 붙여졌다. 당시 몰약은 방부제나 제사 때 향(료)로, 보스웰리아(향유)는 질병치료나 향(신)료로 사용한 것 같다. 일반적으로 몰약의 수지는 검으며 보스웰리아 수지는 밝은 빛이다. 유사 식물로 '*Boswellia carterii*'가 있다.

성경적 의미(Symbolism)
- 구주 탄생 선물

동방박사(magi)들이 아기 예수의 탄생을 축하하기 위해 황금, 유향 그리고 몰약을 선물한 것으로 유명하다(마 2:11). 당시 동방박사들이 가지고 온 유향은 보스웰리아(boswellia) 수지(resin)라고 알려져 왔다. 이 향유는 오만과 예멘의 특산품이다. 한편 질병의 치료제로 사용된 이 수지는 유대의 중요한 교역품이었다. 유향은 향기나는 삶과 치료를 의미한다고 하겠다. 많은 성경에서 향료 또는 향품(incense)을 유향으로 번역하기도 했고, 이 향료는 제사 때 향을 내는데 사용했다. 그 외 향료를 만드는 재료는 다양하다.

주요성경(Main phrases)

마태복음 2:11 집에 들어가 아기와 그의 어머니 마리아가 함께 있는 것을 보고 엎드려 아기께 경배하고 보배합을 열어 황금과 **유향**(frankincense)과 몰약을 예물로 드리니라

요한계시록 18:13 계피와 향료와 향과 향유와 **유향**(frankincense)과 포도주와 감람유와 고운 밀가루와 밀이요 소와 양과 말과 수레와 종들과 사람의 영혼들이라

Ⅲ-12. 매스틱나무(Mastic tree, 길르앗 향유)

매스틱나무(이스라엘, 갈릴리)

학명(Scientific name): *Pistacia lentiscus* L.
과명(Family name): Anacardiaceae(옻나무과)
영어(성경)이름[English (biblical) name]: (mastic) resin of Gilead
한글(성경)이름[Korean (biblical) name]: 유향, 길르앗 향유
한국식물명(Korean name): 매스틱나무
히브리이름(Hebrew name): 쩨리(צְרִי, tzeri)
주요서식지(Natural habitat): 중동, 이베리아 반도, 유럽

Mastic 수지(aromatic resin)는 그리스 에게해에 있는 히오스(Chios)섬에서 자라는 옻나무과 식물인 매스틱나무(mastic tree)의 수액에서 만들어지는 천연수지다. 나무의 몸통에 상처를 내면 마치 눈물방울이 떨어지는 것 같아 '**히오스의 눈물(tears of Chios)**'이라고 부른다. 이 나무는 바다가 가까운 염분 및 석회암 토양 지역에서 잘 자라는 상록교목 또는 관목이다. 또한 성경 시대 **유대지역의 특산물(resin of Gilead)**이기도 했다. 이 레진(resin)은 '향유(Balm)'를 만드는 재료로 사용한다.

이 나무는 1-3m 정도 자란다. 바위 틈 사이에서 자라며 수지의 향이 강하다. 이 나무 주변에서 많은 향기가 난다. 한 줄기에 잎은 쌍엽으로 8개가 붙어있고 털이 있으며 뾰족하다. 어린 나무는 붉은색이고 고목은 회색 빛을 보인다. 꽃은 3-4월에 핀다. 익기 시작할 때는 붉은색이지만 나중에는 검다. 열매(약 4㎜)는 핵과(drupe)이며 식용으로 사용한다. 여름부터 가을에 이 나무 몸통에 상처를 내어 흐르는 우윳빛 방향성 수액을 수집한다. 수지는 방부제로 사용한다. 또한, 그리스 로마 시대에 어린이들이 씹었던 껌(gum)으로 잘 알려져 왔다. 술탄(Sultan)은 이 껌을 씹는 것을 특권으로 여겼다. 껌, 아이스크림, 과자, 빵 등의 원료로 사용된다. 술에 이 향료를 넣으면 'mastic wine'이 된다.

이 수지는 '**De Materia Medica**[약용식물에 관한 로마 **약전**으로 로마 군대의 그리스 의사 디오스코리데스(Pedanius Dioscorides)'에 의해 AD 50-70년 사이에 작성]에 수록될 정도로 유명하다. 소화기계통의 질환에 사용했다. 이를 기반으로 한 연구에서는 이 수지가 위의 헬리코박테리아를 죽이는 효과가 있다고 한다. 최근에는 세균성 치과 질환의 예방에 효과가 있다고 알려져 있다. 오스만 제국 시대에는 금값과 비교할 만큼 고가였다.

성경적 의미(Symbolism)

- 길르앗의 특산품이며 이스라엘의 수출품

학자들은 시편 84편 6절에 히브리어 '눈물(Baka) 골짜기'를 언급했는데 이는 매스틱나무(mastic tree)로 덮여 있는 골짜기(valley)를 뜻하는 것으로, 히브리어 'bathe'는 '울다(cry 또는 weep)'의 뜻이다. 이 나무로부터 분비되는 액을 눈물이라고 생각했다. 영어성경의 바카 계곡(Baka valley)은 예루살렘에서 가까운 곳으로 많은 메스틱나무로 덮여 있는 곳이다. 이 향유는 유대 땅에서 흔히 생산되는 향품이다. 따라서 이스라엘 특산품이다.

이스마엘 사람들이 길르앗에서 유향(mastic resin)을 사서 이집트로 내려갈 때 요셉의 형들이 이들에게 요셉을 팔았던 기록이 있다(창 37:25). 한편, 이사야 선지자는 길르앗에 유향이 있다고 했다(렘 8:22, 46:11). 당시 이 유향은 길르앗에서 주로 생산된 것으로 추측된다. 또한 야곱은 양식을 구하기 위해 아들들을 이집트로 보내면서 그들의 안전을 비는 마음으로 '이 땅의 아름다운 소산'인 유향을 예물로 요셉에게 보냈다(창 43:11). 레위기에서 유향(mastic resin)은 소제 또는 화제에 사용했다(레 2:15-16).

질병 치료제로 사용된 이 수지는 엔게디(En Gedi)와 여리고에서도 자랐으며 수요가 많아 유대의 중요한 수출품이었을 것으로 추측된다. 매스틱 수지는 유대지역에서 많이 생산되는 향유다. 또한, 이 향유는 치료효과가 뛰어나서(렘 8:22) 길르앗에서 생산되는 유향을 가져다가 백성들을 치료하라고 했다.

주요성경(Main phrases)

창세기 37:25 그들이 앉아 음식을 먹다가 눈을 들어 본즉 한 무리의 이스마엘 사람들이 길르앗에서 오는데 그 낙타들에 향품과 ***유향**(balm)과 몰약을 싣고 애굽으로 내려가는지라

창세기 43:11 그들의 아버지 이스라엘이 그들에게 이르되 그러할진대 이렇게 하라 너희는 이 땅의 아름다운 소산을 그릇에 담아가지고 내려가서 그 사람에게 예물로 드릴지니 곧 **유향**(balm) 조금과 꿀 조금과 향품과 몰약과 유향나무 열매와 감복숭아이니라

레위기 2:15-16 그 위에 기름을 붓고 그 위에 #**유향**(incense)을 더할지니 이는 소제니라 제사장은 찧은 곡식과 기름을 모든 **유향**(incense)과 함께 기념물로 불사를지니 이는 여호와께 드리는 화제니라

아가 4:6 날이 저물고 그림자가 사라지기 전에 내가 몰약 산과 **유향**(incense)의 작은 산으로 가리라

예레미야 8:22 길르앗에는 **유향**((balm)이 있지 아니한가 그곳에는 의사가 있지 아니한가 딸 내 백성이 치료를 받지 못함은 어찌됨인고

*영어성경에는 balm으로 한글성경에는 유향으로 번역했다.
#영어성경에는 incense로 한글성경에서는 유향으로 번역했다.

Ⅲ-13. 반일화(Rock-rose, 향품)

반일화와 수지(ladanum, 이스라엘, 예루살렘)

학명(Scientific name): *Cistus creticus* L.
과명(Family name): Cistaceae(시스투스과)
영어(성경)이름[English (biblical) name]: rock rose(gum ladanum)
한글(성경)이름[Korean (biblical) name]: 향품
한국식물명(Korean name): 반일화
히브리이름(Hebrew name): 롯(לט, loth)
주요서식지(Natural habitat): 지중해 동부, 중동 산악(이란), 스페인

출처 Zinnmann(https://commons.wikimedia.org/wiki/ File:Deutsches_Apothekenmuseum_-_Ladanum.jpg), https://creativecommons.org/licenses/by/4.0/legalcode

시스투스과(Cistaceae) 식물들은 대략 20여 종이 있다. 라다넘 검(gum ladanum)은 주로 반일화의 잎에서 추출한 끈적한 갈색 수지를 다른 향료와 혼합해 만든 것이다. 히브리 이름 'loth'은 '수지(resin)'를 뜻한다(창 37:25, 43:11). 부드러운 털을 지닌 이 식물(rock-rose)은 건조한 토양에서 발견되는 여러해살이 관목으로, 모로코, 포르투갈에서 중동에 이르는 지중해 분지와 카나리아 제도에도 서식한다. 언덕길 바위 사이에서 흔히 발견된다(rock-rose). 우리나라의 산철쭉과 비슷하다. 중동에서는 건조한 해안에 분포한다. 1m 정도 낮게 자라는 상록수이다. 난형(ovate)의 잎이 마주 나며 색은 약간 어두운 녹색이다. 잎과 줄기에는 다량의 오일이 들어있고 향기 나는 끈적끈적한 수지가 분비된다. 주름 잡힌 핑크색 꽃이 활짝 퍼진다. 꽃잎의 길이는 6㎝ 정도다. 꽃잎은 5개로 핑크색이다. 꽃 수술은 노랗고 꽃가루는 풍부하며 향기를 풍긴다. 꽃은 보통 3월과 5월 사이에 핀다. 반일화는 이름대로 아침 일찍 꽃이 피고 오후에는 꽃잎이 진다.

수지가 더운 낮에 염소의 수염에 묻으면 목동은 저녁에 염소로부터 그 수지를 걷어냈다. '아랍 라단(Arabic Ladan)'으로도 알려져 있다. 부드럽고 어두운 갈색 또는 약간 검은색 수지다(sticky brown resin). 제사 때 향품(incense) 또는 향료를 만드는 재료로 사용된다. 요사이는 주로 향수 및 연고를 만드는데 사용한다. 맛은 쓰며 약을 만드는데도 사용했다. 반일화 수지는 중세로부터 유럽에서는 감염된 상처 및 궤양 치료를 위해 사용되었고, 설사나 이질, 카타르 등에 사용 되었다.

타라가칸스(*Astragalus gummifer* Labill)

성경 시내 또 향품의 하나로 여겨지는 식물이 있다. 타라가칸스 검(Gum Tragacanth)으로 학명은 'Astragalus gummifer Labill' 이다. 사계절 푸르름을 유지하는 작은 관목으로 키가 30㎝ 정도 자라며 30㎝ 정도 넓게 자란다. 해발 1,200-2,600m의 사막 계곡이나 고원 산악지대에서 자란다. 섭씨 영하 10도에서도 견딘다. 햇빛과 건조에 강하다. 이란, 이라크 등 서아시아가 원산이다. 이스라엘에는 헬몬산에 자생한다. 목동들이 채취하여 무역상들에게 팔았다고 한다. 꽃이 마치 별빛처럼 흩어져 있어서 학명에 별을 칭하는 라틴어 astr(o)a(별)가 들어있다. 타라가칸스 검은 이 나무 상처를 감염과 곤충으로부터 보호하기 위해 방어적으로 자연스럽게 액이 나오게 되는데 햇빛과 공기와 접촉하여 굳어진 것이다. 무색, 무미, 무취로 물에 잘 녹으며 여러 향을 섞을 때 사용한다. 아이스크림 등 식품에 첨가물로 사용한다. 암의 치료에 사용하는데 면역력을 높이는 효과가 있다. 유화제로도 사용한다.

성경적 의미(Symbolism)
- 제사 때 사용하는 향품

솔로몬이 성전에서도 사용했던 라다넘 검(gum ladanum, 섞은 향료로 분향할 때 쓰는 향)은 여러 가지 재료를 섞어 만든 향료로 제사 등에 주로 사용했다(삼상 8:13). 어떤 향신료를 섞었는지는 분명하지 않다. 이 수지에 대해 'Cistaceae' 과의 반일화(rock-rose)를 대표적으로 언급한 이유는 이 식물의 잎에서 수지를 얻어 실제로 향수나 향료의 기제로 널리 사용했기 때문이다.

주요성경(Main phrases)

예레미야 46:11 처녀 딸 애굽이여 길르앗으로 올라가서 유향(balm)을 취하라 네가 치료를 많이 받아도 효력이 없어 낫지 못하리라

에스겔 27:17 유다와 이스라엘 땅 사람이 네 상인이 되었음이여 민닛 밀과 과자와 꿀과 기름과 유향(balm)을 네 물품과 바꾸어 갔도다

Ⅲ-14. 동양풍나무(Oriental amber tree, 소합향)

중동 지역에서 오래전부터 사용하던 소합향(蘇合香, balm)은 튀르키예가 원산인 동양풍나무(*Liquidambar orientalis*)에서 추출된 수지를 말한다. 중국에서 소합국(蘇合國)은 이란(Iran)을 일컫는 말이다. 여기서 소합향이 유래된 것 같다. 나무 전체에서 방향성 향기가 날 뿐 아니라 수지에서도 강한 향기가 난다. 이 나무의 표피로부터 나오는 노란-갈색 수액은 오랫동안 지역 경제에 도움이 되었다. 주성분은 발사믹산(balsamic acid)이다. 'Balsam'의 뜻은 '유쾌한 향기'를 뜻한다. **성경에서 나오는 밤(balm)은 발삼(balsam)이며 중국의 소합향(蘇合香, 때죽나무 Styrax)이 아니고 동양풍나무 수지로부터 만든 향료이다.** 레진(resin)은 향유를 만드는 재료로 사용한다.

지중해 지역에 자생하는 낙엽수로 튀르키예 서남부 지역과 키프러스, 로도스(Rhodos) 섬 등 지중해 섬에 분포하고 있다. 비옥하고 습한 강변 및 해변 경사진 곳에서 잘 자란다. 키가 10m로 큰 나무다. 몸통 둘레는 1-5m 정도 된다. 피라미드 형태로 자란다. 3-4월에 꽃이 핀다. 가을에 단풍이 들면 진홍색으로 아름답다. 성경 시대에는 튀르키예, 레바논에서 자랐다고 한다. **동남아의 *Styrax officinalis*(-Styrax, 때죽나무)에서 추출하는 벤조인 레진(benzoin resin)과는 다른 것이다.** 이를 중국에서는 소합향(蘇合香, gum resin)으로 부른다.

성경적 의미(Symbolism)

제사 때 사용하는 향품

동양풍나무 resin(소합향)은 성경 시대 이전부터 교역한 상품으로 알려졌다. 아랍인들은 이 상품의 근원에 대해 매우 비밀스럽게 취급했으며 이들에 의해 이 물품이 통제되었다. 출애굽기에 1회 나온다(출 30:34). 이 향료는 거룩한 기름의 제조에 쓰인 네 성분 중 하나로, 성경에서는 세 가지 향품 중 'Stacte'를 소합향으로 언급했다. 영어성경에는 'stacte'를 'balm'으로 언급하기도 한다.

동양풍나무와 수지(레바논)

학명(Scientific name): *Liquidambar orientalis* Miller
과명(Family name): Altingiaceae(알팅기아과)
영어(성경)이름[English (biblical) name]: oriental amber tree (gum resin, balm)
한글(성경)이름[Korean (biblical) name]: 유향
한국식물명(Korean name): 동양풍나무, 소합향
히브리이름(Hebrew name): 나타프(נטף, natap)
주요서식지(Natural habitat): 중동, 이스라엘 길갈, 지중해, 그리스 섬

출처 https://www.google.co.kr/search?q=%EC%86%8C%ED%95%A9%ED%96%A5+%EC%88%98%EC%A7%80&tbm=isch&ved=2ahUKEwiAzrj55uSEAxWTefUHHaU8BlYQ2-cCegQIABAA&oq=%EC%86%8C%ED%95%A9%ED%96%A5+%EC%88%98%EC%A7%80&gs_lp=EgNpbWciEOyGjO2Vqe2WpSDsiJjsp4BIvBNQjghYhRFwAXgAkAEAmAGbAaABigWqAQM0LjK4AQPIAQD4AQGKAgtnd3Mtd2l6LWltZ8ICBBAjGCfCAgcQABiABBgYiAYB&sclient=img&ei=9xbrZcD2DpPz1e8PpfmYsAU&bih=932&biw=1912

주요성경(Main phrases)

출애굽기 30:34-36 여호와께서 모세에게 이르시되 너는 **소합향**(gum resin)과 나감향과 풍자향의 향품을 가져다가 그 향품을 유향에 섞되 각기 같은 분량으로 하고 그것으로 향을 만들되 향 만드는 법대로 만들고 그것에 소금을 쳐서 성결하게 하고 그 향 얼마를 곱게 찧어 내가 너와 만날 회막 안 증거궤 앞에 두라 이 향은 너희에게 지극히 거룩하니라

Ⅲ-15. 페룰라[Giant fennel, 풍자향(Galbanum)]

페룰라와 풍자향(튀르키예, 이스탄불)

학명(Scientific name): *Ferula communis* L.

과명(Family name): Apiaceae(미나리과)

영어(성경)이름[English (biblical) name]: giant fennel(galbanum, ferula resin)

한글(성경)이름[Korean (biblical) name]: 풍자향

한국식물명(Korean name): 페룰라

히브리이름(Hebrew name): 헤르브나(חֶלְבְּנָה, helbenah)

주요서식지(Natural habitat): 이란, 중동

출처 https://www.bing.com/images/search?view=detailV2&ccid=JTFaK8Dx&id=9FE091327B9F692A42EC89416497869FE0FC4D10&thid=OIP.JTFaK8DxcZbxGj-IQGiPzQHaE8&mediaurl=https%3a%2f%2frawtradersinc.ca%2fwp-content%2fuploads%2f2021%2f04%2fGALBANUM-RESIN-1536x1024.jpg&exph=1024&expw=1536&q=ferula+resin&simid=608008619220089520&FORM=IRPRST&ck=E54989D5BE5F00D45D7B25B559297A93&selectedIndex=15&itb=0&ajaxhist=0&ajaxserp=0

* Onycha(나감향)

달팽이 같은 연체 복족류(sea snail)의 튀어나온 숨문 뚜껑 등을 태워 만든 향 재료다. 여호와를 위한 거룩한 기름 제조에 쓰였다(출 30:34). 어떤 학자는 '*Cistus ladanifer*' 식물에서 추출한 '랍다눔(labdanum)'일 것이라고 주장했으나 홍해, 지중해에 사는 조개류의 껍질을 갈아 만든 향품이라고 알려져 있다. 고대 사회에 널리 쓰인 향품으로 성막의 궤 앞에서 태우는 거룩한 향이었다(출 30:34). 나감향은 소합향, 풍자향과 함께 분향단에서 사르는 향으로 쓰였다.

페룰라(Ferula)속 식물에서 생산되는 수지가 풍자향(ferula resin, galbanum)이다. 풍자향을 뜻하는 히브리어 '헤르브나'는 '기름지고 비옥한'의 뜻을 가진 '헬베나(helbenah)'에서 유래되었다. 대표적인 식물인 '*Ferula comminis*(*F. albaniflua* Boiss)'는 중동과 중앙아시아 원산으로 건조한 지역에서 잘 자라는 미나리과 다년생 식물이다. Ferula 식물이 적어도 150여 종이 있다고 알려져 있다. 이스라엘 지역에는 7-8종 서식한다. Ferula 식물은 매우 빨리 자란다. 'Ferula'는 'Latin에서 유래했으며 줄기가 매우 긴 식물로 '장대 또는 지팡이'를 뜻한다. 보통 2-4m 정도 자란다. 잎은 세 개이며 꽃은 산형화로 8-12월에 노랗게 핀다. 이 식물의 밑부분을 자르거나 상처를 주면 고무처럼 수지가 나온다. 수지의 함량이 50%나 되며 주로 줄기의 낮은 부분과 잎의 두터운 부분으로부터 고무 수지를 추출한다. 뿌리 가까운 부분의 줄기를 자르면 유액이 흘러나오는데 이 유액은 금방 굳어져 고체 상태의 수지 덩어리가 된다. 금방 흘러나온 페룰라 수지는 진주 빛이 나는 흰색을 띠고 있다가 공기와 접촉하게 되면서 바로 변하는데 처음에는 분홍색을 띠다가 나중에는 적갈색이 되면서 굳어지게 되는데 강한 향이 난다(galbanum). 거담제, 구풍제, 항경련 등의 약품으로 사용했다. 방부제로 사용하였으며 제사 때 태워 향으로 사용했다. 뱀에 물렸을 때 먹으면 해독작용이 있다고 알려져 있다.

페룰라 마른 줄기는 가벼워서 고대로부터 버릇없는 학동들을 위한 매(회초리)나, 어른들의 지팡이로 사용했다. 부러진 뼈를 지지하는 부목으로도 사용했다. 이란 등 아랍 사람들은 뿌리를 향료나 의약품으로 사용했다. 뿌리에 들어있는 수지는 최근 많은 관심을 가지고 의학적 연구가 진행되고 있으며 페룰산(ferulic acid)이 주성분이다.

성경적 의미(Symbolism)
- 금 가격과 비교될 만큼 매우 값비쌌던 향품

중동과 아시아 지역에서 자라는 ferula속 식물로부터 얻는 향신료로 금 가격과 비교할 정도로 값이 비싼 물질이었다. 성막의 성소 안에 있는 금 향단에 피웠던 향 중의 하나였다. 출애굽기 30장 34절에 1회 나온다. 여러 향품을 섞어 사용했음을 알 수 있다. 한편, 이 식물의 줄기로 지팡이를 만드는데 가톨릭 예식 때 교황이 드는 나무십자가를 **'Papal Ferula'** 라고 하며 ferula 줄기를 사용한다.

주요성경(Main phrases)

출애굽기 30:34 여호와께서 모세에게 이르시되 너는 소합향과 나감향(onycha)과 풍자향(galbanum)의 향품을 가져다가 그 향품을 유향에 섞되 각기 같은 분량으로 하고

Ⅲ-16. 창포(Calamus, 대나무)

창포(한국, 충북 옥천)

학명(Scientific name): *Acorus calamus*
과명(Family name): Araceae(천남성과)
영어(성경)이름[English (biblical) name]: calamus[sweet (fragrant) cane (flag)]
한글(성경)이름[Korean (biblical) name]: 창포, 대나무
한국식물명(Korean name): 창포
히브리이름(Hebrew name): 카네(קָנֶה, qeneh, 향기로운 갈대의 뜻)
주요 서식지(Natural habitat): 인도, 중앙아시아, 남러시아, 중국

인도가 원산지이며, 주로 강이나 호수 주변 습지에서 자란다. 북유럽과 아시아 지역에 넓게 분포되어 있다. 다년생 초본으로 30-100㎝ 정도 자란다. 붓꽃과 유사해 구별하기가 쉽지 않다. 이 식물은 근경이 뻗어 나가 퍼진다. 잎은 연녹색이고, 아래는 흰색, 노란색 및 핑크색이다. 잎과 근경을 비비면 향기로운 냄새가 난다(붓꽃과 다른 점). 꽃은 원기둥 모양으로 잎사이에서 나며 흰색이다. 적색

의 열매는 7-8월경에 달린다. 주로 잎으로부터 추출된 기름은 향유나 향품으로 사용되었다. 술, 의약품, 화장품 및 파이프 담배의 향을 내는데 사용한다. 위장 질환에도 사용했으나 뿌리는 독성이 있다. 창포 오일은 화장품의 원료 및 알코올 음료에도 사용했다.

십자군 기독교인의 상징
(The Symbol of Crusade Christianity)

12세기 십자군의 문양은 이 창포(또는 붓꽃) 모양에서 유래되었다. 루이 7세(Louis VII)가 이끄는 십자군으로 'flower of Louis VII(fleur de Louis VII, 루이스 7세 꽃)'라 불린다. 이후 이 식물과 유사종인 흰 아이리스(iris, 붓꽃)는 프랑스의 국화가 되었다.

성경적 의미(Symbolism)

왕, 제사장 및 선지자 등에 기름을 부어 성별한 의식에 필요한 관유(anointing oil, 올리브유에 계피, 창포, 몰약 등을 섞어 만듦)를 만드는데 사용했다. 향품으로 번역한 성경의 원래 히브리어는 '향기로운 갈대(토브 카네)'라는 뜻이다. 그리스어 'calamus'는 '갈대(reed) 또는 줄기(stalk)'의 뜻을 가지고 있다. 성경 시대 인도나 중국에서 소아시아 등 다른 나라로 수출했던 식물이다. 유대인들도 이 식물의 향품을 수입했을 것으로 보인다. 이집트의 파라오 무덤에서도 창포가 발견되었다. 창포의 모양이 갈대와 비슷하기 때문에 향기로운 갈대라는 이름을 붙여 사용했을 것이다. 왕궁에서 향료로 사용했다.

주요성경(Main phrases)

출애굽기 30:23 너는 상등 향품을 가지되 액체 몰약 오백 세겔과 그 반수의 향기로운 육계 이백오십 세겔과 향기로운 **창포**(calamus) 이백오십 세겔과

아가 4:14 나도와 번홍화와 **창포**(calamus)와 계수와 각종 유향목과 몰약과 침향과 모든 귀한 향품이요

에스겔 27:19 워단과 야완은 길쌈하는 실로 네 물품을 거래하였음이여 가공한 쇠와 계피(cinnamon)와 **대나무**(calamus) 제품이 네 상품 중에 있었도다

III-17. 나드(Spikenard, 나도)

나도 풀(painted by the author, ⓒ 오기완)

학명(Scientific name): *Nardostachys jatamansi* (Wall.) DC.

과명(Family name): Valerianaceae(마타리과)

영어(성경)이름[English (biblical) name]: spikenard(nard)

한글(성경)이름[Korean (biblical) name]: 나드, 나도

한국식물명(Korean name): 나드, 감송

히브리이름(Hebrew name): 네르드(נֵרְדְּ, nerd)

주요서식지(Natural habitat): 인도, 히말라야, 중국 등

이미지 참조 https://m.cafe.daum.net/thefirstshalom/7N0t/176?listURI=%2Fthefirstshalom%2F7N0t

나드(나르도, Nard)는 영어식 표현이며, 산스크리트어인 '날라다(nalada)'에서 온 말이다. 히브리어로는 '네르드(nerd)'로 '향기를 뿜어내다'라는 뜻을 가지고 있다. 이 식물은 팔레스타인 지역에서는 자라지 않았으며 원산지는 히말라야 또는 인도 등으로 알려져 있다. 따라서 나드 향유는 전량 인도에서 계피와 함께 수입했을 것이다.

나드는 핑크색 종모양의 꽃이 피는 식물로 마타리과 다년생 초본식물이다. 히말라야 고지대(해발 4,000m)에서 자라며 키는 15-30㎝ 정도다. 이 식물의 잎은 매끄러우며 좁고 긴 타원형으로 마주나는 잎차례를 가진다. 우산 모양의 꽃은 연분홍 혹은 푸른색을 띤다. 6-7월경에 꽃이 피며 9-10월에 열매를 맺는다. 이 식물의 줄기 및 뿌리로부터 방향성이 강한 오일을 얻는다. 나드 향유를 얻기 위해서는 10-12월에 나드의 뿌리를 채취하여야 한다. 야생 나드가 희귀하고, 한아름의 뿌리를 찌면 겨우 몇 방울의 향유를 얻을 수 있기 때문에 매우 고가로 판매되었다.

최근 연구에 의하면 나드는 신경안정효과와 불면을 경감시키는 효과(aromatherapy)가 있다고 알려져 있다. 휘발성이 강해 견고히 밀봉해야 오랫동안 보존할 수 있다. 따라서 밀봉을 했다가 사용할 때는 용기를 깨뜨려서 사용하게 된다. 당시 중동에서는 여자들의 머리에 바르는 기름으로 사용했다. 인도 및 히말라야 지역에서는 종교 행사에 주로 사용했다. 현재 상업적 채취는 중단되었다.

성경적 의미(Symbolism)
- 값비싼 향유, 예수님의 발 아래 쏟아붓다

신약 복음서에 한 여인(마리아)이 예수님께 향유를 발에 쏟아 붓는 모습이 나온다(막 14:3; 눅 7:37-38; 요 12:3). 베다니 시몬의 잔칫집에서 마리아가 옥합을 깨뜨려 예수의 발(머리)에 부은 향유가 나드로 알려져 있다. 예수님에 대한 헌신과 감사와 사랑을 값비싼 향유를 모두 부어 증명했다. 믿음의 행위가 어떠해야 하는지를 보여주는 행동이다. 나드 향품을 담아두는 그릇(옥합)이 팔레스타인 지역에서 발견되었다. 그릇의 크기가 100g 정도로 알려져 있고, 이는 약 300데나리온에 해당된다고 한다. 당시 300데나리온은 당시 노동자의 1년 임금에 해당된다.

구약 아가서 1장 12절과 4장 13-14절에서 솔로몬은 신랑과 신부의 사랑을 연관하여 노래했다. 신부는 "왕이 침상에 앉았을 때에 나의 나드 기름이 향기를 뿜어냈구나(아 1:12)"고 말했다. 나드의 존재는 서로에 대한 사랑과 열정으로 표현된다. 한글 구약에서는 나도로, 신약에서는 나드로 각각 이름했다.

주요성경(Main phrases)

아가 1:12 왕이 침상에 앉았을 때에 나의 **나도**(nard) 기름이 향기를 뿜어냈구나

아가 4:13 네게서 나는 것은 석류나무와 각종 아름다운 과수와 고벨화와 **나도**(nard)풀과

마가복음 14:3 예수께서 베다니 나병환자 시몬의 집에서 식사하실 때에 한 여자가 매우 값진 향유 곧 순전한 **나드**(nard) 한 옥합을 가지고 와서 그 옥합을 깨뜨려 예수의 머리에 부으니

누가복음 7:37-38 그 동네에 죄를 지은 한 여자가 있어 예수께서 바리새인의 집에 앉아 계심을 알고 향유(nard) 담은 옥합을 가지고 와서 예수의 뒤로 그 발 곁에 서서 울며 눈물로 그 발을 적시고 자기 머리털로 닦고 그 발에 입맞추고 향유(nard)를 부으니

요한복음 12:3 마리아는 지극히 비싼 향유 곧 순전한 **나드**(nard) 한 근을 가져다가 예수의 발에 붓고 자기 머리털로 그의 발을 닦으니 향유 냄새가 집에 가득하더라

Ⅲ-18. 알로에(Aloe, 침향)

알로에(Aloe)는 아랍어에서부터 유래했는데 '쓰다(bitter)'라는 뜻을 가지고 있다. 다년생 상록 열대성 초본이며 적어도 300여 종이 알려져 있다. 원산지는 남아프리카 케이프타운(Cape Town) 또는 아라비아 반도로 알려져 있으며 특히 아라비아 해의 소코트라(Socotra) 섬에 대량 서식하고 있다. 또한 일부 종은 원산지가 마다가스카르(Madagascar)섬으로도 알려져 있다. 집단을 이뤄 서식하는 식물이다. 잎은 아주 두텁고 다량의 쓴 수액을 함유하고 있다. 꽃은 붉고 여름에 핀다. 이 식물은 보통 1-2m 정도 자란다. 폴리페놀(Polyphenol)이 다량 함유되어 있어서 면역력 증진에도 효과가 있다고 알려져 있다. 또한 쓴맛의 안트라퀴논(anthraquinone)이 함유되어 있어 완하제로 사용한다. 현재는 화장품 또는 의료 목적으로 대량 재배된다. 고대

알로에(이스라엘, 갈릴리)

학명(Scientific name): *Aloe vera* L., *A. succotrina*
과명(Family name): Liliaceae(백합과)
영어(성경)이름[English (biblical) name]: aloe
한글(성경)이름[Korean (biblical) name]: 침향
한국식물명(Korean name): 알로에
히브리이름(Hebrew name): 알바(אלוי, alva)
주요서식지(Natural habitat): 마다가스카르, 중앙아프리카

이집트 사람들은 이 식물이 특별한 힘이 있는 것으로 믿었다. 장수나 성공적인 삶을 위해 집문 위에 이 식물을 매달았다.

'*Aloe barbadensis*' 종이 성경에서 언급한 식물로 알려져 있다. 다른 이름으로는 '*Aloe vera*'다. 최근에는 교배를 통해 매우 아름다운 꽃이 피는 식물이 되었다. 성경 당시 이집트에서 재배되었으며 죽은 자의 방부 처리를 위해 사용되었다. 소말리아, 이디오피아 등 아프리카 일부 지역에서는 무덤 주변에 심기도 한다. 성경학자들은 다른 종류의 알로에인 '*Aloe succotrina*'를 말하기도 하는데 이는 이스라엘과 가까운 아라비아 해의 작은 섬인 소코트라 섬에서 많이 발견되었기 때문이다.

성경적 의미(Symbolism)
- 니고데모가 예수님의 장례를 위해 가져오다

이스라엘 인터넷 저서 'Plants of the Bible(성경식물)'에 의하면 신약성경과 구약성경의 알로에는 다르다고 했다. 신약성경 요한복음에 침향으로 번역한 것은 알로에며, 구약에서는 침향나무라고 여겨진다. 알로에는 오늘날 재배를 통해서 흔한 식물이 되었지만 성경 시대 중동 지역에서는 매우 희귀한 야생식물로 알려졌다. 특히 시신 처리를 매우 중요시 여겼던 이들에게 알로에는 매우 중요한 물품이었다. 요한복음 19장 39-40절에 니고데모(Nicodemos)가 예수의 시신을 장사하기 위해 몰약과 알로에 혼합물을 가져왔다. 다른 향료와 혼합하여 시신을 장사하는데 사용했다.

주요성경(Main phrases)

요한복음 19:39-40 일찍이 예수께 밤에 찾아왔던 니고데모도 몰약과 침향(aloes) 섞은 것을 백리트라쯤 가지고 온지라 이에 예수의 시체를 가져다가 유대인의 장례 법대로 그 향품과 함께 세마포로 쌌더라

Ⅲ-19. 침향(Ligno aloes, 침향목)

침향나무와 침향(베트남, 호치민)

학명(Scientific name): *Aquilaria agallocha 'Roxb.'*

과명(Family name): Thymelaeceae(팥꽃나무과)

영어(성경)이름[English (biblical) name]: ligno aloes, agarwood

한글(성경)이름[Korean (biblical) name]: 침향(목)

한국식물명(Korean name): 침향

히브리이름(Hebrew name): 아할롯(אֲהָלוֹת, ahaloth)

주요서식지(Natural habitat): 인도, 동남아

팥꽃나무과 침향속 식물로 주로 인도, 인도네시아, 방글라데시, 필리핀 등 동남아시아에 자생한다. 최근에는 동남아 여러 나라에서 재배하고 있다. 10m 정도로 높게 자라는 상록교목이다. 침향은 침향나무에 특정한 동물, 곤충 및 곰팡이(*Phialophora parasitica*)가 침투했을 때 상처가 생겨 많은 수지가 생성되고 오랜 기간 동안 목재 안에서 굳어져 독특한 향을 지닌 것이 특징이다. 방향성 수지가 들어있는 목재가 침향(ligno aloes)이다. 침향은 무거워 물에 가라앉는다. 인도 등 동남아에서 생산되며 중동 지역에서 제사 때 향을 피우기 위해 수입한 것으로 보인다. 베트남에서 다량 생산되며 나무에 인위적으로 상처 구멍을 내어 침향을 생산한다. 침향은 아로마테라피, 건강식품 및 의약품으로 사용된다.

III 약초와 향신료

성경적 의미(Symbolism)
- 인도 등에서 수입된 귀한 향품

구약 시대 침향(목)은 신약의 침향(알로에)과는 다른 것으로 여겨진다. 구약(민 24:6; 시 45:8; 잠 7:17; 아 4:14)의 히브리어 성경에서의 침향은 'ahalim(ahaloth)'이다. 구약의 침향은 침향나무(*Aquilaria agallocha*)로, 신약에서 언급한 알로에와 다르다. 고대로부터 제사 및 축제 때에 향으로 다른 향료와 섞어 피워 사용했다. 유대인들에게 침향은 고가의 수입품이었다.

주요성경(Main phrases)

민수기 24:6 그 벌어짐이 골짜기 같고 강 가의 동산 같으며 여호와께서 심으신 침향목(ligno aloes)들 같고 물 가의 백향목들 같도다

시편 45:8 왕의 모든 옷은 몰약과 침향(ligno aloes)과 육계의 향기가 있으며 상아궁에서 나오는 현악은 왕을 즐겁게 하도다

잠언 7:17 몰약과 침향(ligno aloes)과 계피를 뿌렸노라

아가 4:14 나도와 번홍화와 창포와 계수와 각종 유향목과 몰약과 침향(ligno aloes)과 모든 귀한 향품이요

III-20. 계피(Cassia, Cinnamon, 육계)

계피(한국의 전통시장)와 계피나무(painted by the author, © 오기완)

학명(Scientific name): *Cinnamomum cassia* Blume

과명(Family name): Lauraceae(녹나무과)

영어(성경)이름[English (biblical) name]: cinnamon, cassia

한글(성경)이름[Korean (biblical) name]: 계피, *육계

한국식물명(Korean name): 계피

히브리이름(Hebrew name): 키나몬(קִנָּמוֹן, qinnamon), 키다(קִדָּה, qiddāh)

주요서식지(Natural Habitat): 스리랑카, 남인도

이미지 참고 https://www.google.co.kr/search?sca_esv=ea470e4985ed4d8d&sxsrf=ACQVn0–cjrbEpE_HBibR8l9uJj010puCuA:1707190191156&q=%EA%B3%84%ED%94%BC%EB%82%98%EB%AC%B4&tbm=isch&source=lnms&prmd=isvmnbz&sa=X&ved=2ahUKEwjEmqGH45WEAxUVh1YBHe5uAjsQ0pQJegQIEhAB&biw=630&bih=866&dpr=1#imgrc=sSpm6NLR5rjiqM

계피 또는 육계는 인류 역사상 가장 오래된 향신료로 알려져 왔다. 기원전 4,000년 전부터 이집트 미라의 방부제로 사용되기도 했다. 성경 시대에 계피는 이스라엘에 없는 식물이다. 단맛과 매운맛의 향기가 나는 이 나무껍질은 페르시아를 여행하는 아랍인과 페니키아인에 의해 남중국이나 인도로부터 유대로 들어와 사용한 향신료다. 중국 계피(Chinese cinnamon, *Cinnamomum cassia*)로 알려져 있다.

*** 육계**

육계는 '*Cinnamomum cassia*(녹나무과)'의 줄기껍질로서 그대로 또는 주피를 다소 제거한 것을 말하며 요즈음은 계피와 육계를 같은 의미로 사용하고 있다.

녹나무과의 계피나무는 6-10m 정도의 거목으로 자란다. 열대 지역에서 대규모로 특별히 재배된다. 인도네시아는 이 나무의 특별한 생산지인데 덴마크 식민지 시대에 향신료를 위해 대량으로 재배했기 때문이다. 영하의 날씨가 없는 지역에서만 자랄 수 있으며 상록수이다. 재배에 적합한 온도는 23-25℃이다. 계피는 4-5년 된 어린 나무의 가지로부터 껍질을 벗겨 떼 내어 말린 것이다. 천연물 약재(Natural products)로 주성분은 시남알데히드(cinnamadehyde) 등 폴리페놀(polyphenols)로 항산화 효과가 있으며 동양에서는 당뇨 환자에게 사용했다. 계피 향유는 향료를 만드는데 사용되었다. 수피(껍질), 잎, 열매는 향신료로 음식에 사용된다. 매운맛으로 향이 강해 한때 모기 등 해충을 구제하는 데도 사용했다.

성경적 의미(Symbolism)
- 인도 등에서 수입된 귀한 향품

성경 시대에는 유대지역에는 없던 식물이다. 계피는 중국 또는 인도에서 페르시아를 통해 아라비아 또는 페니키아 무역상들로부터 유대지역으로 수입되었으며 매우 값비싼 무역품이었다. 성경 시대에는 계피(육계)로 관유를 만드는데 사용했던 향신료였다. 그 시대에 제사장과 성소의 기물들을 거룩하게 구별하기 위해 발랐던 기름으로 올리브와 다른 향료를 섞어 사용했다.

영어성경 출애굽기 30장 23절에는 *육계(cinnamon)로, 24절에는 *계피(cassia)로 구별했다.

주요성경(Main phrases)

출애굽기 30:23-24 너는 상등 향품을 가지되 액체 몰약 오백 세겔과 그 반수의 향기로운 **육계**(cinnamon) 이백오십 세겔과 향기로운 창포 이백오십 세겔과 **계피**(cassia) 오백세겔을 성소의 세겔로 하고 감람 기름 한 힌을 가지고

시편 45:8 왕의 모든 옷은 몰약과 침향과 **육계**(cassia)의 향기가 있으며 상아궁에서 나오는 현악은 왕을 즐겁게 하도다

잠언 7:17 몰약과 침향과 **계피**(cinnamon)를 뿌렸노라

아가 4:14 나도와 번홍화와 창포와 **계수**(cinnamon)와 각종 유향목과 몰약과 침향과 모든 귀한 향품이요

에스겔 27:19 워단과 야완은 길쌈하는 실로 네 물품을 거래하였음이여 가공한 쇠와 **계피**(cassia)와 대나무 제품이 네 상품 중에 있었도다

요한계시록 18:13 **계피**(cinnamon)와 향료와 향과 향유와 유향과 포도주와 감람유와 고운 밀가루와 밀이요 소와 양과 말과 수레와 종들과 사람의 영혼들이라

Ⅳ 곡식과 채소(Field Crops and Vegetables)

Ⅳ-1. 보리(Barley)

보리는 인류의 식량자원인 대표적 곡류다. 전 세계에서 다양한 품종이 재배되어 왔다. 유라시아 지역에서 약 1만년 전부터 재배하기 시작했다고 알려졌다. 원산지는 동 튀르키예일 것으로 추측된다. 중동 지역에서 7,000년 전부터 재배했고 5,000년 전에 이미 이집트로 이동했다고 알려져 있다. 보리는 한해 또는 두해살이 외떡잎 식물이며 잎은 어긋난다. 잎의 너비는 10-15㎜이고 길이는 10-15㎝ 정도다. 줄기는 둥글고 마디 사이가 길며 속이 비어 있다. 다 자라면 1m 정도 된다. 보리는 보통 11월에 뿌려서 4월부터 수확한다. 알곡은 V자 형으로 나란히 달려있다. 이집트의 피라미드와 유대 마사다(Masada)에서 낱알 또는 이삭이 발견되었다. 보리는 밀에 비해 건조한 땅에서 쉽게 자라며 밀보다 먼저 수확한다. 룻기에 나오는 베들레헴도 강수량이 적어서 밀보다 보리가 많이 재배되었다

고대 이집트인들은 보리로 맥주(알코올의 원료)와 빵(피타)을 만들었다. 다양한 성분이 함유된 보리는 최근 중요한 건강식품으로 알려졌으며 맥주 등과 같은 알코올(주정)음료 제조의 원료이기도 하다. 보리로 빵을 만들어서 먹는데 과거에는 보리빵이 가난한 자들의 음식이었다. 그러나 요즘은 유기농 식품을 원하는 사람들이 많이 선호하여 상대적으로 다른 빵에 비해 비싼 편이다. 사람뿐만 아니라 가축의 먹이로도 이용했다.

보리와 피타빵(이스라엘, 블레셋)

학명(Scientific name): *Hordeum vulgare* L.
과명(Family name): Poaceae(벼과)
영어(성경)이름[English (biblical) name]: barley
한글(성경)이름[Korean (biblical) name]: 보리
한국식물명(Korean name): 보리, 대맥
히브리이름(Hebrew name): 세오라(שְׂעֹרָה, seorah)
주요서식지(Natural habitat): 유럽, 온대 지역

성경적 의미(Symbolism)
- 가난한 자들의 음식물, 그리고 오병이어의 기적

중요한 식량자원: 신명기 8장 8절에 의하면 보리 또한 약속의 땅 가나안을 특징짓는 일곱 작물 중 하나이다. 모세 5경에 기록된 이스라엘의 중요한 소산이기도 하다. 보리는 성경 시대에 광범위하게 재배되있다. 보리빵은 중요한 인류의 식품이었으며 종종 동물의 먹이로도 언급되었다. 보리는 그 해 제일 먼저 수확하는 곡식이며 중요한 식량 자원이었다. 곡식을 거두기 시작할 때 제물로 첫 이삭 한 단을 제사장에게 바치라고 명령한다(레 23:10). 솔로몬은 백향목의 댓가로 보리를 주기도 하였다(대하 2:10). 보리는 성경에 32회 언급되었다.

시절 또는 절기: 보리는 시기나 절기를 알려주는데 사용했다. '나오미가 모압 지방에서 그의 며느리 모압 여인 룻과 함께 돌아왔는데 그들이 보리 추수 시작할 때에 베들레헴에 이르렀더라(룻 1:22)', '보리 추수와 밀 추수를 마치기까지(룻 2:23)', '곡식 베는 첫날 곧 보리를 베기 시작하는 때더라(삼하 21:9)', '그 때에 보리는 이삭이 나왔고(출 9:31)' 등으로 알 수 있다.

가난한 자들의 음식물 그리고 기적: 주로 말이나 가축의 먹이로 사용했지만(왕상 4:28), 또한 가난한 자들의 식량이기도 했다. 예수님께서 광야에서 당신을 따르는 백성에게 보리떡 다섯 개와 물고기 두 마리로 오천 명을 먹인 사건(눅 9:13-17; 요 6:9-13)은 예수님 스스로가 보리떡이 되었음을 의미한다. 유대인들이 먹는 빵이 피타(pita)빵인데 둥글며 속이 비어 있다. 오병이어의 기적에 나오는 빵이 바로 피타빵이다. 예수님의 오병이어 기적은 구약에서 엘리사가 보리떡 스무 개로 백 명의 용사를 먹인 것과 비슷하다(왕하 4:42-43).

성경의 베들레헴이라는 마을 이름은 '집'을 의미하는 'Beth(Beit)'와 '빵(또는 떡)'을 의미하는 'Lchem'이 합쳐진 말로, 그대로 풀이하면 '빵(떡)집'이 된다. 중동 지역에서 먹는 납작한 모양의 빵은 보리 또는 밀로 만들며 오병이에 나오는 보리떡이 피타빵으로 잘 알려져 있다.

IV 곡식과 채소

주요성경(Main phrases)

출애굽기 9:31 그때에 **보리**(barley)는 이삭이 나왔고 삼은 꽃이 피었으므로 삼과 보리가 상하였으나

신명기 8:8 밀과 **보리**(barley)의 소산지요 포도와 무화과와 석류와 감람나무와 꿀의 소산지라

룻기 1:22 나오미가 모압 지방에서 그의 며느리 모압 여인 룻과 함께 돌아왔는데 그들이 **보리**(barley) 추수 시작할 때에 베들레헴에 이르렀더라

사무엘하 21:9 그들을 기브온 사람의 손에 넘기니 기브온 사람이 그들을 산 위에서 여호와 앞에 목 매어 달매 그들 일곱 사람이 동시에 죽으니 죽은 때는 곡식 베는 첫날 곧 보리(barley)를 베기 시작하는 때더라

열왕기상 4:28 또 그들의 각기 직무를 따라 말과 준마에게 먹일 **보리**(barley)와 꼴을 그 말들이 있는 곳으로 가져왔더라

열왕기하 4:42 한 사람이 바알 살리사에서부터 와서 처음 만든 떡 곧 **보리**(barley)**떡** 이십 개와 또 자루에 담은 채소를 하나님의 사람에게 드린지라 그가 이르되 무리에게 주어 먹게 하라

역대하 2:10 내가 당신의 벌목하는 종들에게 찧은 밀 이만 고르와 **보리**(barley) 이만 고르와 포도주 이만 밧과 기름 이만 밧을 주리이다 하였더라

에스겔 4:9 너는 밀과 **보리**(barley)와 콩과 팥(lentils)과 조와 귀리를 가져다가 한 그릇에 담고 너를 위하여 떡을 만들어 네가 옆으로 눕는 날수 곧 삼백구십 일 동안 먹되

요한복음 6:9 여기 한 아이가 있어 **보리**(barley)**떡** 다섯 개와 물고기 두 마리를 가지고 있나이다 그러나 그것이 이 많은 사람에게 얼마나 되겠사옵나이까

요한복음 6:13 이에 거두니 **보리**(barley)**떡** 다섯 개로 먹고 남은 조각이 열두 바구니에 찼더라

Ⅳ-2. 밀(Common wheat)

소맥(小麥)이라고도 한다. 척박한 땅에서도 잘 자라는 밀은 볏과에 속하는 1년생 또는 2년생 초본으로 1m 정도 자란다. 원산지는 코카서스(Caucasus) 지방의 아르메니아(Armenia)로 알려져 있다. 기원전 약 1만년 전부터 재배해 왔다고 알려져 있다. 전 세계가 이 종자의 밀을 재배하고, 가을밀과 봄밀이 있는데, 보통 팔레스타인 지역에서는 11월에 파종하며 보리보다 1개월 늦은 5-6월에 수확한다. 파종 시기가 비슷한 것에 비해 밀은 한 달 정도 늦게 수확하는 것이다. 전 세계에서 가장 많이 재배되는 곡물이다. 곧게 서는 줄기 끝에 중앙

밀(이스라엘, 블레셋)

학명(Scientific name): *Triticum aestivum* L.
과명(Family name): Poaceae(벼과)
영어(성경)이름[English (biblical) name]: Common wheat
한글(성경)이름[Korean (biblical) name]: 밀
한국식물명(Korean name): 밀, 소맥
히브리이름(Hebrew name): 히타(חטה, hittah)
주요서식지(Natural habitat): 유럽, 온대 및 아열대 지역

이다. 빵과 스파게티 또는 파스타의 재료가 된다. 건조한 지역에서 자라는 밀은 글루텐(gluten)이 풍부하여 빵을 만드는데 적합하다. 밀은 빵 외에도 녹말, 엿기름, 알코올 등을 만드는데 사용된다.

성경적 의미(Symbolism)
- 축복의 식량

유대 민족에게는 중요한 주식이며 가나안을 축복하는 약속에 등장하는 7가지 식물 중의 하나(신 8:8, 밀과 보리의 소산지요 포도와 무화과와 석류와 감람나무와 꿀의 소산지라)로서 제일 먼저 등장하는 중요한 곡물이다. 그해 유대인들에게 밀과 보리를 충분히 수확하지 못하면 매우 고통스러웠을 것이다. 밀과 보리는 식량으로서 중요함도 있지만 성경에서는 여러 비유로도 언급되었다.

식량으로 축복의 상징: 특히 뿌리고 거두어야 하는 밀과 보리는 성경 시대에 중요한 농산물이었다. 아브라함의 아내 사라가 하나님을 대접하고 축복받는 일이 기록되어 있는데(창 18:6) 이때 나오는 고운 가루가 밀가루이다. 관계 농사를 하지 않았던 시대에 그 지역의 소출은 연간 강수량에 달려 있었다. 따라서 성경에는 종종 기근의 해를 언급하곤 했다.

부활의 상징: 밀알은 부활의 상징이기도 했다. 요한복음 12장 24절에 '한 알의 밀이 땅에 떨어져 죽지 아니하면 한 알 그대로 있고 죽으면 많은 열매를 맺느니라' 고 예수님께서 말씀하셨다. 실제로 밀 한 알이 자라면 보통 50-100배 정도를 수확한다. 생명이 그 안에 존재하면 다시 살 수 있음을 가르쳤으며 예수의 생명을 믿음으로 받을 것을 말씀하셨다.

시기 또는 절기를 알림: 밀 거둘 때 르우벤이 나가서 들에서 합환채를 얻어(창 30:14), 밀 거둘 때에 삼손이 염소 새끼를 가지고 그의 아내에게로(삿 15:1), 오늘은 밀 베는 때가 아니냐(삼상 12:17) 등에서 시기를 언급했다. 보리와 밀을 생산한 후 그에 감사하는 맥추절을 맞는데 이 맥추절은 유대인들의 3대 절기 명절

중 하나이다. 맥추절은 이스라엘 백성들이 가나안에 정착한 농경 문화와 관련한 명칭이다.

물가(가격): 밀과 보리의 가격이 비교되기도 했다. 구약에서는 밀이 보리의 2배로, 신약 계시록에서는 밀이 보리의 3배가 되었다고 했다.

주요성경(Main phrases)

창세기 18:6 아브라함이 급히 장막으로 가서 사라에게 이르되 속히 고운 **가루**(flour) 세 스아를 가져다가 반죽하여 떡을 만들라

창세기 30:14 밀(wheat) 거둘 때에 르우벤이 나가서 들에서 합환채를 얻어 그의 어머니 레아에게 드렸더니 라헬이 레아에게 이르되 언니의 아들의 합환채를 청구하노라

사사기 15:1 얼마 후 밀(wheat) 거둘 때에 삼손이 염소 새끼를 가지고 그의 아내에게로 찾아가서 이르되 내가 방에 들어가 내 아내를 보고자 하노라 하니 장인이 들어오지 못하게 하고

사무엘상 12:17 오늘은 밀(wheat) 베는 때가 아니냐 내가 여호와께 아뢰리니 여호와께서 우레와 비를 보내사 너희가 왕을 구한 일 곧 여호와의 목전에서 범한 죄악이 큼을 너희에게 밝히 알게 하시리라

에스겔 4:9 너는 밀(wheat)과 보리와 콩과 팥(lentil)과 조와 귀리를 가져다가 한 그릇에 담고 너를 위하여 떡을 만들어 네가 옆으로 눕는 날수 곧 삼백구십 일 동안 먹되

요한복음 12:24 내가 진실로 진실로 너희에게 이르노니 한 알의 밀(wheat)이 땅에 떨어져 죽지 아니하면 한 알 그대로 있고 죽으면 많은 열매를 맺느니라

요한계시록 6:6 내가 네 생물 사이로부터 나는 듯한 음성을 들으니 이르되 한 데나리온에 밀(wheat) 한 되요 한 데나리온에 보리 석 되로다 또 감람유와 포도주는 해치지 말라 하더라

Ⅳ-3. 누에콩(Broad beans, 콩)

우리나라에서는 누에콩(broad bean)으로 알려져 있다. 북아프리카와 서남아시아가 원산지로 전 세계에 널리 재배되는 작물이다. 0.6-1.7m로 높게 뻗는 식물로 줄기가 질긴 것이 특징이다. 잎의 길이는 10-25㎝이며 날개 모양이다. 척박한 땅에서도 잘 자라지만 콩과 식물로 질소를 공급하여 땅을 비옥하게 한다.

당시에는 콩에 대한 부정적 이미지가 있었다. 콩은 악몽과 부적절한 행동을 유발한다고 믿었다. 고대 로마의 곡물 여신(Ceres)은 인간에게 곡물을 선물로 주는 것 중 콩을 포함시키는 것을 거절했다고 한다. 특히 의학의 아버지, 히포크라테스(460-377 BC)는 콩을 섭취하면 시각에 나쁜 영향을 미

누에콩(이스라엘, 예루살렘)

학명(Scientific name): *Vicia faba* L.
과명(Family name): Leguminoceae(콩과)
영어(성경)이름[English (biblical) name]: (broad) bean
한글(성경)이름[Korean (biblical) name]: 콩
한국식물명(Korean name): 누에콩
히브리이름(Hebrew name): 폴(פּוֹל, pol)
주요서식지(Natural habitat): 카스피해, 북아프리카

친다고 했다. 또한, 로마 사제들은 깨끗하지 않은 음식으로 여겼다. 이렇듯 콩은 고대 사회에서는 부정적 이미지가 강했다.

성경에 병아리콩(*Cicer arietinum* noir)을 직접 언급하지는 않았지만 성경 시대 병아리콩을 재배했을 것으로 여겨진다. 기원전 7,500년 전부터 재배되었으며 인류 역사상 가장 먼저 재배되었기 때문이다. 병아리 콩은 이집트가 원산이며 중동 지역의 건조한 기후에서 잘 자란다. 고영양식품으로 단백질과 무기질이 많이 함유되어 있어서 최근 인기가 좋다.

대부분의 콩류 식품은 단백질, 칼륨, 인들이 풍부하다. 따라서 식물성 단백질의 주요 자원이 된다. 다양한 음식을 만들어 현대인의 식탁을 풍요롭게 한다.

성경적 의미(Symbolism)
- 가난한 자들의 식량

성경 시대 부유층은 콩에 대해서 중요하게 여기지 않았다. 콩은 인기 있는 식품이 아니었다. 그럼에도 불구하고 콩은 가난한 자들의 중요한 식량이었다.

다윗이 아들 압살롬을 피해 도망하여 마하나임에 이르렀을 때에 길르앗 사람이 가져온 음식 중에 콩도 포함되어 있다. 또한, 에스겔이 밀, 보리와 여러 곡물과 함께 콩도 포함하여 떡을 만들 것을 지시했는데, 이는 앞으로 예루살렘에 불어닥칠 심판에 대비하여 여러 곡물로 준비할 것을 말해 주고 있다.

주요성경(Main phrases)

사무엘하 17:28 침상과 대야와 질그릇과 밀과 보리와 밀가루와 볶은 곡식과 콩(beans)과 팥과 볶은 녹두와

에스겔 4:9 너는 밀과 보리와 콩(beans)과 팥과 조와 귀리를 가져다가 한 그릇에 담고 너를 위하여 떡을 만들어 네가 옆으로 눕는 날수 곧 삼백구십 일 동안 먹되

Ⅳ-4. 렌틸(Lentil, 팥)

렌틸(이스라엘, 예루살렘)

학명(Scientific name): *Lens culinaris* Medic.
과명(Family name): Leguminoceae(콩과)
영어(성경)이름[English (biblical) name]: lentil
한글(성경)이름[Korean (biblical) name]: 팥, 녹두
한국식물명(Korean name): 렌즈콩, 렌틸콩
히브리이름(Hebrew name): 아다사(עֲדָשָׁה, adasa)
주요서식지(Natural habitat): 남유럽, 서아시아

렌틸콩의 색이 붉은색이기 때문에 팥으로 번역한 것 같다. 그러나 팥(적두, *Vigna angularis*)과는 다른 종류의 콩이다. 석기 시대(Lithic Age)부터 재배해 온 것으로 알려졌다. 1년생 초본으로 30-50㎝ 정도 자란다. 척박한 땅에서도 잘 자란다. 잎은 쌍엽으로 5-8개가 짝을 이룬다. 꽃은 희지만 가끔 분홍색 또는 보라색도 있다. 줄기는 털이 많고 호리하며 많은 가지가 있다. 잎은 난형으로 3-20㎝ 정도로 길쭉하다. 흰 꽃은 점차 붉은색으로 변한다. 깍지(pod) 속에 3-4개의 콩이 들어있다. 콩은 렌즈처럼 생겼으며 크기는 약 2-9㎜ 정도로 작다. 붉은색과 갈색이 있다.

과거 렌틸콩은 국 또는 스튜(stew)로 만들어서 먹었으며 가난한 자의 음식으로 알려졌지만, 중동과 서아시아 사람들에게 중요한 식품자원이다. 그러나 최근 렌틸콩에는 미네랄 등 각종 영양소가 풍부해 **세계 5대 건강식품**(올리브오일, 요거트, 김치, 낫또, 렌틸콩)의 하나로 각광을 받고 있다. 스튜(stew)나 샐러드로 요리하여 먹는다. 오랫동안 중동 지역과 이집트 등에서 재배되었다.

성경적 의미(Symbolism)
- 에서가 팥죽 한 그릇에 장자의 명분을 빼앗기다

히브리어 'adasha'는 '렌틸콩'을 뜻하는 단어다. 한국어로 번역되면서 팥으로 옮겨졌다. 사냥에서 돌아온 에서의 배고픔을 이용하여 야곱이 팥죽으로 장자의 명분을 산 것으로 알려진 음식(창 25:34)이 바로 렌틸콩으로 만든 것이다. 유대인들은 양파와 올리브를 넣어 죽을 끓여 먹는다. 죽은 붉은색을 나타내고 우리의 팥죽과 비슷하다. 또한 다윗과 그의 용사들에게도 제공되었던 음식(삼하 23:11)이었다.

주요성경(Main phrases)

창세기 25:34 야곱이 떡과 팥(lentil)죽을 에서에게 주매 에서가 먹으며 마시고 일어나 갔으니 에서가 장자의 명분을 가볍게 여김이었더라

사무엘하 17:28 침상과 대야와 질그릇과 밀과 보리와 밀가루와 볶은 곡식과 콩(beans)과 팥(lentil)과

사무엘하 23:11 그 다음은 하랄 사람 아게의 아들 삼마라 블레셋 사람들이 사기가 올라 거기 *녹두(lentil)나무가 가득한 한쪽 밭에 모이매 백성들은 블레셋 사람들 앞에서 도망하되

에스겔 4:9 너는 밀과 보리와 콩과 팥(lentil)과 조와 귀리를 가져다가 한 그릇에 담고 너를 위하여 떡을 만들어 네가 옆으로 눕는 날수 곧 삼백구십 일 동안 먹되

*lentil을 녹두로 번역했다.

Ⅳ-5. 기장(Millet, 조)

기장(이스라엘, 예루살렘)

학명(Scientific name): *Panicum milliaceum* L.

영어(성경)이름[English (biblical) name]: millet

한국식물명(Korean name): 기장

주요서식지(Natural habitat): 남동유럽, 중국

과명(Family name): Gramineae(벼과)

한글(성경)이름[Korean (biblical) name]: 조

히브리이름(Hebrew name): 도한(דחן, dohan)

작은 씨를 가진 여러 종의 곡류에 속하는 식물이다. 아시아, 아프리카 등 열대, 아열대 지역에서 식품뿐 아니라 사료로도 매우 중요한 곡물이다. 형태나 자라는 것이 콩과 유사하다. 개발도상국가에서는 대부분 이 곡식을 식품으로 사용한다. 종류도 다양(finger millet, proso millet, foxtail millet 등)하다. 모두 가뭄에 강한 식물이다. 보통 기장(Common millet, *Panicum milliaceum*)을 기장(proso millet)이라 한다. 온대성 1년생 식물로 벼과 기장속의 한해살이 풀이다. 이삭 하나에 1,000(**mill**)여 개의 씨앗이 달린다(*milliaceum*)는 뜻과 같이 많은 씨앗을 맺으며 씨앗의 크기는 매우 작다. 높이는 50-120㎝로 곧게 자란다. 열매는 여물면 떨어지기 쉽고 도정하면 조와 비슷하나 조보다는 굵다. 곡식의 일종으로 여러 조건에 잘 적응하여 빠른 기간 안에 크며 물을 많이 필요로 하지 않는다. 기장은 기원전부터 인류가 재배해온 식물의 하나로 약 7,000년 전 남코카서스와 중국에서 서로 비슷한 시기에 곡식으로 재배하기 시작했다.

성경적 의미(Symbolism)

한글성경에는 조로 번역했다. 기장(millet)은 가난한 자들의 식량으로 사용되었다. 에스겔 4장 9절에 '너는 밀과 보리와 콩과 팥과 조(foxtail millet)와 귀리를 가져다가 한 그릇에 담고 너를 위하여 떡을 만들어 먹으라'고 했다. 조(foxtail millet)와 기장(millet)은 매우 유사한 곡류다. 성경에서는 기장(millet)으로 번역되는 것이 맞다.

주요성경(Main phrases)

에스겔 4:9 너는 밀과 보리와 콩과 팥과 조(millet)와 귀리를 가져다가 한 그릇에 담고 너를 위하여 떡을 만들어 네가 옆으로 눕는 날수 곧 삼백구십일 동안 먹되

Ⅳ-6. 스펠트밀(Spelt, 귀리)

스펠트밀(이스라엘, 예루살렘)

학명(Scientific name): *Triticum spelta* L.

과명(Family name): Poaceae(벼과)

영어(성경)이름[English (biblical) name]: fitches/spelt(rye barley)

한글(성경)이름[Korean (biblical) name]: 귀리, 쌀보리

한국식물명(Korean name): 스펠트밀

히브리이름(Hebrew name): 쿠세멧(כֻּסֶּמֶת, kussemet)

주요서식지(Natural habitat): 유럽

스펠트밀은 청동기에서 중세까지 유럽에서 많이 소비했다. 지금도 유럽에는 잔존 식물로 남아있다. 현재의 개량 밀(common wheat)이 나타나기 이전에 중동 근처에서 많이 재배했다.

스펠트밀에는 탄수화물 57%, 단백질 17%, 지방 3%, 섬유질 9.2% 등을 함유하고 있다. 글루텐이 많기 때문에 제빵용 가루로도 손색이 없다. 독일에서는 스펠트밀을 말려서 먹기도 한다. 섬유질이 많아서 당뇨 환사에게 좋은 식품으로 빵보다 안전하다고 한다. 연맥으로 일컫는 귀리(*Avena sativa* L.)와는 다른 곡식이다. 귀리를 영어로는 oat라고 부른다.

성경적 의미(Symbolism)

다른 영어성경에도 이 곡물을 spelt, fitches, rye barley 등으로 다르게 번역했다. 각기 다른 식물이지만 성경에서는 구별이 되어 있지 않아서 정확히 인급할 수 없다. 스펠트밀은 당시 유대 땅에서 재배했던 곡식들로 사람이나 가축의 사료로 사용했다. 스펠트밀을 한글성경에서는 귀리로 번역했으나 스펠트밀이라고 번역하는 것이 맞다.

주요성경(Main phrases)

출애굽기 9:32 그러나 밀과 **쌀보리**(spelt)는 자라지 아니한 고로 상하지 아니하였더라

이사야 28:25 지면을 이미 평평히 하였으면 소회향을 뿌리며 대회향을 뿌리며 소맥을 줄줄이 심으며 대맥을 정한 곳에 심으며 **귀리**(spelt)를 그 가에 심지 아니하겠느냐

에스겔 4:9 너는 밀과 보리와 콩과 팥과 조와 **귀리**(spelt)를 가져다가 한 그릇에 담고 너를 위하여 떡을 만들어 네가 옆으로 눕는 날수 곧 삼백구십 일 동안 먹되

Ⅳ-7. 캐럽(Carob, 쥐엄나무)

콩과 식물로 중동 지역에서 크게는 10-15m 정도 자라는 콩과 단일 수종의 상록 관목이다. 튀르키예 또는 시리아가 원산지이다. 캐럽나무에는 칼모양의 꼬

캐럽(이스라엘, Elah 골짜기)

학명(Scientific name): *Ceratonia siliqua* L.
영어(성경)이름[English (biblical) name]: carob, locust bean
한국식물명(Korean name): 캐럽, 구주콩나무
주요서식지(Natural Habitat): 중동, 남유럽, 아프리카 북부

과명(Family name): Leguminosae(콩과)
한글(성경)이름[Korean (biblical) name]: 쥐엄나무
히브리이름(Hebrew name): 하루브(חרוב, charuv)

투리가 달린다. 히브리어로 '하르브(charub)'은 '칼'을 뜻한다. 가축의 사료 및 방풍을 목적으로 과수원 주변에 심었다. 콩과 식물로 질소(N)를 고정하여 토양을 비옥하게 한다. 캐럽은 연 강수량이 200-500㎜의 건조한 기후 및 염도에 강한 나무이다. 보통 100년 이상 생존이 가능하다. 진한 녹색의 잎은 10-20㎝ 정도의 크기인데 많은 잎으로 인해 시원하고 상쾌한 그늘을 제공한다. -7℃까지의 기온에도 견딜 수 있다. 암수가 구별되어 숫나무에는 열매가 없다. 가지를 따라 작고 수많은 꽃이 가을에 핀다. 수꽃에서 정액(밤꽃)과 같은 냄새가 난다. 10-30㎝ 정도의 납작한 열매(완두콩 깍지의 모습)는 단단하고 길며 구부러져 있다. 익으면 갈색으로 변한다. 씨는 보통 5-18개 정도 들어있다. 고대에는 나무의 씨앗을 가지고 보석의 무게를 재는데 사용했다고 한다. 캐럽(Carob)은 다이아몬드의 무게 단위인 캐럿(Carot)과 같은 어원을 가지고 있다. **이 씨 한 개의 무개가 거의 일정하기 때문에**(197-216㎎), **무게를 나타내는 단위로 사용해 왔으며 따라서 1carat는** 200㎎(0.2g)**이다.** 열매 속에는 달콤한 당즙이 함유되어 있다. 열매는 주로 가축의 사료로 사용되었으며 실제로 가축의 사료로 사용하기 위해 재배한다. 겨울철이 지나 여름이 되면 열매는 점점 갈색으로 변한다. 열매는 시럽을 만들어 초콜릿의 대용품으로 판매되며 여기서 나온 방향제를 담배에 첨가하기도 한다. 아랍인들은 라마단 기간에 이 캐럽 시럽을 마신다. 캐럽 시럽은 자연 감미료이며 자연 칼슘이 우유보다 3배 많다. 극동과 동남아시아에서 자라는 콩과 식물인 쥐엄나무(주엽나무, 쥐엽나무, *Gleditsia japonica*)가 있으며 캐럽과는 다른 식물이다.

성경직 의미(Symbolism)
- 가난하고 굶주린 자들의 음식

히브리어로 carob은 '하료빈(חרוב)'이라고도 하는데 '말라버리다'라는 동사에서 유래되었다. 누가복음에 탕자의 비유에서 단 1회 나온다. 구약에서는 언급되지 않은 식물이다. 그러나 탈무드(Talmud) 또는 미쉬나(Mishinah)에는 언급되었다. 캐럽(Carob) 꼬투리(pod, 깍지)는 기근 시 사람들이 마지막으로 먹는 식품으로 알려져 있다(the last source of human food). 어린 콩깍지를 먹는 것과 비슷하다. "그가 돼지 먹는 쥐엄 열매로 배를 채우고자 하되 주는 자가 없는지라(눅 15:16)." 당시에는 주로 가축의 사료로 사용한 것 같으며 사람이 먹기에는 적합하지 않은 식물이었다. 그러나 캐럽의 먹는 부분은 속의 씨앗을 뺀 나머지 과육(깍지)이다. 깍지(pod)에 당 함량이 높기 때문이다. 하지만 탕자의 비유에서 유대인에게 부정한 동물인 돼지를 키우는 사람들은 이방인이었고 돼지는 이방 신들을 위한 중요한 제물이었음을 생각해 볼 필요가 있다.

이스라엘 사람들은 전통적으로 캐럽 꼬투리(pod)를 먹었다. 아몬드나무 꽃이 피는 투비쉬밧(Tu Bishvat, New Year of the Trees) 명절에 유대인들은 캐럽 꼬투리를 먹는다. 투비쉬밧은 농산물 수확에 대한 십일조를 계산하는 한 해의 경계점이다. 캐럽 꼬투리가 맺혀서 수확하는 수확일을 기준으로 투비쉬밧을 기념하게 되는데 이때 캐럽 꼬투리를 먹게 된 것으로 추측된다. 이스라엘대학살기념관(Yad Vashem)에는 유대인 대학살로부터 구해준 이들을 기념하기 위해 심은 캐럽나무가 있다. 캐럽나무를 기념 식수한 것은 유대인의 고난을 상징적으로 보여주는 것이라 할 수 있다. 식수 후 5-6년 정도 지나야 이 꼬투리를 먹을 수 있는데 인내하면서 기다린다는 교훈을 주는 식물이다.

한편, 캐럽은 "세례 요한의 빵"으로도 알려져 있다. 세례 요한이 광야에서 메뚜기와 석청(꿀)을 먹었는데 메뚜기(locust)가 아닌 캐럽을 먹었다는 주장을 하기도 한다(마 3:4). '캐럽'의 또 다른 이름이 '메뚜기 콩(locust bean)'이라는 명칭 때문에 혼동되었다. 여기서 '메뚜기'는 히브리어로 'hagavim'이고 'carob'은 'haruvim'이다.

주요성경(Main phrases)

마태복음 3:4 이 요한은 낙타털 옷을 입고 허리에 가죽 띠를 띠고 음식은 메뚜기와 석청이었더라

누가복음 15:16 그가 돼지 먹는 쥐엄열매(carob)로 배를 채우고자 하되 주는 자가 없는지라

Ⅳ-8. 오이(Cucumber)

오이(한국, 청주)

학명(Scientific name): *Cucumis sativus* L.

한글(성경)이름[Korean (biblical) name]: 오이

히브리이름(Hebrew name): 키슈임(קִשֻּׁאִים, qishuim)

영어(성경)이름[English (biblical) name]: cucumber, gherkin

한국식물명(Korean name): 오이

주요서식지(Natural habitat): 남유럽, 인도

'*Cucumis sativus* L.' 의 학명을 가진 오이는 인도가 원산으로 알려져 있다. 그리스 로마 시대에 유럽에 전해졌다고 한다. 아마도 성경 민수기(민 11:5)에 나오는 오이는 머스크 메론[musk-melon(*Cucumis melo*)]일 것이다. 고대 오이는 모양이 마치 뱀과 같아서 'snake-cucumber' 라고 불렀다. 오이는 박과의 한해살이 덩굴성 식물이다. 잎은 어긋나고 잎자루가 길며(8-15cm) 장상으로 얕게 갈라지고 가장자리에 톱니가 있으며 거칠다. 전체에 굵은 털이 있으며 잎겨드랑이에 덩굴손이 있고 덩굴손으로 감으면서 다른 물체에 붙어서 길게 자란다. 장과는 원추형이며 어릴 때는 가시 같은 돌기가 있다. 개화기는 5-6월이며 열매는 녹색에서 짙은 황색으로 익는다. 오이는 수분 함량이 많고, 날로 먹거나, 피클, 냉채 등 요리에 쓰인다. 오이의 수액은 종종 화상치료에 사용된다.

성경적 의미(Symbolism)

노예시절 이집트에서는 다양한 종류의 채소들이 있었다["우리가 애굽에 있을 때에는 값없이 생선과 오이와 참외와 부추와 파와 마늘들을 먹은 것이 생각나거늘(민 11:5)']. 외는 오이를 말하는데 성경에서는 오이 같은 호박을 일컫는다. 히브리어 원본에는 '키슈' 로 이는 (들)호박을 뜻한다. 이사야서 1장 8절에 "딸 시온은 포도원의 망대 같이 참외밭의 원두막 같이 에워 싸인 성읍 같이 겨우 남았도다"에서 오이(cucumber)를 참외로 번역했다. 오이는 수분 함량이 많아 이집트에서 이스라엘 백성들이 좋아했던 채소였음에는 틀림없다.

주요성경(Main phrases)

민수기 11:5 우리가 애굽에 있을 때에는 값없이 생선과 **오이**(cucumbers)와 참외(melon)와 부추와 파와 마늘들을 먹은 것이 생각나거늘

이사야 1:8 딸 시온은 포도원의 망대같이, **참외**(cucumber)밭의 원두막 같이 에워 싸인 성읍같이 겨우 남았도다

Ⅳ-9. 대파(Leek, 부추)

오늘날 일반적으로 채소로 알려진 파(leek)는 야생 파(wild leek)인 '*Allium ampeloprasum*(Amaryllidaceae)'의 재배종이다. 성경에서 말하는 'leek'는 우리의 '대파(*Allium fistulosum* L.)'에 가깝다. 대파(Leek)는 아주 작은 구근과 녹색의 긴 잎으로 감싼 흰색의 긴 원통형 줄기로 되어있다. 일반적으로 길이가 30㎝ 정도이고 두께는 2-5㎝이다. '*Allium*' 채소는 'flavonoid'와 함께 황 함유 영양소의 독특한 조합으로 북부 유럽에서 중요한 식재료로 많이 재배되고 있다. 파는 양파(onion)보다 더 감미로운 향을 지니고 있어서 조리에 많이 사용한다. 파는 마늘과 양파

대파(한국, 성주)

학명(Scientific name): *Allium porrum* L.
과명(Family name): Amaryllidaceae(수선화과)
영어(성경)이름[English (biblical) name]: leek
한글(성경)이름[Korean (biblical) name]: 부추
한국식물명(Korean name): 대파
히브리이름(Hebrew name): 하찌르(חָצִיר, hatzir)
주요서식지(Natural habitat): 유럽

와 마찬가지로 건강을 증진시키는 유익한 성분들을 함유하고 있다. 중앙아시아가 원산이라고 알려져 있으며 수천 년 동안 이 지역과 유럽에서 재배되었다. 수메르인들(Sumerians)의 문헌에도 나온다(2600 BC). 파는 그리스와 로마인들에게 높이 평가되었으며, 철학자 아리스토텔레스는 대파(leek)를 섭취하면 깨끗한 목소리를 가질 수 있다고 했고, 네로(Nero) 황제는 목소리를 강하게 하기 위해 대파를 매일 먹었다고 한다.

파에는 알기닌(arginine)이 들어있고 우리 몸에서 'NO(nitric oxide)'를 생산하여 혈관을 이완시키기 때문에 혈관 질환과 정력에 좋다고 알려져 있다. 또한 다량의 폴리페놀(polyphenol), 캄페롤(kampferol) 및 플라보노이드(flavonoid)를 함유하고 있어서 항산화 효과가 크다. **그러나 한국과 중국인들이 흔히 먹는 부추(chines chive, *Allium tuberosum*, Amaryllidaceae)는 유럽 파와는 다른 채소로 그 모양과 크기가 다르다.**

대부분의 Alliaceae(부추아과) 식물은 몸에서 'NO(nitric oxide)'를 유리하기 때문에 남성 발기부전에도 다소 효과가 있는 것으로 잘 알려져 있다. **불교에서는 승려가 먹기를 금지하는 '오신채(다섯가지 매운 채소; 파, 마늘, 부추, 달래, 끼무릇)가 있다. 아마 오신채가 수도에 방해가 된다는 것을 오래전부터 경험적으로 알았을 것이다.**

성경적 의미(Symbolism)

성경에서 1회 언급되었으며, 언급된 (대)파는 이스라엘 백성들이 이집트에서 나와 광야 생활 중에 즐겨먹던 참외, 부추, 파(leek), 마늘을 그리워하고 있는 장면에서 언급되었다. 이집트인들은 대파를 즐겨먹었다고 알려졌다.

주요성경(Main phrases)

민수기 11:5 우리가 애굽에 있을 때에는 값없이 생선과 오이와 참외와 부추(leek)와 파와 마늘들을 먹은 것이 생각나거늘

Ⅳ-10. 양파(Onion, 파)

양파(Onion)는 적어도 기원전 7,000-4,000년 전부터 재배되어 왔으며, 지금의 양파는 수차례에 걸쳐 품종이 개량된 것이다. 원산지는 이집트나 지중해 또는 서아시아로 추측된다. 구근 식물로 비늘줄기가 있는 1년 또는 두해살이 식물로 크기가 15-45㎝ 정도로 자란다. 잎은 연 청록색을 띠며 속이 비어 있다. 잎의 끝은 납작하다. 보통 여름에 수확한다. 먹는 비늘줄기는 양파의 종류에 따라 차이가 있다. 껍질은 적황색을 띠어야 품질이 좋다고 알려져 있다. 맛은 맵고 자극적이다.

양파(이스라엘, 예루살렘)

학명(Scientific name): *Allium cepa* L.
과명(Family name): Amarillidaceae(수선화과)
영어(성경)이름[English (biblical) name]: onion
한글(성경)이름[Korean (biblical) name]: 파
한국식물명(Korean name): 양파
히브리이름(Hebrew name): 베짤(בָּצָל, bətsāl)
주요서식지(Natural habitat): 이집트, 전 세계

성경적 의미(Symbolism)

이스라엘 백성이 이집트에서 즐겨먹던 채소 중 하나다. NIV성경에는 양파(onion)로 번역했다.

주요성경(Main phrases)

민수기 11:5 우리가 애굽에 있을 때에는 값없이 생선과 오이와 참외와 부추와 파(onion)와 마늘들을 먹은 것이 생각나거늘

Ⅳ-11. 마늘(Garlic)

중앙아시아와 이란이 원산지로 알려져 있다. 식품뿐 아니라 전통 의약품으로도 사용된다. 지금도 중동 지역에서 가장 인기 있는 식품이다. 2년생 백합과 구근 식물로 20-50㎝ 정도 자란다. 강한 냄새와 매운맛이 난다. 마늘이 체력이나 기력을 보하는 강장제라는 것은 고대 이집트 시대부터 잘 알려져 있다. BC 2500년 무렵 만들어진 이집트 쿠프(Khufu) 왕의 피라미드 벽면에 새겨져 있는 상형문자에는 피라미드 건설에 종사한 노동자들에게 마늘을 먹였으며 머리가 아

마늘(이스라엘, 예루살렘)

학명(Scientific name): *Allium sativum* L.
과명(Family name): Amaryllidaceae(수선화과)
영어(성경)이름[English (biblical) name]: garlic
한글(성경)이름[Korean (biblical) name]: 마늘
한국식물명(Korean name): 마늘
히브리이름(Hebrew name): 숨(שׁוּם, sum)
주요서식지(Natural habitat): 전 세계

프고 신체가 허약할 때도 사용했다고 기록되어 있다. 맛이 강하고 매운맛과 독특한 구린내가 난다. 고대 그리스 올림픽 대회 전에 선수들에게 기량을 충분히 발휘할 수 있도록 마늘과 양파를 먹였다. 로마 군인들은 마늘과 양파를 자양 강장제로 여겼다.

마늘에는 황이 함유된 물질(sulfur-containing compound)이 들어있다(alliin). 이 성분이 특이한 마늘 냄새의 주 원인 물질로 알려져 있다. 연구에 의하면 마늘은 항암작용, 항혈소판작용, 감기 예방효과 등이 잘 알려져 있다. 로마 시대 유명한 의사인 Galen은 마늘이 모든 병을 치료하는 물질이라고 했다. **마늘은 2002년 Time지가 선정한 10대 건강식품**(블루베리, 귀리, 시금치, 토마토, 브로콜리, 녹차, 마늘, 연어, 견과류, 와인) **중 하나이다.** 또한 마늘을 적극적으로 섭취하면 질병을 줄일 수 있다고 했다.

성경적 의미(Symbolism)

오늘날과 마찬가지로 마늘은 유대인들에게 매우 중요한 채소 식품이었다. 이집트에서 대규모로 재배했다는 것에 의심의 여지가 없다. 출애굽 때 유대인들은 노예 시절에 돈을 지불하지 않아도 먹었던 식품을 기억하며 이들을 먹고 싶다고 했다. 이집트에서 생산되는 수박과 함께 유대인들이 좋아했던 식품이었다.

주요성경(Main phrases)

민수기 11:5 우리가 애굽에 있을 때에는 값없이 생선과 오이와 참외와 부추와 파와 마늘(garlic)들을 먹은 것이 생각나거늘

Ⅳ-12. 오니소갈룸(Ornithogalum, 비둘기 똥)

오니소갈룸(레바논)

학명(Scientific name): *Ornithogalum umbellatum* L.
과명(Family name): Asparagaceae(비짜루과)
영어(성경)이름[English (biblical) name]: ornithogalum, star of Bethlehem (dove's dung)
한글(성경)이름[Korean (biblical) name]: 비둘기 똥
한국식물명(Korean name): 오니소갈룸, 합분태
히브리이름(Hebrew name): 디비오님(דביונים, dibiyonim)
주요서식지(Natural habitat): 남유럽, 중동, 유대

코카서스(Caucasus)가 원산으로 중동 지역에도 널리 분포한다. 구근(bulb)으로 긴 줄기를 가지고 있는 다년생 식물로 30-70cm 정도 자란다. 뿌리는 희고 난형이다. 잎은 곧고 길다. 흰 꽃이 별 모양(star-shaped)이며 5-6월에 핀다. 줄기 위로 곧

게 솟은 모양이다. 꽃잎은 6개다. 적어도 수십 종이 알려져 있다. 축축한 초원, 모래 언덕, 나뭇잎이 떨어진 곳에서 흔히 발견된다. 비짜루과 구근 식물 중 오니소갈룸(*Ornithogalum narbonense* L.)이 유일하게 먹을 수 있는 종이다. 기근 시에 식용으로 사용했다. 독성이 있어서 익혀서 먹는다.

그리스 어원 'ornithos-'는 '새(bird)'를 뜻하고 'galum'은 'milk'를 뜻한다. 이 꽃이 피기 전 꽃봉오리가 위로 방긋이 솟아 있는데 마치 비둘기 똥 모양이다(오니소갈룸 사진 참조). 성경에 새의 밀크(bird's milk) 또는 새똥(bird's dung)은 밀크나 똥이 아니고 구근 식물인 오니소갈룸이다. 우리나라도 이와 유사한 식물 이름들이 있다. 예를 들면, 노루오줌, 쥐오줌풀, 애기똥풀 등이다.

성경적 의미(Symbolism)
- 극심한 기근을 생각하게 하다

엘리사 시대에 아람왕 벤하닷이 군대를 이끌고 사마리아 성을 에워싸고 있을 무렵 백성들이 굶주림에 허덕이자 성안에 있는 비둘기 똥(dove's dung) 마저도 많은 돈을 주고 사 먹어야 했다고 언급했다. 그러나, 성경에서 비둘기 똥은 실제로 비둘기 똥이 아니고 오니소갈룸 식물의 뿌리(구근)다. 초기 성경에는 합분태(鴿糞太, 비둘기 똥)로 번역했다. 오니소갈룸 1/4갑(cab)이 어느 정도인지 정확하지 않으나 5쉐겔(shekels)에 판매되었다. 전통적으로 기근이 있을 때 야생의 이 식물 뿌리는 볶거나 삶아서 식용으로 사용했다.

이 식물의 별명은 '베들레헴의 별(Star of Bethlehem)'인데 베들레헴 고장에서 흔하게 피는 별 모양의 꽃에 근거를 두고 있다.

주요성경(Main phrases)

열왕기하 6:25 아람 사람이 사마리아를 에워싸므로 성중이 크게 주려서 나귀 머리 하나에 은 팔십 세겔이요 **비둘기 똥**(ornithogalum) 사분의 일 갑(cab)에 은 다섯 세겔이라 하니

Ⅳ-13. 짠 나물(Salted herbs)

성경에서 언급한 짠 나물은 두 종류가 있다. 하나는 관목이고 다른 하나는 채소이다.

Ⅳ-13-1. 명아주(Saltwort)

명아주(이스라엘, 쉐펠라)

학명(Scientific name): *Atriplex halimus* L.
영어(성경)이름[English (biblical) name]: salted herbs
한국식물명(Korean name): 명아주
주요서식지(Natural habitat): 중동, 사하라 사막, 남유럽

과명(Family name): Amaranthaceae(비름과)
한글(성경)이름[Korean (biblical) name]: 짠 나물
히브리이름(Hebrew name): 말루아(מַלּוּחַ, malluah)

이 식물 이름에 대한 그리스 어원은 "짜다(salted)"에서 유래했다. 건조한 알칼리 토양에서 잘 자란다. 소금과 바다 바람에 강한 식물로 알려져 있다. 학명 'halimus'는 라틴 또는 그리스어에서 '소금(salt)'을 뜻한다. 사해와 중동 지역에서 많이 발견되는 식물이다. 원래 1년생 초본이지만 일부는 다년생 상록 관목으로 덤불(shrub)을 이룬다. 키는 1.5m 정도 자란다. 회색 또는 은색의 잎은 둥글거나

마름모형이다. 꽃은 매우 작게 피고 처음에는 녹색이다가 나중에 노란색으로 변한다. 여린 잎은 먹을 수 있으며 짠맛을 낸다. 꽃은 자잘한 송이가 빽빽하게 박혀 있는 듯하다. 소금 성분을 보충하기 위해 먹기도 했다. 최근 연구에서 이 식물에 혈당을 낮추는 성분이 있다고 알려졌다.

IV-13-2. 아욱(Mallow)

아욱(이스라엘, 갈릴리)

학명(Scientific name): *Malva sylvestris* L.

과명(Family name): Malvaceae(아욱과)

영어(성경)이름[English (biblical) name]: common mallow, salted herbs

한글(성경)이름[Korean (biblical) name]: 짠 나물

한국식물명(Korean name): 당아욱, 명아주

히브리이름(Hebrew name): 말루아(מַלּוּחַ, malluah), 할라무트(חלמות, halamut)

주요서식지(Natural Habitat): 중동, 이스라엘

이스라엘에는 적어도 3종의 아욱과 식물(*Alcea setosa, Malva sylvestris, Malva nicaeensis*)이 서식하고 있다. 이들은 중동과 유럽, 북아프리카의 온대와 아열대가 원산이며, 이들 중 '*Malva sylvestris*'의 아욱은 40-90cm 정도로 자라는 2년 또는 다년생 허브 식물이다. 가지가 많고 잎이 두텁다. 작은 잎은 집단을 이루며 자란다. 잎의 크기는 2-4cm이며 겨울에 수확하여 국이나 샐러드에 사용한다. 꽃은 핑크색이며 7-9월 사이에 핀다. 이 식물에 대한 최근 연구에 의하면 해열작용, 진통작용, 면역증강작용 등이 있다고 알려졌다. 유대지역 들에 잘 자라며 보리 추수 전에 흉년의 음식으로도 사용했다.

성경적 의미(Symbolism)

성경에서 나오는 짠 나물들이 유대인 사이에서는 가난한 자들이 먹는 식물로 알려져 있다. 잎에 소금기가 있는 어린 싹을 나물로 만들어 먹었다. 한글성경의 욥기 6장 6절에 '싱거운 것이 소금 없이 먹히겠느냐 닭의 알 흰자위가 맛이 있겠느냐'의 NIV성경의 영문은 다음과 같다. "Is tasteless food eaten without salt, or is there flavor in the sap of the mallow?" 이를 번역하면 "맛없는 음식을 소금없이 먹겠느냐, 아욱의 수액(점액)에 맛이 있겠느냐?"에서 아욱은 짠 나물의 하나로 여겨진다.

욥기 30장 4절에 짠 나물로 알려진 식물이 갯능쟁이(*Atriplex halimus*)라고 주장하기도 한다.

주요성경(Main phrases)

욥기 6:6 싱거운 것이 소금없이 먹히겠느냐 **닭의 알 흰자위**(mallow)가 맛이 있겠느냐

욥기 30:4 떨기나무 가운데에서 **짠 나물**(salted herb)을 꺾으며 대싸리 뿌리로 먹을 거리를 삼느니라

Ⅳ-14. 쓴 나물(Bitter herbs)

성경 시대에 쓴 나물(bitter herbs)의 종류가 많았다. 상추(Lettuce)와 치커리(chicory), 물냉이(watercress), 수영(sorrel), 서양민들레(dandelion) 등이 있다. 한 가지로 명시하는데는 문제가 있다. 특히 쓴 나물(bitter herbs)은 다른 채소에 비해 칼로리가 적기 때문에 다이어트(diet) 식품들이다. 칼슘과 인 그리고 인슐린 작용 성분이 들어있다. 쓴 나물은 위장, 담낭, 비장 및 간질환에 사용했다. 히브리어 'marror'는 '쓰다'의 뜻을 가지고 있다.

Ⅳ-14-1. 상추(Lettuce)

소위 로메인 상추(romaine lettuce)로 불리는 상추는 BC 3000년 전부터 고대 이집트 사람들이 재배했다. 1년생 초본으로 잎을 먹는 채소류이다. 매우 빨리 성장

상추(이스라엘, 갈릴리)

학명(Scientific name): *Lactuca sativa* L.
과명(Family name): Asteraceae(국화과)
영어(성경)이름[English (biblical) name]: (bitter herbs), lettuce
한글(성경)이름[Korean (biblical) name]: 쓴 나물
한국식물명(Korean name): 상추
히브리이름(Hebrew name): 핫사(חַסָּה, chasah)
주요서식지(Natural habitat): 이집트, 유럽

한다. 이 채소는 그리스를 거쳐 로마에 전해졌다. '*Lactuca*'는 로마어로 'milk'를 뜻한다. 잎을 자르면 흰 액이 나오기 때문이다. 이집트 사람들과 로마인들은 상추를 정력제로 생각했다. 상추의 쓴맛 성분인 'sesquitepene lactone'이 들어 있고 약간의 수면 효과를 나타낸다.

유럽의 대표적 샐러드인 시저 샐러드(Caesar salad)의 대표적인 채소이다. 현재는 품종을 개량하여 쓴맛이 거의 없다. 엽산(Folate)과 철(iron), 그리고 비타민 K와 A가 많다.

IV-14-2. 야생 치커리(Wild chicory)

북유럽 원산의 다년생 초본이다. 팔레스타인의 구릉지 또는 강둑을 따라 자생하는 식물로 먹을 수 있는 나물이다. 성경에서는 여러해살이풀인 야생 치커리(wild

야생 치커리(레바논)

학명(Scientific name): *Cichorium intybus*(*C. pumilum*)
과명(Family name): Asteraceae(국화과)
영어(성경)이름[English (biblical) name]: dwarf chicory(bitter herb)
한글(성경)이름[Korean (biblical) name]: 쓴 나물
한국식물명(Korean name): 치커리
히브리이름(Hebrew name): 올레쉬(עוֹלֶשׁ, olesh)
주요서식지(Natural habitat): 남유럽, 지중해, 북아프리카

chicory)를 대표적으로 들고 있다. 잎은 주걱모양이며 화살형 줄기는 비스듬이 자라고 끝은 뾰족하다. 그 표면에는 주름이 있다. 줄기는 가늘고 연약해 보인다. 꽃은 연한 청색이며 가끔 핑크색 또는 흰색도 있고 매우 아름답다. 치커리 속 식물의 종류가 다수 있다. 30-100cm까지 자란다. 유럽에서는 수프나 샐러드로 사용한다. 유대인들은 설사 등에 민간요법으로 사용했다. 치커리 뿌리에는 당뇨에 좋은 성분이 들어있다. 또한 최근에는 항암효과도 있는 것으로 알려졌다.

IV-14-3. 물냉이(Watercress)

물냉이(이스라엘, 지중해 해변)

학명(Scientific name): *Nasturtium officinale* R.
과명(Family name): Cruciferae(십자화과)
영어(성경)이름[English (biblical) name]: watercress, bitter herbs
한글(성경)이름[Korean (biblical) name]: 쓴 나물
한국식물명(Korean name): 물냉이
히브리이름(Hebrew name): 마로르(מָרוֹר, maror)
수요서식지(Natural habitat): 유럽

이 식물은 다년생 초본으로 자르면 계속해서 새로운 싹이 나온다. 보통 50-100cm 정도 자란다. 유대지역에서 시내나 강둑을 따라 야생으로 자라는 식물이며 전 세계에 분포되어 있다. 많은 쓴 나물들이 개량되어 쓴맛을 잃어가고 있지

만 물냉이는 과거에 비해 크게 변하지 않았다. 잎, 줄기 및 열매를 식용으로 사용한다. 주로 샐러드로 이용한다.

IV-14-4. 수영(Sorrel)

수영(이스라엘, 사해)

학명(Scientific name): *Rumex acetosa* L.
영어(성경)이름[English (biblical) name]: commom sorrel
한국식물명(Korean name): 수영
주요서식지(Natural habitat): 유럽, 아시아

과명(Family name): Polygonaceae(마다풀과)
한글(성경)이름[Korean (biblical) name]: 쓴 나물
히브리이름(Hebrew name): 마로르(מָרוֹר, maror)

수영은 마디풀과의 여러해살이풀이다. 줄기는 보통 60㎝ 정도로 곧게 자란다. 잎은 어긋나며 긴 타원형 모양인데 아랫부분은 화살촉 모양이다. 뿌리와 잎은 뭉쳐나며 잎자루가 길다. 암수 딴 그루로서 꽃은 5-6월경에 녹색이나 엷은 홍

색으로 피고 원뿔 모양의 이삭을 이루면서 가지 끝에 종자가 달린다. 국내에도 자생하는 식물이다. 학명에 '*acetosa*'는 '식초(vinegar)'란 뜻으로 잎에서 신맛이 난다. 어린잎과 줄기는 식용으로 사용한다 이 식물로 만든 음식인 수영국(sorrel soup)이 있다.

IV-14-5. 서양민들레(Common dandelion)

유럽 원산으로 온화한 기후에 분포하는 다년생 초본이다. 매우 강인한 생명력을 지니고 있다. 이른 봄에 뿌리로부터 잎이 나며 3-5월에 노란 꽃이 핀다. 맛은

서양민들레(이스라엘, 유대 산지)

학명(Scientific name): *Taraxacum officinale* Weber.
과명(Family name): Asteraceae(국화과)
영어(성경)이름[English (biblical) name]: dandelion, bitter herbs
한글(성경)이름[Korean (biblical) name]: 쓴 나물
한국식물명(Korean name): 서양민들레
히브리이름(Hebrew name): 센 하아리(שֵׁן הָאֲרִי, shen ha'ariy)
주요서식지(Natural habitat): 전 세계

매우 쓰며 흰 유액이 나온다. 잎은 깃모양으로 깊이 갈라진다. 양면에 털이 없다. 어린 뿌리와 잎은 식용으로 사용한다. 치커리, 상추 등을 포함한 대표적 쓴 나물이다. 유월절에 먹는 쓴 나물로 확인할 수는 없으나 전통적으로 유대인들은 민들레 잎을 식용으로 사용했다.

성경적 의미(Symbolism)
- 유월절에 함께 먹는 음식

민들레는 유대인들이 유월절 음식으로 사용했을 가능성이 있는 식물이다. 출애굽 하면서 사막을 여행하는 동안 이 목적을 위해 쓴 나물을 채취할 수 있었다.

고대 유대인들은 쓴 나물을 종종 고역의 의미로 사용하기도 했다. 쓴 나물과 함께 먹으라는 말은 **노예 시절의 고통을 기억하는 의미**로 해석할 수 있다. 쓴 음식은 이집트에서의 노예 생활을 기억하기 위한 유월절(Passover)을 기념하는 저녁 음식이다. 그러나 육류를 섭취할 때 쓴 채소와 함께 먹을 것을 권하는 것은 현대인의 건강한 식생활에도 매우 중요한 의미를 부여하고 있는 내용이다. 인간의 생존과 더불어 스스로 질병을 방어하는 수단으로 채소와 함께 육류 섭취를 권고했다는 일은 매우 놀라운 일이다.

또 다른 쓴 나물은 겨자무(horseradish, 고추냉이)로 주성분은 'allyl isothiocyanate, mustard oil'인데 기독교인들이 부활절 또는 유월절에 전통적으로 먹고 있다. 그러나 유월절에 구체적으로 어떤 쓴 나물을 먹었는지는 분명하지 않다. 쓴 나물은 봄에 길가에서 흔히 볼 수 있다.

주요성경(Main phrases)

출애굽기 12:8 그 밤에 그 고기를 불에 구워 무교병과 **쓴 나물**(bitter herbs)과 아울러 먹되
민수기 9:11 둘째 달 열넷째 날 해 질 때에 그것을 지켜서 어린 양에 무교병과 **쓴 나물**(bitter herbs)을 아울러 먹을 것이요
예레미야애가 3:15 나를 **쓴 것들**(bitter herbs)로 배불리시고 쑥으로 취하게 하셨으며

Ⅳ-15. 쑥(Wormwood, 인진)

쑥(이스라엘, 네게브)

학명(Scientific name): *Artemisia herba-alba* Asso.
영어(성경)이름[English (biblical) name]: wormwood
한국식물명(Korean name): 향쑥, 인진, 아르테미시아 흰쑥
주요서식지(Natural habitat): 네게브 사막, 중동

과명(Family name): Asteraceae(국화과)
한글(성경)이름[Korean (biblical) name]: 쑥
히브리이름(Hebrew name): 라아나(לַעֲנָה, la'anah)

쑥의 종류는 200-400여 종이나 된다. 쓴맛이 나는 이유는 쓴맛 성분(sesquitepene lactone)이 들어 있기 때문이다. 전 세계에 분포한다. 국화과에 속하는 1년 또는 2년생 초본이다. 키는 40㎝ 정도 자란다. 잎에는 수분 발산을 방지하기 위해 작은 털이 나 있으며 향이 난다. 뿌리는 깊은 곳까지 뻗고 있다. 대부분 향기가 강하고 쓴맛을 지니고 있다. 이 식물의 학명 '**Artemisia**(로마에서는 Diana)'는 그리스의 다산의 여신 '**Artemis**(아데미, 사도행전 19장에 나오는 여신과 동일)'에서 유래했다.

쑥은 다양한 용도의 의약용으로 사용된다. 장염, 복통 등 소화기 질환에 사용했다. 베두인들은 이 쑥을 말려서 장의 구충제(helminthic)로 사용했다[A. cina는 산토닌(santonin)의 원료가 된다]. **개똥쑥**(*Artemisia annua*, sweet wormwood)의 주성분은 알테미시닌(artemisinin)이며 말라리아 치료제로도 사용한다. 중국의 과학자 투유유(屠呦呦)가 개똥쑥을 이용하여 말라리아 치료제를 개발한 공로로 노벨생리의학상을 받았다.

성경적 의미(Symbolism)
- 저주와 고난의 상징

쑥은 히브리 원어(la'anah)로는 '저주하다(curse)'를 의미한다. 재앙, 고난, 불행, 저주를 나타내는 식물이다. 또한 '쓰다'라는 표현을 하기 위해 쑥을 인용했다. 척박한 사막에서도 잘 자라며 유월절에 먹는 쓴 나물의 하나로 여겨진다. 구약성경과 요한계시록에 독과 함께 언급되었다. 따라서 한글성경에서는 '쓰다'를 뜻하는 단어(bitterness, bitter poison)를 쑥으로 번역했다.

주요성경(Main phrases)

신명기 29:18 너희 중에 남자나 여자나 가족이나 지파나 오늘 그 마음이 우리 하나님 여호와를 떠나서 그 모든 민족의 신들에게 가서 섬길까 염려하며 독초와 쑥(bitter poison)의 뿌리가 너희 중에 생겨서

예레미야 9:15 그러므로 만군의 여호와 이스라엘의 하나님께서 이와 같이 말씀하시니라 보라 내가 그들 곧 이 백성에게 쑥(bitter food)을 먹이며 독한 물을 마시게 하고

예레미야애가 3:19 내 고초와 재난 곧 쑥(bitterness)과 담즙을 기억하소서

아모스 5:7 정의를 쓴 쑥(bitterness)으로 바꾸며 공의를 땅에 던지는 자들아

요한계시록 8:11 이 별 이름은 쓴 쑥(wormwood)이라 물의 삼분의 일이 쓴 쑥이 되매 그 물이 쓴 물이 되므로 많은 사람이 죽더라

V 염료와 옷감(Dyes & Fabrics)

V-1. 헤나(Henna, 고벨화)

아라비아 또는 이집트가 원산이며 건조 지역에서 자라는 열대 관목으로 2-7m 정도 자란다. 건조하고 뜨거운 오아시스 등에서 잘 자란다. 이스라엘에서는 사해 근처(엔게디) 오아시스에 야생으로 서식한다. 잎은 녹색으로 미끈거린다. 줄기의 양쪽에서 잎이 마주 나며 난형이고 양쪽 끝이 뾰족하다. 가지가 길고 엉기면서 휘어진다. 6-7월에 향기로운 황백색의 꽃이 핀다. 꽃잎은 네 개며 작은 편이다. 열매는 완두콩 모양으로 작고 둥글며(0.5-0.7cm), 그 안에 삼각뿔 모양의 작은 씨앗이 100여 개 들어있다. 이 나무의 잎을 말려 잘게 부수어 추출한 염료는 머리카락이나 수염, 손톱, 가죽, 섬유, 비단 등을 적갈색으로 염색하는 데 사용된다. 주성분인 로손(lawson)을 피부에 바르면 단백질과 결합하여 적갈색 또는 적황색을 띤 갈색으로 착색된다.

이 꽃은 아름답고 향기가 매우 진해서 인도에서는 꽃다발로 사원에 드려진다. 꽃에서 추출한 향기로운 오일은 종교적 축제 때 사용했다. 증류된 향료는 화장품으로 사용한다. 아랍인들은 약으로도 사용했다. 성경 시대 및 로마 시대 문신(tattoo)의 원료로 사용했으며 지금도 사용한다. 코페르(koper)의 어원인 히브리 동사 '카파르(כפר, caper)'는 '덮는다'는 의미가 있으며 이 식물의 이름으로 정했을 수도 있다. 헤나는 아랍어 이름이고, 한글성경은 히브리 원어의 이름(koper) 그대로 고벨화로 명명했다.

헤나(이스라엘, 예루살렘)와 문신

학명(Scientific name): *Lawsonia inermis* L.
과명(Family name): Lythraceae(부처꽃과)
영어(성경)이름[English (biblical) name]: henna, camphire
한글(성경)이름[Korean (biblical) name]: 고벨화
한국식물명(Korean name): 헤나
히브리이름(Hebrew name): 코페르(כֹּפֶר, koper)
주요서식지(Natural habitat): 북아프리카, 아라비아 반도, 중동, 요르단

painted by ⓒ 오기완

성경적 의미(Symbolism)
- 사랑하는 사람을 이 꽃에 비유했다

솔로몬 시대 이스라엘 엔게디지역의 포도원에 고벨화(헤나)가 있었다고 노래했다(아 1:14). 다윗이 사울을 피해 도망친 곳이 엔게디며, 이곳에는 온갖 꽃들이 많이 피는 곳으로 특히 고벨화로 유명한 지역이다. 이 식물은 유일하게 아가서에만 두 번 인급된 식물이다. 사랑하는 자를 노래할 때 이 꽃을 인용했다. 짙은 향기 때문에 향기로움을 대표하는 식물이다.

주요성경(Main phrases)

아가 1:14 나의 사랑하는 자는 내게 엔게디 포도원의 **고벨화**(henna) 송이로구나
아가 4:13-14 네게서 나는 것은 석류나무와 각종 아름다운 과수와 **고벨화**(henna)와 나도풀과 나도와 번홍화와 창포와 계수와 각종 유향목과 몰약과 침향과 모든 귀한 향품이요

V-2. 사프란(Saffron, 번홍화)

노란꽃 사프란 / 흰꽃 사프란(이스라엘, 예루살렘)

학명(Scientific name): *Crocus vernus* L. *Crocus sativus L.*
과명(Family name): Iridaceae(붓꽃과)
영어(성경)이름[English (biblical) name]: saffron crocus, safflower, safran
한글(성경)이름[Korean (biblical) name]: 번홍화
한국식물명(Korean name): 사프란, 번홍화
히브리이름(Hebrew name): 카르콤(כַּרְכֹּם, karkom), 하바첼렛(חבצלת, ḥăḇatseleṯ)
주요서식지(Natural habitat): 중동, 이란, 동아시아

다년생 알뿌리 식물인 사프란(saffron)은 본래 페르시아(이란)어인데 아랍어로는 '노랗다'의 뜻을 가지고 있다. 보통 10-30㎝ 정도 자란다. 매우 아름다운 노란색 또는 자색의 꽃이 가을에 핀다. 붓꽃과에 속하며 꽃의 암술대를 건조시켜 천연색소 및 향신료를 만든다. 요리할 때 조미료나 염료로 쓴다. 주로 고가의 의류를 염색하는데 이용했다. 암술대는 3개로 염료를 생산하기 위해서는 많은 양을 필요로 한다. 노란색(황금색)을 내는 특성 때문에 사프란은 전 세계적으로 수요가 많다. 사프란 향신료 1파운드를 만드는데 약 10만 개의 암술대가 필요하다고 한다. 15만 꽃대를 따는데 40여 시간의 노동력이 필요하며 이만큼의 꽃을 따려면 축구장 크기의 면적이 필요하다. 옷을 염색하기 위해 재배했던 "가난한 자의 사프란(poor man's saffron)"으로 알려진 꽃이다. 너무 고가라서 때때로 다른

식물 염료로 대체되기도 했다. 이집트 클레오파트라가 목욕수로 사프란을 이용한 것으로도 유명하다. **예로부터 매우 고가의 향신료로 알려져 있다.** 성경 시대에는 사프란은 주로 지중해 서쪽 지역인 이란에서 주로 생산되었다.

카로티노이드(Carotenoid) 색소와 크로신(crocin)이라는 물질이 들어 있어 음식에 넣었을 때 황금빛 내지는 노란색을 띠게 된다. 이베리아 반도에서는 아랍인들이 스페인을 정복했을 때 재배하기 시작했다. 학명 'sativus'는 '재배하다'는 뜻을 가지고 있다. **스페인 카탈루냐 지방의 유명한 음식 '빠야(Paeya, paella)'에 들어가는 향신료이다.** 사프란 성분인 '피크로크로신[(picro)crocin]'은 약간 쓴 맛을 내며 요오드(iodine) 또는 건초 향기가 있는 금속성 꿀맛이 특색인데 피크로크로신과 사프라날(safranal)이라는 화학물질 때문이다. 이 성분은 약간의 독성을 일으킨다. 요즘에는 화학물질이 염료를 대신하기 때문에 염료로서의 용도는 별로 중요하지 않다.

V 염료와 옷감

성경적 의미(Symbolism)
- 꽃의 아름다움을 노래하다

성경에서는 다른 향료와 함께 아가서는 'saffron'으로(아 4:13-14), 이사야서는 'crocus'로 나온다(사 35:1). 성경에 나오는 번홍화는 동양의 잇꽃(safflower, *Carthamus tictorius*)과 유사하다. 성경에서는 꽃의 아름다움을 노래했지만 한편, 꽃으로 옷을 염색하는 색소 식물로, 다른 향료와 함께 중요한 교역 물품이었다. 솔로몬 시대 정원 등에서 재배되었을 것으로 보이지만 다른 향료와 함께 이란 등에서 수입되었을 것으로 보인다. 이 꽃은 수전절(修殿節, 하누카) 때 피우는 촛대와 모양이 비슷하다.

주요성경(Main phrases)

아가 4:13-14 네게서 나는 것은 석류나무와 각종 아름다운 과수와 고벨화와 나도풀과 나도와 **번홍화**(saffron)와 창포와 계수와 각종 유향목과 몰약과 침향과 모든 귀한 향품이요

이사야 35:1 광야와 메마른 땅이 기뻐하며 사막이 **백합화**(crocus) 같이 피어 즐거워하며

V-3. 서양꼭두서니(Madder, 부아)

서양꼭두서니(이스라엘, 예루살렘)

학명(Scientific name): *Rubia tinctorum* L.

영어(성경)이름[English (biblical) name]: madder

한국식물명(Korean name): 서양꼭두서니

주요서식지(Natural habitat): 중동 동부지역

과명(Family name): Rubiaceae(꼭두서니과)

한글(성경)이름[Korean (biblical) name]: 부아(자색)

히브리이름(Hebrew name): 푸아(פּוּּה, puah)

붉은색 염료로 이용되는 식물이다. 높이 1.5m까지 자랄 수 있는 이 식물은 상록 다년생이다. 잎의 길이는 5-10㎝, 폭은 2-3cm로 중앙 줄기에 4-7개의 잎이 별 모양으로 돌려가며 달린다. 줄기는 네모지고 속이 비어 있다. 가지에는 많은 날카로운 가시들이 있다. 꽃의 크기는 3-5㎜ 정도로 옅은 황색이다. 씨는 직경 4-6㎜의 검붉은 열매 속에 씨가 조밀하게 들었다. 뿌리는 붉은색 염료의 원천이다. 뿌리의 길이는 1m 이상이며 최대 굵기는 12㎜ 정도 자란다.

다른 이름으로는 로즈매더(rose madder)와 함께 튀르키예를 상징하는 붉은색이 이 식물로부터 유래되었다. 일정한 수분 함량을 가진 모래 점토(loamy)에서 잘 자란다. 고대로부터 가죽, 양모, 면, 실크를 만드는데 식물성 염료로 사용되어 왔다. 염료 생산을 위해 뿌리는 2년 후에 수확한다. 바깥 쪽은 갈색이며 아래쪽은 황색 등 다양한 색상을 제공한다. 매염제인 명반을 사용하여 천에 고정한다. 뿌리에는 루버치린(ruberthyrin)이 들어있다. 건조하거나 발효 또는 산 치리에 의해 알리자린(alizarin) 및 풀푸린(purpurin)으로 바뀐다. 알리자린은 잉크를 만드는데도 사용되었다(현재는 합성하여 사용한다. 풀푸린은 일반적으로 착색되지 않지만 알칼리성 용액에 용해되면 적색이 된다. 점토와 혼합하고 명반과 암모니아로 처리하면 화려한 붉은색의 착색료를 만든다). 염색은 주로 이집트와 페르시아, 인도 등지에서 이루어졌으며 이스라엘 사람들에게 염색은 익숙하지 않았다. 이집트의 파라오 무덤이나 고린도와 폼페이에서 이 식물로 염색한 옷이 발견되었다. 이 식물 외에 헤나(Henna, *Lawsonia intermis*)는 황색과 오렌지색, 그리고 적갈색의 원료로 사용되었고 인디고(indigo, *Indigofera tinctoria*)는 청색을 염색하는 원료로 사용되었으며 대청(woad, *Isatis tinctora*)은 노란색과 청색의 원료로, 잇꽃(safflower, *Carthamus tinctorius*)은 황색과 오렌지색의 원료로 각각 사용되었다.

패류인 '*Murex Shellfish*'의 내장 분비물에서 추출한 고가의 보라색(Tyrian purple) 염료는 고대 페니키아(Phoenicia)사람들이 사용했으며 주산지가 두로(Tyre)로 알려져 있다.

성격적 의미(Symbolism)
- 붉은 색 염료

성경에서 실제로 이 식물을 직접 언급하지는 않았다. 히브리어 '*Puah*'는 '꼭두서니(madder)'를 뜻한다. 성경 두 군데에 사람 이름으로 부와[푸아(Puah)]가 나온다(창 46:13; 삿 10:1).

고대로부터 자색 염색은 페니키아(소라라는 뜻의 페니크에서 유래)인 특히 Tyre(두로) 사람들의 주요 무역 상품이었다. 이들은 자색 염료를 얻기 위해 동물성 원료로는 조개(murex shellfish)의 내장 분비물을 원료로 사용하거나, 식물성 원료로는 꼭두서니를 사용했다. "두아디라 시에 있는 자색 옷감 장사로서 하나님을 섬기는 루디아라 하는 한 여자가 말을 듣고 있을 때 주께서 그 마음을 열어 바울의 말을 따르게 하신지라(행 16:14)." 이때 자색 옷감 장사는 앞서 언급한 동물성 염료 또는 튀르키예 레드(꼭두서니 뿌리의 물감)와 같은 염색 물감을 팔거나 옷을 물들이는 직업인일 것이다.

그러나, 고대 이스라엘 사람들은 염색법을 알지 못했으며 대부분 페니키아나 이집트에서 염색된 옷을 가져왔다고 한다. "너는 성막을 만들되 가늘게 꼰 베(삼베) 실과 청색 자색 홍색 실로 그룹(천사의 한 종류)을 정교하게 수 놓은 열 폭의 휘장(천장 위에 치는 치장)을 만들지니(출 26:1)"에서 붉은색 또는 자색은 꼭두서니의 뿌리에서 유래한다. 옷을 자색으로 염색할 때 이 식물을 사용했다.

주요성경(Main phrases)

창세기 46:13 잇사갈의 아들은 돌라와 **부와**(Puah)와 욥과 시므론이요

사사기 10:1 아비멜렉의 뒤를 이어서 잇사갈 사람 도도의 손자 **부아**(Puah)의 아들 돌라가 일어나서 이스라엘을 구원하니라 그가 에브라임 산지 사밀에 거주하면서

출애굽기 26:1 너는 성막을 만들되 가늘게 꼰 베(삼베) 실과 청색 **자색**(purple) 홍색 실로 그룹(천사의 한 종류)을 정교하게 수 놓은 열 폭의 휘장을 만들지니

사도행전 16:14 두아디라 시에 있는 **자색**(purple) 옷감 장사로서 하나님을 섬기는 루디아라 하는 한 여자가 말을 듣고 있을 때 주께서 그 마음을 열어 바울의 말을 따르게 하신지라

V-4. 대청(Woad)

대정(이스라엘, 예루살렘)

학명(Scientific name): *Isatis tinctoria* L.

과명(Family name): Brassicaceae(십자화과)

영어(성경)이름[English (biblical) name]: woad(purple linen)

한글(성경)이름[Korean (biblical) name]: 직접 인급 없음

한국식물명(Korean name): 대청

히브리이름(Hebrew name): 이스티스(איסטיס, istis)

주요서식지(Natural habitat): 남부유럽, 코카서스

대청은 아시아와 유럽에 분포하는 2년생 또는 다년생 초본으로 보통 60-150cm 정도 자란다. 적어도 같은 속 식물 45종이 있다. 그 중 대청이 가장 흔한 식물이다. 잎은 청록색의 화살 모양이다. 5-6월에 노란 꽃이 집단(clusters)을 이루며 핀다. 꼭두서니(madder)와 함께 이 식물은 문신(tatoo)과 직물을 염색하는데 오랫동안 사용되었다. 특히 성경 시대에 보라색(purple) 물감으로 사용되었으며 끓이면 노란색 또는 오렌지색도 나온다. 발효되도록 오래 두면 청색도 나온다. 고대 그리스나 로마 시대로부터 알려졌으며 수세기 동안 염료로써 매우 중요한 식물이었다. 20세기 인도로부터 인디고(indigo, *Indigofera tinctoria*)가 수입되면서부터 이 염료의 사용이 쇠퇴하기 시작했다. 이마저 현재는 합성 염료로 대체되었다.

성경적 의미(Symbolism)

이 식물이 성경에 구체적으로 언급되지는 않았으나 성경 시대 옷(linen)에 염료로 흔히 사용했던 식물이다. 요한계시록에는 직물에 색을 입히는 염색 재료들을 소개했는데, 자색(purple) 염료로 사용한 식물이 대청(woad)이다.

주요성경(Main phrases)

요한계시록 18:12 그 상품은 금과 은과 보석과 진주와 세마포와 자주(purple) 옷감과 비단과 붉은 옷감이요 각종 향목과 각종 상아 그릇이요 값진 나무와 구리와 철과 대리석으로 만든 각종 그릇이요

V-5. 아마(Flax, Linen, 세마포, 삼베)

아마 꽃과 씨(튀르키예, 이스탄불)

학명(Scientific name): *Linum usitatissimum* L.

과명(Family name): Linaceae(아마과)

영어(성경)이름[English (biblical) name]: flax, linen

한글(성경)이름[Korean (biblical) name]: (삼)베, 세마포

한국식물명(Korean name): 아마

히브리이름(Hebrew name): 피쉬타(פִּשְׁתָּה, pishtah), 세스(שֵׁשׁ, šêš)

주요서식지(Natural habitat): 유럽, 중동, 아시아

중앙아시아 원산의 1년생 또는 다년생으로 줄기의 높이는 1m 안팎이다. 줄기는 호리호리하며 연한 청록색 잎은 좁고 길다(길이는 20-40cm 정도, 너비는 3mm 정도). 꽃은 보라색이 많고 노란색, 붉은색, 흰색도 있다. 다섯 개의 꽃잎을 가지고 있으며 길이는 15-25mm 정도 된다. 둥근 모양의 열매는 삭과(익으면 스스로 터짐)며 안에는 10여 개의 씨가 들어있다.

아마(flax) 줄기의 섬유를 이용하여 만든 옷감을 아마포(linen)라고 부른다. 이집트에서는 이미 4,000년 전부터 아마(flax)를 재배해 왔으며, 사원 등에 이 식물이 그려져 있어 오래전부터 이 지역에서 식품과 직물로 사용했음을 짐작할 수 있다. 씨는 기름을 짜거나 음식으로 사용한다. 섬유는 직물로 사용했는데 줄기를 이용한다. 이 직물(linen)은 목화보다 3배 정도 강하다고 알려져 있다. 학명에 '*Usitatissimum*'의 뜻은 'most useful(아주 요긴한)'이라는 뜻이다. 실제로 옷감과 식품으로 유용한 식물이다. 뿐만 아니라 심지, 수의, 돛, 길이를 재는 자를 만드는데 사용했다. 선(Line)과 혈통(lineage) 등의 단어가 'linen' 으로부터 파생되었다. 당시 이 식물로 만든 직물은 순결을 의미했으며, 따라서 이 직물로 만든 옷은 사제들만 입었다고 한다. 중동 지역의 페니키아 여자들은 아마 줄기를 이용하여 옷과 양탄자를 만들었고 이 직물로 이집트와 거래했다.

아마씨에는 필수 지방산이 풍부하여 현대인은 이 식물의 씨를 건강식품으로 사용하고 있는데, 혈중 총 콜레스테롤(cholesterol)과 혈압을 낮춘다고 알려져 있다. 아마씨(flax-seed)를 아마인(亞麻仁)이라고 하는데 기름을 내어 약재로도 사용하고 잉크나 페인트 제조에도 사용한다. 우리나라의 대마(*Cannabis sativa*)와는 다른 식물이다. 따라서 국내에서 대마 줄기로 만든 삼베와는 다르다.

성경적 의미(Symbolism)
- 예수님 장례에서 수의로 사용한 직물

구약에 자주 등장하는 세마포는 아마로 만든 옷감으로 가장 오래된 직물이다. 이 직물은 여러 색으로 염색하여 성막을 치장하는데 사용했다(출 26:1). 또한 성직자들이 입는 에복을 만드는데도 이용했다(출 28:6). 성직자만 입는 에봇은 정교하게 짠(fine linen) 것으로 성직자의 정의를 상징하고 있다. 이 직물은 고급 옷에 속하며 당시 성직자 및 부유층만 입을 수 있었다(에 8:15; 눅 16:19). 두 재료로 함께 직조된 옷은 허락하지 않았다(레 19:19).

또한 베는 죽은 자의 장례에도 사용되었다. 요한복음 19장 40절에서 예수의 시체를 쌌던 세마포는 장례식에서 사용하는 수의로 아마(flax)로 만들었다. 성경 사해본도 발견 당시에 베로 둘러져 있었다. 기생 라합이 정탐군을 삼대(stalks of flex)에 숨겼다(수 2:6).

보리는 식량의 주식으로 재배되었고 삼(flex) 농사는 의복을 위하여 재배되었으므로 매우 중요한 작물이었다. 여호와 하나님을 두려워하지 않는 백성들에게 보리와 삼(flex) 농사를 망치게 한(출 9:13) 것은 큰 징벌이었다. 또한, 잠언에서 현숙한 여인을 언급하며 “양털과 삼을 구하여 부지런히 손으로 일하며”라고도 했다.

피쉬타(פִּשְׁתָּה, pishtah)는 이사야 42장에서 ‘등불’로도 번역이 되었는데 영어로는 ‘wick’, 즉 ‘심지’를 말한다. 아마(flax)가 등불의 심지로 사용되었다는 것은 고고학적으로 설명할 수 있다. 1930년 네게브(Negev) 사막의 쉬브타(Shivta) 마을에서 비잔틴 시대(AD 5-6세기) 유물 중 유리 등잔이 발견되었는데, 2017년 재조사를 의뢰받은 수케닉 박사(Dr. Naama Sukenik)는 등잔의 구리 튜브 심지 안쪽에 삼베 섬유가 들어 있다는 것을 밝혀냈다. 그러나 이보다 앞선 유대인의 문헌인 미쉬나를 보면 안식일에는 아마(flax)로 만든 심지만 사용하여 불을 밝히도록 규정해 놓았다. 아마는 우리나라의 대마포(삼)와 유사하지만 다른 식물이며 성경에서는 아마포로 번역하는 것이 옳다고 본다.

주요성경(Main phrases)

출애굽기 9:31 그 때에 보리는 이삭이 나왔고 삼(flax)은 꽃이 피었으므로 삼(flax)과 보리가 상하였으나

출애굽기 26:1 너는 성막을 만들되 가늘게 꼰 베(linen) 실과 청색 자색 홍색 실로 그룹을 정교하게 수 놓은 열 폭의 휘장을 만들지니

출애굽기 28:6 그들이 금 실과 청색 자색 홍색 실과 가늘게 꼰 베(linen) 실로 정교하게 짜서 에봇을 짓되

레위기 19:19 두 재료로 직조한 옷을 입지 말지며

여호수아 2:6 실상은 그가 이미 그들을 이끌고 지붕에 올라가서 그 지붕에 벌려 놓은 삼(flax)대에 숨겼더라

이사야 42:3 상한 갈대를 꺾지 아니하며 꺼져가는 등불(wick)을 끄지 아니하고 진실로 정의를 시행할 것이며

잠언 31:13 그는 양털과 삼(flax)을 구하여 부지런히 손으로 일하며

에스더 8:15 모르드개가 푸르고 흰 조복을 입고 큰 금관을 쓰고 자색 가는 베(linen) 겉옷을 입고 왕 앞에서 나오니 수산 성이 즐거이 부르며 기뻐하고

에스겔 40:3 나를 데리시고 거기에 이르시니 모양이 놋 같이 빛난 사람 하나가 손에 삼줄(linen)과 측량하는 장대를 가지고 문에 서 있더니

누가복음 16:19 한 부자가 있어 자색 옷과 고운 베(linen)옷을 입고 날마다 호화롭게 즐기더라

요한복음 19:40 이에 예수의 시체를 가져다가 유대인의 장례 법대로 그 향품과 함께 세마포(linen)로 쌌더라

V-6. 목화(Cotton, 베)

목화와 목화밭(이스라엘, 블레셋)

학명(Scientific name): *Gossypium indicum* Lam.
과명(Family name): Malvaceae(아욱과)
영어(성경)이름[English (biblical) name]: cotton(linen)
한글(성경)이름[Korean (biblical) name]: 베
한국식물명(Korean name): 목화, 면화
히브리이름(Hebrew name): 부쯔(בוץ, buz)
주요서식지(Natural habitat): 아프리카, 이집트, 인도

아프리카 남부 에티오피아 또는 인도가 원산으로 열대 또는 아열대 식물이며 주로 1년생이나 다년생도 있다. 그러나 지역 목화(local cotton)는 1년생이다. 줄기가 0.6-1.8m 정도로 길다. 손바닥 모양의 갈라진 잎은 넓고 털이 있다. 꽃은 7-8월에 피며 가운데가 연한 노란색이거나 분홍색이다. 열매는 여름에 익는다. 연한 열매는 먹을 수도 있다. 꽃이 지면 캡슐 모양의 열매가 달리고 이 캡슐이 터지면 씨를 둘러싼 솜털이 노출된다. 이 솜털이 옷감을 짜는데 이용된다. 당시 유대지역에서 목화가 재배되었는지는 확인할 수 없다. 인근 이집트에서 재배된 것으로 보아 유대지역에 재배되었을 수도 있다. 주로 인도나 파키스탄에서 수입되었을 것으로 추측된다. 그곳에서는 5천 년 전부터 옷감을 짜기 위해 재배된 식물이다. 현재는 이스라엘 텔아비브 외곽에서 쉽게 볼 수 있으며 넓은 면적에 재배되고 있다. 고즈(Goz)는 아랍어로 목화다. 씨에는 고시폴(gossypol)이 들어 있고 이 성분은 남성 피임에 사용된다.

성경적 의미(Symbolism)

성경 시대 이스라엘에서 이 식물이 자랐는지에 대해서는 확실하지 않다. 따라서, 에스겔 및 에스더서에 언급되어 있는 베(linen)가 목화(cotton)로 단정하기는 어렵다(겔 1:6). 바빌론 제국의 아하수에로 왕이 메데 제국의 수도였던 수산(Shushan)의 여름 궁전에서 베푼 잔치를 묘사하면서 가는 베가 언급되었다(에 1:6). 그는 인도까지 통치했다고 성경은 기록하고 있다(에 1:1). 구약 당시 유대에서는 중요한 교역 물품일 수 있다고 사료된다. 에스겔은 지중해에 접한 무역국가 두로(Tyre)가 주변국인 시리아 지방 아람의 가는 베(fine linen)를 거래했다고 말한다.

주요성경(Main phrases)

에스더 1:6 백색, 녹색, 청색 휘장을 자색 가는 베(linen) 줄로 대리석 기둥 은고리에 매고 금과 은으로 만든 걸상을 화반석, 백석, 운모석, 흑석을 깐 땅에 진설하고

에스겔 27:16 너의 제품이 풍부하므로 아람은 너와 거래하였음이여 남보석과 자색 베와 수놓은 것과 가는 베(linen)와 산호와 홍보석을 네 물품과 바꾸어 갔도다

V-7. 마타나나무(Shaggy sparrow wort, 푸른 칡, 활줄)

바타나나부(이스라엘, 예루살렘)

학명(Scientific name): *Thymelaea hirsuta* L.

영어(성경)이름[English (biblical) name]: mattanah, bowstring

한국식물명(Korean name): 산발나무, 마타나나무

주요서식지(Natural habitat): 중동 사막지역, 북아프리카

과명(Family name): Thymelaeaceae(팥꽃나무과)

한글(성경)이름[Korean (biblical) name]: 푸른 칡, 활줄

히브리이름(Hebrew name): 미트난(מִתְנָן, Mitnan)

가자(Gaza)지역의 사막이나 해변에서 1-2m 정도 자라며 덤불을 이루는 작은 상록 관목이다. 갈멜산에도 많이 분포되어 있다. 독성이 있어 식용으로 사용하지 않으며, 물론 동물들도 먹지 않는다. 베두인(Bedouin)들은 부드럽고 질긴 이 줄기의 섬유를 이용하여 끈이나 밧줄을 만들어 사용했고 어부들은 그물을 수리하는데도 사용했다. 이 나무는 물의 근원을 따라 깊이 뿌리를 내려 초원의 물을 고갈시킬 수 있다고 여겼다. 난형의 잎은 단순하고 가장자리가 매끈하며 어긋난다. 노란 꽃은 4-5월에 피며 가지 끝에 달린다. 수술의 수는 꽃받침의 수와 같거나 반수 또는 2배수이다. 씨방은 상위로 1-2개의 방을 가지고 있는데, 각 방에는 1개의 밑씨가 있다. 씨는 참새 주둥이처럼 생겼다.

성경적 의미(Symbolism)
- 삼손을 결박한 식물

이 식물(마타나)은 삼손과 드릴라(Samson and Delilah)의 이야기 속에 나온다. 블레셋 군인들이 삼손을 결박할 때 사용했으며(삿 16:7) 팔레스타인 사람들은 이 나무의 줄기를 밧줄로 사용했다. 1979년에 이스라엘 브엘세바(Beer-Sheva)에서 이 식물로 만든 밧줄이 발견되었다. Zohary는 성경 여러 곳(지역과 사람)에 유사한 이름으로 기록되었다고 했다(민 21:19; 렘 38:1; 느 12:19). 히브리 또는 아랍어로 'mitnan'이 이 식물의 이름이다. 이곳에 마타나가 많이 서식하고 있어 식물 이름으로 사용한 것으로 보인다. 성경에 활줄 또는 푸른 칡으로 번역되었다.

주요성경(Main phrases)

민수기 21:19 맛다나(Mattanah)에서 나할리엘에 이르렀고 나할리엘에서 바못에 이르렀고

사사기 16:7 삼손이 그에게 이르되 만일 마르지 아니한 **새 활줄 일곱**(seven fresh bowstrings)으로 나를 결박하면 내가 약해져서 다른 사람과 같으리라

느헤미야 12:19 요야립 족속에는 맛드내(mattenai)요 여다야 족속에는 웃시요

예레미야 38:1 맛단(Matan)의 아들 스바댜와 바스훌의 아들 그다랴와 셀레먀의 아들 유갈과 말기야의 아들 바스훌이 예레미야가 모든 백성에게 이르는 말을 들은즉 이르기를

VI 꽃(Flowers)

VI-1. 들의 백합화(들의 꽃)

성경 시대 유대 땅(특히 갈릴리)에서 아름답게 피는 야생화를 일컫는다.

VI-1-1. 개양귀비(Poppy, 들의 꽃)

유럽이 원산이다. 중동과 유대지역 들판에서 볼 수 있는 1년생 초본이다. 30-80㎝ 정도 자란다. 살충제를 사용하기 전까지는 유대지역 전역에서 볼 수 있었지만 지금은 일부 청정 지역이나 정원의 화초로 볼 수 있다. 식물 전체에 털이 있다. 잎은 뾰족하며 가장자리에 톱니가 있다. 보통 붉은색 또는 주황색 꽃이 피는데 관상용으로 많이 심는다. 유럽에서는 농작물로 재배해 왔으며 열매(씨)는 삭과며 빵에 넣거나 기름을 짜서 사용했고 설사 등에도 사용한다. 개양귀비는 마약 성분이 없다.

제1차 세계대전 때 캐나다군 중령인 존 맥크레이(John Alexander McCrae, 1872. 11. 30-1918. 1. 28, 시인이자 작가, 화가, 의사, 군인)가 쓴 〈개양귀비 들판에서〉가 유명해지면서 개양귀비는 전사자를 추모하는 꽃이 되었다.

〈개양귀비 들판에서〉

플랜더스 들판에는 **개양귀비꽃**이 하늘거리네

십자가의 열과 열 사이마다
그곳과 하늘에 우리의 자리를 표시하네
하늘에는 종달새 힘차게 노래하며 날아오르건만
저 밑에 요란한 총소리에 잘 들리지는 않네

개양귀비(이스라엘, 예루살렘)

학명(Scientific name): *Papaver rhoeas* L.
과명(Family name): Papaveraceae(양귀비과)
영어(성경)이름[English (biblical) name]: corn poppy(flower of the field)
한글(성경)이름[Korean (biblical) name]: 들의 꽃
한국식물명(Korean name): 개양귀비
히브리이름(Hebrew name): 페레그(פרג, pereg)
주요서식지(Natural habitat): 중동, 이란, 아시아, 유럽

우리는 이미 죽은 자들
얼마 전만 해도
살아서 새벽을 느끼고 석양을 바라보고
주변을 사랑하고 사랑을 받았지만
지금은 플랜더스 들판에 누워있네

우리의 싸움을 이어다오
힘이 빠져가는 이 손에서 횃불을 받아서
그대 높이 들게나
우리와의 약속을 그대 저버린다면
우리는 영영 잠들지 못하리
비록 플랜더스 들판에 **개양귀비꽃**이 자란다 해도

성경적 의미(Symbolism)
- 화려함과 아름다움의 상징

이스라엘 전역에서 볼 수 있는 **이 꽃은 화려함과 아름다움을 상징하고** 있지만 그 꽃이 피어 있는 시간이 매우 짧다는 것을 성경은 말하고 있다(사 40:6-8). 마치 짧은 인생의 단면을 나타내는 듯하여 비유로 자주 언급되었다. 하나님께서는 세속의 영광보다는 영원히 사라지지 않을 가치를 바라보라고 하시면서 언급한 말씀이다.

주요성경(Main phrases)

이사야 40:6–8 말하는 자의 소리여 이르되 외치라 대답하되 내가 무엇이라 외치리이까 하니 이르되 모든 육체는 풀이요 그의 모든 아름다움은 들의 꽃(the flowers of the field)과 같으니 풀은 마르고 꽃이 시듦은 여호와의 기운이 그 위에 붊이라 이 백성은 실로 풀이로다 풀은 마르고 꽃은 시드나 우리 하나님의 말씀은 영원히 서리라 하라

VI-1-2. 붉은 복수초(Adonis, 들의 장미)

붉은 복수초(이스라엘, 유대광야)

학명(Scientific name): *Adonis vernalis* L.
과명(Family name): Ranunculaceae(미나리아재비과)
영어(성경)이름[English (biblical) name]: flower of field, pheasant's eye(꿩의 눈)
한글(성경)이름[Korean (biblical) name]: 들의 장미
한국식물명(Korean name): 복수초, 아도니스
히브리이름(Hebrew name): 드무밋(דְּמוּמִית, dmumit)
주요서식지(Natural habitat): 아시아, 서유럽

꿩의 눈(Pheasant's eye) 또는 붉은 카모밀(Red chamomile)로 잘 알려진 1년생 초본이다. 약 50㎝ 정도 자라는 이 꽃은 적어도 20-30종이 있다. 2-4월 사이에 개화하는 이 꽃은 빨간 꽃잎이 5-8개로 피며 꽃잎의 중앙은 검은색을 띤다. 마른 평원이나 숲의 가장자리에 많이 분포한다. 이 꽃의 이름은 아도나이에서 유래했으

며, 그리스 신화에 나오는 아도니스는 '꽃의 신(the god of flower)' 이라는 뜻이다. 아도니스와 아프로디테(비너스)가 사랑에 빠졌는데, 이를 시기한 아레스(Ares)가 멧돼지로 변해 아도니스를 죽인다. 아프로디테는 아도니스의 피를 꽃으로 피어나게 했다.

바빌론 사람들에게는 아도니스가 탐무스(Tammus, 수메르 신화에서 풍요의 신)에 해당되며 이 이름은 성경(겔 8:14)에도 나온다. 한국의 복수초(*Adonis amurensis*)는 노란색이다.

성경적 의미(Symbolism)

성경에서 이 꽃을 직접 언급하지는 않았다. 이 꽃 역시 성경의 '들의 백합' 또는 '장미' 로 원용되었다고 볼 수 있다.

주요성경(Main phrases)

역대하 4:5 바다의 두께는 한 손 너비만 하고 그 둘레는 잔 둘레와 같이 **백합화**(lily)의 모양으로 만들었으니 그 바다에는 삼천 밧을 담겠으며

에스겔 8:14 그가 또 나를 데리고 여호와의 전으로 들어가는 북문에 이르시기로 보니 거기에 여인들이 앉아 **담무스**(tammus)를 위하여 애곡하더라

VI-1-3. 아네모네(Anemone, 들의 꽃, 백합)

아네모네는 지중해 지역이 원산지다. 20-40㎝ 정도 자라는 다년생 초본이다. 전 세계에 2,000여 종이 있다. 개양귀비꽃과 비슷하여 'poppy anemone' 라고 불린다. 다양한 여러 색깔의 꽃이 피며 매우 아름답다. 일반적인 색은 홍색(scarlet), 흰색(white), 핑크색(pink), 보라색(purple) 및 청색(blue)이다. 이스라엘의 아네모네 꽃은 25종 정도의 색깔이 있다고 한다. 꽃은 이른 봄에 비탈이나 산지에 분포되어서 핀다. 꽃은 햇빛과 날씨 조건에 따라서 피고 진다. 꽃잎은 해를 따라가

아네모네(레바논)

학명(Scientific name): *Anemone coronaria* L.
과명(Family name): Ranunculaceae(미나리아재비과)
영어(성경)이름[English (biblical) name]: anemone(lily of the field)
한글(성경)이름[Korean (biblical) name]: 들의 꽃, 백합
한국식물명(Korean name): 아네모네
히브리이름(Hebrew name): 칼라니트(כַּלָּנִית, kalanit)
주요서식지(Natural habitat): 이스라엘, 중동, 그리스

며 아침에 피고 밤에는 진다. 꽃에는 5-6개의 꽃잎이 있으며 3-8㎝ 정도의 크기이다.

아네모네(Anemone)의 어원은 그리스 신화에 있는 바람의 여신(Anemoi)에서 유래했다. 동서남북에서 부는 바람의 신이다. 따라서 4계절과 연관되어 있는 꽃이다. 고대 그리스에서는 아네모네의 화환을 사랑과 미의 여신인 비너스(Venus, Aphrodite)의 제단을 장식하는데 사용했다. 이스라엘에서는 매년 이른 봄에 이 꽃의 축제가 열린다.

성경적 의미(Symbolism)
- 아침에 피고 저녁에 지는 화려한 들꽃

성경학자들은 이사야 40장 6-8절의 말씀에 나오는 들의 꽃과(the flowers of the filed), 베드로전서 1장 24절의 풀의 꽃(the flower of grass), 그리고 누가복음 12장 27-28절의 백합화(lilies)를 들풀이라고 했다. 2-4월 사이에 피는데, 아침에 피고 저녁에 지면서 화려하게 피는 들꽃들을 성경은 때때로 인간의 삶과 비교했다. 이 중의 하나가 아네모네이다. 이 꽃은 개양귀비와 매우 유사하여 M. Zohary는 개양귀비(common poppy)라고도 했다. 그러나 이 꽃은 개양귀비와 달리 백합화처럼 구근을 가지고 있다. 봄이 되면 이스라엘 전역에서 꽃이 피며 그 모습이 매우 아름답다. 이 식물의 히브리 이름 칼라니트(**kalanit**)는 결혼식에서 미와 위엄을 나타내는 신부(kala, bride)를 의미하며 이로부터 유래됐다.

주요성경(Main phrases)

이사야 40:6-8 말하는 자의 소리여 이르되 외치라 대답하되 내가 무엇이라 외치리이까 하니 이르되 모든 육체는 풀이요 그의 모든 아름다움은 **들의 꽃**(the flowers of the field)과 같으니 풀은 마르고 꽃이 시듦은 여호와의 기운이 그 위에 붊이라 이 백성은 실로 풀이로다 풀은 마르고 꽃은 시드나 우리 하나님의 말씀은 영원히 서리라 하라

마태복음 6:28 또 너희가 어찌 의복을 위하여 염려하느냐 **들의 백합화**(the flowers of the field)가 어떻게 자라는가 생각하여 보라 수고도 아니하고 길쌈도 아니하느니라

베드로전서 1:24-25 그러므로 모든 육체는 풀과 같고 그 모든 영광은 **풀의 꽃**(the flowers of field)과 같으니 풀은 마르고 꽃은 떨어지되 오직 주의 말씀은 세세토록 있도다 하였으니 너희에게 전한 복음이 곧 이 말씀이니라

VI-1-4. 산튤립(Mountain tulip, 지면의 꽃)

중앙아시아가 원산인 야생의 산튤립(mountain tulip)은 여러해살이 식물로 4-5월에 종 모양의 붉은 꽃이 핀다. 이스라엘 해변 또는 샤론 평원에 많다. 그래서인지 이 식물의 학명에 샤론이 들어가 있다(*T. sharonensis*). 추위를 잘 견디는 알뿌리 식물로서 번식도 알뿌리로 한다. 청록색 잎의 크기는 10-30㎝로 넓은 피침형이

산튤립(이스라엘, 예루살렘)

학명(Scientific name): *Tulipa montana* L. *T. sharonensis*
영어(성경)이름[English (biblical) name]: The flower of field
한국식물명(Korean name): 산튤립
주요서식지(Natural habitat): 유럽, 중동, 이란

과명(Family name): Liliaceae(백합과)
한글(성경)이름[Korean (biblical) name]: 지면의 꽃
히브리이름(Hebrew name): 닛짜님(נִצָּנִים, nitzanim)

다. 꽃은 3-7㎝ 정도로 넓은 종 모양이다. 낮에 피었다가 저녁에 오그라들기를 1주일 동안 반복한다. 개량종은 다양한 색으로 핀다.

성경적 의미(Symbolism)

성경에 이 꽃을 직접 언급하지는 않았다. 아가서 2장의 '지면에는 꽃(the flower)'이 히브리 원문에는 'nitzanim'으로 붉은 꽃을 뜻한다. 아가서에 '지면에서 붉은 꽃이 피어나는 것'을 성경학자들은 야생 튤립으로 여겼다. 시편의 사론의 장미(rose of Sharon)가 이 꽃일 것이라고 추측한다. 이 꽃은 야생으로 산등성이에 핀다. 이 꽃의 개화기간은 1주일 정도며 다른 꽃에 비해 비교적 개화 기간이 길다. 꽃이 아름다우며 성경에서는 자연을 노래할 때 인용했다.

주요성경(Main phrases)

아가 2:1-2 나는 사론의 장미(rose)요 골짜기의 백합화로다 여자들 중에 내 사랑은 가시나무 가운데 백합화(lily) 같도다

아가 2:12 지면에는 꽃(Flowers)이 피고 새가 노래할 때가 이르렀는데 비둘기의 소리가 우리 땅에 들리는구나

VI-2. 샤론의 꽃(들의 백합화)

- 샤론 평야에서 피는 아름다운 꽃들을 일컫는다.

VI-2-1. 바다수선화(Sea daffodil, 샤론의 꽃)

바다수선화(Daffodil)의 원산지는 지중해다. 성경에서 '들의 백합' 또는 '샤론의 꽃(장미)' 등을 언급하면서 특정한 꽃이나 식물을 언급하고 있지 않다. 그 시대 그 땅에서 흔히 볼 수 있는 여러 가지 아름다운 꽃과 야생화를 포함하고 있다.

이스라엘에 자생하는 바다수선화(Sea daffodil, *Pancratium maritimum* L.)는 수선화(narcissus, *Narcissus tazetta* L.) 중의 하나다. 바

바다수선화(이스라엘, 지중해 해변)

학명(Scientific name): *Pancratium maritimum* L.
과명(Family name): Amaryllidaceae(수선화과)
영어(성경)이름[English (biblical) name]: lily of field, rose of Sharon
한글(성경)이름[Korean (biblical) name]: 샤론의 꽃, 들의 백합
한국식물명(Korean name): 바다수선화
히브리이름(Hebrew name): 슈샨(שׁוּשַׁן, shushan)
주요서식지(Natural habitat): 카나리아 제도, 지중해, 모로코

다 수선화는 'Amaryllis' 속 구근 식물이며 열대 해변식물이다. 늦여름에 꽃이 피고 나중에 잎이 자란다. 다른 식물이 거의 살 수 없는 척박한 땅에서 자라며 뿌리는 스스로 수축성을 가지고 있어 적당한 깊이로 다시 뿌리를 내린다. 주로 늦은 오후에 잠시 동안만 피는 이 꽃은 나팔(또는 깔때기) 모양이며 크기는 8-13㎝ 정도이다. 이 식물은 주로 네게브 사막의 북쪽 지중해 해변에서 자란다. 꽃잎은 흰색이며 8-9월 이스라엘 지중해 해변을 따라 아름답게 핀다. 또한 매혹적인 짙은 향기로 벌을 비롯한 곤충들을 부른다. 학명에 "Pan"은 그리스어로 "모두(all)"를 뜻하고 "krotion"은 "힘(power)"을 뜻한다. 따라서 "모든(치료하는) 능력"을 지닌 식물로 지칭된다. 아랍인들은 이 꽃을 "해변의 백합"이라고 부르고 있다.

성경적 의미(Symbolism)
- 샤론의 꽃(장미)으로 불리우다

수선화 꽃(lilies)을 아가서에는 '가시나무 가운데 백합화(lily of bramble)'로(아 2:2), 마태복음에는 '들의 백합화(lily of field)'로(마 6:28) 노래했다. 아름다움(beauty), 번영(fertility), 유익함(fruitfulness), 영광(privilege)의 의미를 가진 꽃이다(아 2:2; 마 6:28-29). 신약에서는 영적 순결(spiritual purity), 거룩(holiness), 부활(resurrection)을 의미하기도 했다. 이사야에서 백합은 구원(salvation)을 의미했다(사 35:1). 교회 정원에 많이 심는 식물이다. 예수님 당시에 갈릴리 또는 갈멜산(Mt. Carmel)에서 흔히 볼 수 있었다. '사막의 백합화'는 이 꽃이 주로 해변이나 모래 언덕에 피기 때문에 불린 이름이다. 이스라엘의 사론(Sharon) 평원에서 많이 자란다. 성경학자들은 사론의 꽃(flower of Sharon)은 장미가 아니고 백합이라고 주장하기도 한다.

주요성경(Main phrases)

열왕기상 7:19 주랑 기둥 꼭대기에 있는 머리의 네 규빗은 **백합화**(lilies) 모양으로 만들었으며
아가 2:2 여자들 중에 내 사랑은 가시나무 가운데 **백합화**(lily) 같도다
호세아 14:5 내가 이스라엘에게 이슬과 같으리니 그가 **백합화**(lily) 같이 피겠고 레바논 백향

목 같이 뿌리가 박힐 것이라

마태복음 6:28-29 또 너희가 어찌 의복을 위하여 염려하느냐 들의 **백합화**(flowers)가 어떻게 자라는가 생각하여 보라 수고도 아니하고 길쌈도 아니하느니라 그러나 내가 너희에게 말하노니 솔로몬의 모든 영광으로도 입은 것이 이 꽃 하나만 같지 못하였느니라

누가복음 12:27 **백합화**(wild flowers)를 생각하여 보라 실도 만들지 않고 짜지도 아니하느니라 그러나 내가 너희에게 말하노니 솔로몬의 모든 영광으로도 입은 것이 이 꽃 하나만큼 훌륭하지 못하였느니라

VI-2-2. 수선화(Narcissus)

지중해 원산으로 다년생 구근 식물이다. 전 세계에 30여 종의 유사종이 있다. 잎은 가을에 자라고 끝은 둥글고 녹색이다. 줄기는 회색을 띤 녹색이다. 꽃줄기는 길고 희거나 노란색 꽃이 주로 많으며 홍색의 꽃이 피기도 한다. 여섯 개의 꽃잎이 나팔 모양을 하고 있다. 꽃술이 튀어나온 모양을 하고 있다. 꽃은 겨울부터 봄까

수선화(이스라엘, 갈릴리)

학명(Scientific name): *Narcissus tazetta* L.
과명(Family name): Amaryllidaceae(수선화과)
영어(성경)이름[English (biblical) name]: crocus, narcissus
한글(성경)이름[Korean (biblical) name]: 수선화, 백합
한국식물명(Korean name): 수선화
히브리이름(Hebrew name): 하바쩰레트(חֲבַצֶּלֶת, chavatslreth)
주요서식지(Natural habitat): 지중해, 북아프리카

지 피며 향기가 있다. 수선화, 튤립, 히야신스 등은 봄소식을 가장 빨리 전하는 꽃이라고 볼 수 있다. 추위와 건조한 기후에도 매우 잘 견디는 식물이다.

이 식물의 이름은 그리스 신화에 등장하는 나르키소스(Narkissos)로부터 유래한다. 그리스 신화에서 아메이니아스라는 청년이 나르키소스를 사랑하였지만 나르키소스는 그에게 매정하게 대했다. 어느 날 나르키소스가 아메이니아스에게 칼을 선물했는데, 아메이니아스는 나르키소스의 집 앞에서 그 칼로 자살하면서 나르키소스가 짝사랑의 고통을 알게 되길 네메시스에게 빌었다. 뒷날 나르키소스는 연못에 비친 자신의 모습을 사랑하게 됐는데, 입맞춤을 하려 하다가 그것이 자기 자신의 반사된 모습인 것을 알아차린 그는 슬픔에 빠져 칼로 자살을 했다. 그가 죽은 자리에서 꽃이 피어났다. 자기애(自己愛) 또는 자기 도취증이라고 번역되는 나르시시즘(narcissism)은 여기서 유래한다. 또한 나르키소스[Narkissos(narke)]의 뜻은 잠(sleep) 또는 무감각(numbness)으로, 이 식물이 수선화(narcissus)인 것은 약간의 마취 또는 수면효과를 가지고 있기 때문이다. 주로 뿌리나 잎에 잠을 유도하는 히오신(hyoscine) 성분이 들어있다. 이 꽃은 이집트나 그리스에서 오랫동안 재배되었다고 알려져 있다.

VI 꽃

성경적 의미(Symbolism)

이스라엘 전역에서 야생 수선화를 볼 수 있다. 특히 샤론 평원에서 집단적으로 자란다. 지금은 상업용으로 재배한다. 솔로몬이 그의 신부를 샤론의 수선화라고 불렀다. 성경에서는 구원(사 35:1)과 아름다움을 상징한다. 수선화(narcissus)도 see daffodil처럼 성경 속에 나타나는 '들의 백합화'로 여겨진다. 샤론은 지중해 연안의 욥바와 갈멜산 사이의 비옥한 땅을 가리키며 여기서 잘 자라는 식물로 알려져 있다. 이사야 선지자는 이스라엘의 회복을 이 꽃에 비유하고 있다.

주요성경(Main phrases)

아가서 2:1 나는 샤론의 수선화(lily)요 골짜기의 백합화로다

VI-2-3. 마돈나백합(Madonna lily, 백합)

마돈나백합(한국, 청주)

학명(Scientific name): *Lilium candidum* L.

속명(Family name): Liliaceae(백합과)

영어(성경)이름[English (biblical) name]: Madonna lily

한글(성경)이름[Korean (biblical) name]: 백합

한국식물명(Korean name): 마돈나백합, 나리꽃

히브리이름(Hebrew name): 슈산(שׁוּשַׁן, shushan)

주요서식지 (Natural habitat): 갈멜산, 갈릴리, 동부지중해, 발칸반도

전 세계적으로는 100종 이상의 백합이 있다. 다년생 구근 식물로 오래전(BC 3000)부터 재배했다. 백합(Lily)은 나리꽃으로 잘 알려진 식물로 라틴어 '희다(lium)'에서 유래되었으며 잎은 좁고 길다. 화관통은 나팔 모양이고, 늦은 봄에 매우 희거나 약간 노란 꽃이 진한 향기를 내며 핀다. 꽃잎은 6개며 꽃대는 보통 1.2m 정도 자라고 산이나 골짜기 등에서 쉽게 볼 수 있다. 발칸반도가 원산인 '마돈나백합(Madonna lily)'의 뜻은 '백합의 왕자(prince of lily)'다. 백합과 또는 나리 속 식물을 영어로 lily(백합)라고 불렀다. 꽃말은 순결, 열정을 상징한다. 동양에서 백합(百合)의 백이 百(일백 백)인 이유는 알뿌리가 수많은 비늘줄기라서 붙인 이름이라고 한다. 실제로 흰(白) 꽃은 그리 많지 않다. 그리스 미노아 시대(Minoan

중세 이탈리아 화가 Botticelli(1445–1510)는 'Madonna' 그림에 백합화(그림 윗 부분)를 그렸다.

크노소스(Knossos, 그리스 크레타 섬) 왕궁의 벽화(백합)

era) 크노소스(Knossos) 왕궁의 벽에도 이 식물을 그려 놓았다.

이 식물은 고양이에게 매우 치명적인 독이 되는 물질을 함유하고 있다. 따라서 이 식물을 말려 놓으면 고양이를 피할 수 있다.

성경적 의미(Symbolism)
- 순결(Purity)과 아름다움(beauty)의 상징

백합은 성경에서 순결(purity)과 아름다움(beauty)을 뜻한다. 따라서 성모상 옆에는 종종 이 꽃이 진열되거나 그림에 나온다. 오래된 교회에서는 마리아가 이 꽃을 손에 잡고 있는 모습을 종종 볼 수 있다. 그래서 마돈나 백합(Madonna lily)으로 불린다. 솔로몬은 성전을 지을 때 기둥에 이 백합을 조각했다(왕상 7:22; 대하 4:5). 백합은 이스라엘의 상징이기도 했다(호 14:5). 이스라엘 화폐 1세겔의 동전 뒷면에 백합 꽃이 새겨져 있다.

이스라엘 1쉐겔 동전
(뒷면에 백합 문양)

주요성경(Main phrases)

열왕기상 7:22 그 두 기둥 꼭대기에는 **백합화**(lilies) 형상이 있더라 두 기둥의 공사가 끝나니라

열왕기상 7:26 바다의 두께는 한 손 너비만 하고 그것의 가는 **백합화**(lily)의 양식으로 잔 가와 같이 만들었으니 그 바다에는 이천 밧을 담겠더라

역대하 4:5 바다의 두께는 한 손 너비만 하고 그 둘레는 잔 둘레와 같이 **백합화**(lily)의 모양으로 만들었으니 그 바다에는 삼천 밧을 담겠으며

누가복음 12:27 **백합화**(wild flowers)를 생각하여 보라 실도 만들지 않고 짜지도 아니하느니라 그러나 내가 너희에게 말하노니 솔로몬의 모든 영광으로도 입은 것이 이 꽃 하나만큼 훌륭하지 못하였느니라

VI-2-4. 히아신스(Hyacinth, 백합)

발칸반도 또는 튀르키예가 원산이며 비짜루과 식물로 여러해살이 구근 초본이다. 가을에 심으면 봄에 꽃이 핀다. 비늘줄기는 길이 3-5㎝의 난원형이며 겉은 흑갈색이다.

히아신스(이스라엘, 아벨 산)

학명(Scientific name): *Hyacinthus orientalis* L.
과명(Family name): Asparagaceae(비짜루과)
영어(성경)이름[English (biblical) name]: hyacinth (lily)
한글(성경)이름[Korean (biblical) name]: 백합
한국식물명(Korean name): 히아신스
히브리이름(Hebrew name): 슈샨(שׁוּשַׁן, shushan)
주요서식지(Natural habitat): 중동, 서남아시아

잎은 뿌리에서 4-6개가 모여 나고 길이 15-30㎝의 선형으로서 다육질이며 안쪽으로 굽는다. 잎 사이에서 길이가 약 20㎝되는 긴 꽃대에 꽃자루가 있는 여러 개의 꽃이 어긋나게 붙어서 밑에서부터 피기 시작하며, 꽃줄기 윗부분에서 많이 핀다. 꽃잎의 모양은 지름 2-3㎝의 깔때기 모양이며 6개로 갈라져서 뒤로 젖혀진다. 꽃은 짙은 향기가 있으며 백색, 황색, 분홍색, 홍색, 청색, 자색 등 다양한 색을 나타낸다. 알뿌리에 독성이 있어서 식용하면 안 된다.

히아신스(Hyacinthus)는 '아름다운 그리스 청년의 영혼이 담긴 꽃'으로 알려져 있다.

성경적 의미(Symbolism)

성경에 자주 등장하는 백합(lily)은 여러 논란이 되는 식물 이름이다. 아가서에 나오는 '샤론의 장미'를 수선화(narcissus), 히아신스(Hyacinth) 또는 튤립(tulip)이라고 말하기도 한다. 이사야 35장 1절에 나오는 장미(rose) 또한 백합(lily)이다. 성경에서는 아름다움(beauty)을 상징했다.

주요성경(Main phrases)

아가 4:5 네 두 유방은 **백합화**(lilies) 가운데서 꼴을 먹는 쌍태 어린 사슴 같구나

VI-3. 히비스커스(Hibiscus, 샤론의 장미)

히비스커스(이스라엘, 갈릴리) / 하와이 히비스커스(한국, 강원)

학명(Scientific name): *Hibiscus rosa-sinensis* L.
과명(Family name): Malvaceae(아욱과)
영어(성경)이름[English (biblical) name]: rose of Sharon
한글(성경)이름[Korean (biblical) name]: 샤론의 장미
한국식물명(Korean name): 히비스커스
히브리이름(Hebrew name): 하바체레트 하샤론(חֲבַצֶּלֶת הַשָּׁרוֹן, habatzelet Hasharon)
주요서식지(Natural habitat): 중동, 중국, 인도

샤론의 장미는 실제 장미꽃을 이르는 말이 아니다. 샤론의 장미로 알려진 히비스커스(*Hibiscus*)는 아욱과 무궁화속(Hibisceae) 꽃피는 식물을 총칭한다. 한국의 국화(國花)인 무궁화(*Hibiscus syriacus*)와 아주 유사하다. 히비스커스속 식물은 수백종에 이르며, 히비스커스는 1년생 또는 다년생 관목이다. 잎은 타원형으로 달걀 모양이다. 트럼펫(Trumpet) 모양의 핑크 또는 붉은 꽃은 5-10월 중 이른 새벽에 피고 오후에는 오므라든다. 5개의 꽃잎을 가지고 있는 꽃잎이 마치 양귀비꽃처럼 야들야들해서 햇빛을 받으면 더욱 아름답게 보인다. 이 꽃은 유럽과 중동에 분포되어 있다. 히비스커스(*Hibiscus*)는 이집트의 신화에 나오는 달의 여신 '히비스(Hibis)'에서 유래되었다. 이집트인들은 히비스커스 꽃을 달에게 바쳤다. 고대로부터 이집트인들은 꽃과 잎을 차로 사용하였으며 고혈압에 효과가 있다고 알려져 있다. 그 밖에도 다양한 효능을 지니고 있어 건강기능식품으로 인기가 많다.

성경적 의미(Symbolism)

- 샤론의 장미(the rose of Sharon) 아름다움을 상징하다

히비스커스는 성경 아가서에 가장 예쁜 꽃으로 묘사된 '샤론의 장미(the rose of Sharon)'다. 최근 성경에는 샤론의 수선화로 번역했다. 그 외에도 '샤론의 장미'로는 튤립, 백합화, 수선화, 샤프란(saffron, 또는 crocus) 등을 일컫는다. 성경에서는 아름다움, 영광, 사랑, 순결 등을 상징한다.

주요성경(Main phrases)

아가 2:1-2 나는 사론의 수선화(rose)요 골짜기의 백합화로다 여자들 중에 내 사랑은 가시나무 가운데 백합화 같도다

VI-4. 수련(Water-lily, 연)

인도가 원산인 다년생 수생식물인 수련은 성경 시대 이집트의 나일 습지에서 많이 자랐다. 수련은 이집트의 국화이기도 하다. 이스라엘 훌라 습지에서도 아름다운 연꽃을 볼 수 있다. 수련의 잎은 긴 입자루가 있고 원형으로 방패(또는 말발굽)모양이며 꽃은 7-8월에 핀다. 꽃은 주로 흰색이지만 약간 핑크 빛을 띄기도 한다. 열매는 삭과로 꽃받침에 둘러싸여 잘 떨어지지 않는다. 영어로는 'water-lily' 라고 부르나, 우리나라를 비롯한 동양에서는 꽃잎이 한낮에 활짝 피었다가 밤에 오그라들며 마치 '자는 것 같다' 하여 '수련(睡蓮)' 이라고 했다.

수련

학명(Scientific name): *Nymphaea teragona Georgi.*
영어(성경)이름[English (biblical) name]: water–lily, lotus
한국식물명(Korean name): 수련
주요서식지(Natural habitat): 이집트, 인도, 동남아시아

과명(Family name): Nymphaeaceae(수련과)
한글(성경)이름[Korean (biblical) name]: 연, 그늘진 나무
히브리이름(Hebrew name): 쩨엘림(צֶאֱלִים, tse'elm)

출처 https://pixabay.com/ko/photos/%EC%88%98%EB%A0%A8-%EB%85%B8%EB%9E%80%EC%83%89-%EC%95%BD%EC%B6%A9%EA%B3%BC-%EB%AC%BC%EC%9D%98-565052/

수련(Claude Monet, 1840-1926)

이 식물의 학명에 'Nymph(요정)'는 그리스 로마 신화에 나오는 여신으로 산, 강, 숲 등 자연속에 머물며 이것들을 수호하는 신으로 묘사되었다. 뿌리, 줄기, 잎, 꽃 등을 식용 및 약재로 사용한다.

인상주의 화가 클로드 모네(Claude Monet, 1840-1926)는 자신의 집에 연못이 있는 정원을 만들고 수련과 관련된 수많은 그림을 남겼다.

성경적 의미(Symbolism)
- 솔로몬 왕궁의 돌기둥에 장식한 꽃

구약성경 욥기서에 두 번 나온다. 갈대와 함께 언급되었으며 수생식물임을 나타낸다. 히브리어 쩨엘림이 수련인지는 확실하지 않다. 원본 성경에 의하면 '그늘진 나무'로도 번역되었다. 수련 꽃이 솔로몬 왕궁의 돌기둥에 장식되었다고 한다.

주요성경(Main phrases)

욥기 40:21-22 그것이 연(lotus)잎 아래에나 갈대 그늘에서나 늪 속에 엎드리니 연(lotuses)잎 그늘이 덮으며 시내 버들이 그를 감싸는도다

VI-5. 협죽도(Oleander, 장미)

협죽도(레바논)

학명(Scientific name): *Nerium oleander* L.

영어(성경)이름[English (biblical) name]: rose, oleander

한국식물명(Korean name): 협죽도, 유도화

주요서식지(Natural habitat): 유럽, 지중해, 중동

과명(Family name): Apocynaceae(협죽도과)

한글(성경)이름[Korean (biblical) name]: 장미

히브리이름(Hebrew name): 네레드(נֵרֵד, nered)

인도가 원산인 상록 관목으로 알려져 있다. 일부 성경학자들은 시냇가에 피어나는 장미(집 39:13)가 협죽도일 것으로 추정하고 있다. 이 나무는 버드나무와 비슷하다. 성경 시대 갈릴리, 사마리아, 요르단강, 사해 주변에 많이 자랐던 식물이다. 상록수인 이 나무는 2-4m 정도 자란다. 가뭄과 홍수에 강하다. 잎은 돌려나며(윤생) 길고 두껍고 질기다. 잎의 길이는 7-15㎝이고 너비는 8-20㎜다. 꽃은 화려하고 아름다우며 장미를 많이 닮았다. 꽃의 색은 핑크, 흰색, 적색, 노란색 등 다양하다. 추위에 약하며 유럽과 중동 등 남부 지중해 지역에서 조경수로 많이 이용하고 있다. 우리나라 제주도에서도 흔히 볼 수 있다. **그러나 줄기 및 잎에서 나오는 수액은 대단히 독성이 강해 조심해야 한다.** 이 독성 성분은 심장의 수축력을 증가시키는 강심배당체(glycoside)로, 주성분은 올레안드린(oleandrine)이다. 동물이나 사람이 섭취하면 구토, 복통, 설사를 일으키고 피부에 닿으면 피부병도 일으킨다. 그러나 뿌리는 강심제(심장 근육에 작용하여 수축력을 높이거나 중추신경을 활성화시킴으로써 심장 박동을 강화하는 약물)로 쓰인다.

성경적 의미(Symbolism)

외경(Esdras, 집회서)에는 강변이나 물줄기를 따라 자라는 '장미'로 묘사되어 있다. 아름다움과 번영을 뜻한다.

주요성경(Main phrases)

집회서 24:14 나는 엔 게디의 야자나무처럼 예리코의 **장미**(rose)처럼 평원의 싱싱한 올리브 나무처럼 플라타너스처럼 자랐다

집회서 39:13 경건한 아들들아, 내 말을 듣고 시냇가에 피어나는 **장미**(rose)처럼 번성하여라

Ⅶ 기타

Ⅶ-1. 시리아엉겅퀴(Syrian thistle, 엉겅퀴)

국화과(Asteraceae) 식물 중에서 꽃의 끝이 뾰족하고 많은 가시가 있는 1-2년생 초본식물이다. 성경 시대 이 지역에 서식하는 엉겅퀴의 종류는 매우 많다. 이스라엘에 자생하는 대표적인 엉겅퀴로는 **Syrian thistle**(*Notobasis syriaca* L.), holy thistle(*Silybum marianum*), globe thistle(*Echinops viscosus*), Spanish thistle(*Centaurea iberica*), golden thistle(*Scolymus maculatus*), star thistle(*Centaurea calcitrapa*), blessed thistle(*Cnicus benedictus*) 등이다. 엉겅퀴는 식물 전체에 흰 거미줄 같은 털과 더불어 변두리에 날카로운 가시가 많고 잎이 좁고 난형인 것이 특징인 개화 식물군을 모두 일컫는다. 엉겅퀴는 높이 50-100㎝ 정도 자란다. 지상부 모든 부분에 가시가 있다. 사막이나 건조한 지역에서 자라는 엉겅퀴는 잎이 더 두텁고 가시가 매우 강하다. 가시는 동물로부터 자신을 보호하기 위한 수단이다. 번식력이 매우 강하며 꽃은 5-8월에 핀다. 꽃의 색은 붉은 자주, 노랑, 흰색 등이다. 날카로운 가시를 가진 작은 열매를 맺는다. 연한 잎과 어린 순은 나물로 먹기도 하고 성숙한 뿌리는 지혈 작용이 있어 약으로 쓴다. 특히 뿌리는 민간에서 신경통·요통의 치료제로 사용하고 있다. 마리아엉겅퀴(또는 holy thistle)인 '*Silybum marianum*'에는 황달 등 간질환 치료에 사용하고 있는 실리마린(silymarin)이 약 5% 들어있다.

엉겅퀴는 척박한 땅에서 자라는 쓸모없는 잡초일 수 있으나, 중세 스코틀랜드를 침입한 바이킹의 척후병이 엉겅퀴에 찔려 비명을 지르는 바람에 적의

시리아엉겅퀴(레바논)

학명(Scientific name): *Notobasis syriaca* L. Cass
과명(Family name): Asteraceae(국화과)
영어(성경)이름[English (biblical) name]: (Syrian) thistle
한글(성경)이름[Korean (biblical) name]: 엉겅퀴, 가시, 찔레
한국식물명(Korean name): 시리아엉겅퀴
히브리이름(Hebrew name): 다르다르(דרדר, dardar)
주요서식지(Natural habitat): 이집트, 레바논, 서남아시아

Carthamus glaucus

출처 https://www.bing.com/images/search?q=carthamus+glaucus&form=HDRSC3&first=1

기습이 발각되었고 스코틀랜드는 이 전쟁에서 이길 수 있었다. 이후 엉겅퀴는 스코틀랜드의 국화가 되었다.

한편 '*Carthamus glaucus*' 학명의 엉겅퀴는 키가 1.5m정도까지 자라며 가시가 매우 날카로워 한번 찔리면 잊지 못할 만큼 통증이 심하다. 이스라엘과 레바논 등에서 자라는 엉겅퀴로 잘 알려져 있다.

성경적 의미(Symbolism)

- 축복받지 못한 땅에 무성하게 자라는 식물

성경에서 가시와 찔레(thorns and briers) 또는 가시와 엉겅퀴(thorns and thistle)로 자주 등장한다. 불순종으로 인한 고난과 저주와 벌을 상징하는 식물이다(창 3:18; 욥 31:40; 사 34:13). 하나님의 명령을 어긴 인간이 죄의 댓가로 고통의 식물을 먹게 된다는 부정적 의미로 사용되었다. 창세기 3장에 하나님께서 먹지 말라 하신 실과를 먹고 "너는 저주를 받고 종신토록 수고하여야 그 소산을 먹으리라, 땅이 네게 **가시덤불과 엉겅퀴를 낼 것이라**"고 저주받는 장면이 나온다(창 3:18). 황폐한 절망의 땅에서 고통스럽게 살게 될 것을 말씀하셨다. 이는 인류의 타락에서 비롯된 것을 의미한다. 또한 허물어진 성에서 자라는 잡초로도 표현했다(사 34:13). 이스라엘 백성들이 하나님으로부터 저주를 받았을 때 악의 상징으로 "가시와 엉겅퀴를 내겠다"고 말씀하셨다(욥 31:40; 히 6:8). 성경에 가시덤불(brier), 엉겅퀴, 찔레(질려) 등을 혼용하여 사용했다.

주요성경(Main phrases)

창세기 3:18 땅이 네게 가시덤불과 **엉겅퀴**(thistle)를 낼 것이라 네가 먹을 것은 밭의 채소인즉

마태복음 7:16 그들의 열매로 그들을 알지니 가시나무에서 포도를 또는 **엉겅퀴**(thistles)에서 무화과를 따겠느냐

히브리서 6:8 만일 가시와 **엉겅퀴**(thistles)를 내면 버림을 당하고 저주함에 가까워 그 마지막은 불사름이 되리라

Ⅶ-2. 서양쐐기풀(Nettle, 가시, 찔레)

서양쐐기풀(레바논)

학명(Scientific name): *Urtica urens* L.

과명(Family name): Urticaceae(쐐기풀과)

영어(성경)이름[English (biblical) name]: brier, nettle

한글(성경)이름[Korean (biblical) name]: 찔레, 가시, 질려

한국식물명(Korean name): 서양쐐기풀

히브리이름(Hebrew name): 샤미르(שָׁמִיר, shamir), 키모쉬(קִמּוֹשׁ, qimoshi)

주요서식지(Natural habitat): 중동, 유럽

우리나라의 찔레는 장미과(Rosaceae) 식물지만, 서양 찔레는 쐐기풀과(Urticaceae) 식물이다. 우리나라의 찔레와는 다르다. 영어성경에 '찔레'는 가시덤불(brier)을 형성하는 식물을 총칭하는 것으로 한글성경에 찔레로 번역했지만, 유대 땅에서 자라는 쐐기풀은 1년생 초본이다. 키는 1m 정도이고 줄기는 4각이며, 잎은 난형으로 톱니형이다. 꽃은 연녹색이다. 작은 열매를 맺으며 가시에 독성이 있어 스치거나 찔리면 심하게 부어오른다. 쐐기풀의 학명에 'urticaria'는 '두드러기'를 뜻하며 여기서 따온 것이다. 또한, 두드러기의 한자어는 담마진인데 중국에서 담마(蕁麻)가 곧 쐐기풀이다. 그러나 쐐기풀에서 나오는 즙을 이용하여 신경통 치료의 원료로도 사용한다. 갈릴리, 요르단 계곡, 사마리아, 유대 광야 등에 서식한다.

*** 질려(蒺藜, brier)**

남가샛과(科)의 일년초 식물로 황무지에서 자라며 온몸에 거센 털이 있다. 성경에서는 '가시'와 동의어로 사용되었다. '황폐한 상황'이나 '선민 혹은 교회를 해롭게 하는 사악한 세력'을 묘사할 때 언급되었다. 개역개정은 '찔레'로 번역했다(사 5:6, 7:23, 9:18, 27:4, 55:13). 다른 뜻으로는 군대에서 적의 공격을 방어하는 데 사용(使用)하는 마름쇠를 칭한다.

성경적 의미(Symbolism)
- 저주와 황폐함을 상징하다

엉겅퀴와 마찬가지로 저주와 황폐함을 상징한다(사 7:23). 또한 가치가 없거나(눅 6:44), 악을 상징(겔 2:6)하고, 죄에 대한 응징(호 9:6)으로 언급했다. 미가서 7장 4절에 나오는 찔레 울타리가 'brier'로 알려져 있다. 미가서에서는 타락한 이스라엘 백성이 어떤 선한 일을 한다 해도 그들의 죄악은 이미 극에 달해 있음을 표현하고 있다. 또한, 성경에서 찔레가 자라는 땅은 척박하고 저주받은 땅으로 묘사된다. 초기 한글성경에 찔레를 *질려로 번역하기도 했다.

주요성경(Main phrases)

이사야 7:23 그 날에는 천 그루에 은 천 개의 가치가 있는 포도나무가 있던 곳마다 찔레(briers)와 가시가 날 것이라

이사야 32:13 내 백성의 땅에 가시와 **찔레**(briers)가 나며 희락의 성읍, 기뻐하는 모든 집에 나리니

에스겔 2:6 인자야 너는 비록 가시(briers)와 **찔레**(thorns)와 함께 있으며 전갈 가운데에 거주할지라도 그들을 두려워하지 말고 그들의 말을 두려워하지 말지어다 그들은 패역한 족속이라도 그 말을 두려워하지 말며 그 얼굴을 무서워하지 말지어다

호세아 9:6 보라 그들이 멸망을 피하여 갈지라도 애굽은 그들을 모으고 놉은 그들을 장사하리니 그들의 은은 귀한 것이나 **찔레**(briers)가 덮을 것이요 그들의 장막 안에는 가시덩굴이 퍼지리라

미가 7:4 그들의 가장 선한 자라도 가시 같고 가장 정직한 자라도 **찔레**(briers) 울타리보다 더하도다 그들의 파수꾼들의 날 곧 그들 가운데에 형벌의 날이 임하였으니 이제는 그들이 요란하리로다

누가복음 6:44 나무는 각각 그 열매로 아나니 가시나무에서 무화과를 또는 **찔레**(briers)에서 포도를 따지 못하느니라

VII 기타

Ⅶ-3. 여리고장미(Rose of Jericho, 굴러가는 덤불, 티끌)

여리고장미(이스라엘, 에일랏)

학명(Scientific name): *Selaginella lepidophylla* (Hook. & Grev.) Spring
과명(Family name): Selaginellaceae(부처손과)
영어(성경)이름[English (biblical) name]: rose of Jerico(tumbleweed)
한국식물명(Korean name): 여리고장미, 회전초
주요서식지(Natural habitat): 중동, 아프리카 사막
한글(성경)이름[Korean (biblical) name]: 덤불, 티끌
히브리이름(Hebrew name): 갈갈(גַּלְגַּל, galgal)

사실 여리고장미는 장미와는 완전히 다르다. 일종의 회전초로도 알려진 이 식물은 사막과 같은 극심한 건조 지역에서도 생존할 수 있으며, 부활초(resurrection plant)로 잘 알려져 있다. 건조 기간에는 잎을 안쪽으로 말아 보통 직경 30㎝ 정도의 단단한 공 모양을 형성하고 있다가 습기에 노출되면 펼쳐지며 몇 시간 안에 다시 광합성을 할 수 있게 된다. 95%의 건조 상태로도 7년 정도 견딜 수 있다

고 한다. 사하라 및 네게브 사막에서 발견된다. 1년생 초본으로 잎은 녹회색 빛을 띠며 꽃은 흰색이며 아주 작다.

성경적 의미(Symbolism)

- 하찮은 존재

성경에 언급한 덤불(tumbleweed)로 여기는 식물들이 중동 지역에도 있는데 이들은 공통적으로 잎이 마르면 뿌리가 뽑혀 사막이나 빈 들 또는 길 가에서 이리저리 바람에 굴러다닌다. 유대 전 지역에 이런 식물들이 분포하고 있다. 그중에 하나가 여리고 장미다. 성경에서는 하찮은 존재로 언급했다. 성소에서 찬송하는 직무를 맡은 레위인 아삽은 이스라엘을 흩어 나라를 세우지 못하게 방해하려는 이방인들로 하여금 검불 같게 해 달라고 기도하였다(시 83:13). 또한 앗수르의 멸망에 대한 예언에서도 이사야는 '그들의 도망함이 폭풍 앞에 떠도는 티끌(galgal) 같을 것'이라고 예언했다. 히브리어로 'galgal'은 '바퀴'를 뜻하기도 한다. 아마도 바퀴처럼 들판에 굴러다녀 붙여진 이름 같다.

여리고장미는 '부활초(resurrection plant)' 이외에도 여러 별명을 가지고 있는데 'St. Mary's plant 및 덤불(tumbleweed)' 등으로 불린다. 일부 학자들은 성경(시 83:13)에 나오는 덤불(tumbleweed)이 군델리아(*Gundelia tournefortii*)라고 주장하기도 한다.

주요성경(Main phrases)

시편 83:13 나의 하나님이여 그들이 굴러가는 검불(tumbleweed) 같게 하시며 바람에 날리는 지푸라기 같게 하소서

이사야 17:13 열방이 충돌하기를 많은 물이 몰려옴과 같이 하나 주께서 그들을 꾸짖으시리니 그들이 멀리 도망함이 산에서 겨가 바람 앞에 흩어짐 같겠고 폭풍 앞에 떠도는 **티끌**(tumbleweed) 같을 것이라

Ⅶ-4. 파피루스(Papyrus, 갈대, 부들)

파피루스(이스라엘, 훌라 습지)

학명(Scientific name): *Cyperus papyrus* L.
영어(성경)이름[English (biblical) name]: papyrus, bulrush
한국식물명(Korean name): 파피루스
주요서식지(Natural habitat): 이집트의 나일 삼각주

과명(Family name): Cyperaceae(사초과)
한글(성경)이름[Korean (biblical) name]: 갈대, 부들
히브리이름(Hebrew name): 고메(גֹּמֶא, gomeh)

종이처럼 기록을 남기기 위해 종이로 사용된 파피루스는 이집트 나일강 유역에서 시작되었다. 나일강 삼각주에 이 식물이 많기 때문에 고대 이집트인들이 이 식물을 재료로 한 종이를 발명했다. 이 식물의 뿌리는 흙 속에, 줄기는 물 속에 그리고 머리 부분은 공기 중에서 자란다. 근경(뿌리줄기)만 다년생이고 나머지 부분은 1년생이다. 파피루스 식물은 보통 6m의 크기로 곧게 위로 자란다. 줄기는 삼각형(triangle)으로 풀과 같이 덤불을 이룬다. 줄기의 내부는 흰 스폰지로 되어있다. 작은 줄기는 10-30㎝ 정도로 가시처럼 가늘게 뻗으며 이 줄기의 끝에서 꽃이 핀다. 이스라엘에서는 훌라 습지[Hulah Nature Swamp(Reserve)]에서 서식한다.

이 파피루스로 고대 문서를 만들었기 때문에 이러한 문서들을 파피루스라 부른다. 종이가 발명되기 이전에 종이와 비슷한 매체를 파피루스로 만들었다. 알렉산드리아의 대형 도서관에는 파피루스로 만든 100만 권 정도의 책 또는 두루마리가 있었다고 한다. 'Papyrus'라는 단어는 영어 paper(종이)의 어원이 되었으며 Bible(성경)의 어원이기도 하다. **Byblos**(비블로스, 레바논 북쪽에 있는 페니키아 고대 도시)는 이집트로부터 가져온 **파피루스**(papyrus)를 그리스로 중개했던 도시로 잘 알려져 있다.

고대로부터 파피루스는 다양한 용도로 활용되었으나, 11세기 중국에서 종이가 이슬람에 전달된 이후인 비잔틴 시대부터는 쇠퇴하기 시작했다. 종이 외 공예품, 바구니, 신발, 배, 돗자리, 끈 등을 만들어 사용했다. 말려서 연료로도 사용했다. 어린 근경은 먹을 수 있으며 아몬드 맛과 같은 향기가 난다. 실로 파피루스는 나일강의 선물이었다. 그러나 나일강에는 파피루스가 점차 사라지고 있다. 파피루스 식물은 이집트의 파라오 왕궁 또는 무덤의 벽화에서 자주 발견된다.

성경적 의미(Symbolism)
- 나일강 가에 아기 모세를 담았던 상자

출애굽기 모세 이야기 속에 나오는 매우 유명한 식물이다[출 2:3, 더 숨길 수 없게 되매 그를 위하여 갈대(papyrus) 상자를 가져다가 역청과 나무 진을 칠하고 아기를 거기 담아 나일강 가 갈대(reed) 사이에 두고]. 우리 성경에는 모두 갈대로 번역되었으나, 성경 원본에는 **'숨기기 위해 만든 상자'는 파피루스(papyrus)가 맞고 나중에 '갈대 사이에 두었다'에서는 갈대(reed)가 옳다.**

성경에서는 파피루스를 향기 나는 갈대 또는 부들(cattail)로 번역하기도 했는데 갈대와 유사한 식물이므로 혼동했을 가능성도 있다. 따라서 'reed'는 '갈대'로, 'papyrus'는 '파피루스'로 번역해야 한다. 성경에 파피루스를 부들로도 번역하고 있지만 부들과는 다른 식물이다. 성경에서는 갈대와 부들을 풍요의 상징으로 인용했다(사 35:7).

주요성경(Main phrases)

출애굽기 2:3 더 숨길 수 없게 되매 그를 위하여 **갈대**(papyrus) 상자를 가져다가 역청과 나무진을 칠하고 아기를 거기 담아 나일강 가 **갈대**(reed) 사이에 두고

욥기 9:26 (새번역) 그 지나가는 것이 **갈대**(papyrus) 배와 같이 빠르고, 먹이를 덮치려고 내려오는 독수리처럼 빠릅니다. (개역개정: 그 지나가는 것이 빠른 배 같고 먹이에 날아 내리는 독수리와도 같구나)

이사야 18:2 **갈대**(papyrus) 배를 물에 띄우고 그 사자를 수로로 보내며 이르기를 민첩한 사절들아 너희는 강들이 흘러 나누인 나라로 가되 장대하고 준수한 백성 곧 시초부터 두려움이 되며 강성하여 대적을 밟는 백성에게로 가라 하는도다

이사야 35:7 뜨거운 사막이 변하여 못이 될 것이며 메마른 땅이 변하여 원천이 될 것이며 승냥이의 눕던 곳에 풀과 갈대와 **부들**(papyrus)이 날 것이며

Ⅶ-5. 물대(Reed, 갈대)

중동 왕갈대(이스라엘, 갈릴리)

학명(Scientific name): *Arundo donax* L.

과명(Family name): Poaceae(벼과)

영어(성경)이름[English (biblical) name]: reed, giant cane

한글(성경)이름[Korean (biblical) name]: 갈대

한국식물명(Korean name): 물대, 왕갈대

히브리이름(Hebrew name): 카네(קָנֶה, kaneh)

주요서식지(Natural habitat): 전 세계 습지

중동 지역의 대표적인 습지 식물로 알려져 있는 다년생 식물이다. 한대, 온대 및 아열대 지역에 군락(밀집)으로 서식한다. **중동 지역의 호수나 강변 등에서 자라는 왕갈대(giant cane)**는 우리나라의 갈대(*Phragmites communis*)와는 학명이 다르며, 5-6m 정도로 크게 자란다. 줄기의 두께는 2-3㎝ 정도로 우리나라의 갈대보다 훨씬 굵고 크다. 칼과 같은(sword like) 연녹색 잎은 30-60㎝ 정도로 길며 너비는 2-3㎝로 일반 갈대나 대나무와 유사하지만 구별된다. 줄기에는 마디가 있고 속이 비어 있다. 늦여름 또는 초가을에 털이 많은 갈색의 꽃(50-60㎝)이 피며 나중에 밝은 은색으로 변한다. 종자가 바람에 날려 퍼지기도 하고, 땅속 깊이 뿌리내린 근경(뿌리줄기)을 따라 번지기도 한다. 흙벽돌, 낚싯대, 배, 가구, 매트, 연료 등에 다양하게 사용해 왔다. 피리(flute) 등 악기를 만드는데도 사용되었다. 수질을 정화하고 토양을 비옥하게 한다고 알려져 있다.

원래 수메르 언어였던 cane(kaneh)은 셈족의 언어로는 '재는 막대기(measuring rod)'라는 의미로 쓰이며, 그리스 언어로 들어와서는 은유적으로 '규칙' 또는 '표준'이라는 의미로 사용되었다. 여기서 파생된 'Canon(정경)'은 가톨릭에서 신앙이나 행위에 관한 규칙 또는 신앙 교의의 올바른 기준으로서의 성경이다. 즉, 기독교가 채택한 성경의 경전 및 경전의 목록을 말한다.

성경적 의미(Symbolism)

- 연약한 인간의 모습

줄기의 속이 비어 있는 갈대는 연약한 것, 또는 흔들리는 것을 상징하고 있다(마 12:20). 연약한 인간의 모습을 갈대에 비유했다(마 11:7). 유대 나라가 강대한 대국(이집트)에 의지하는 것도 결국 갈대에 의지하는 것과 같다고 비유했다(왕하 18:21).

예수님께서 빌라도 법정에 끌려가실 때 머리에는 가시 면류관과 오른손에는 연약한 갈대를 가지셨는데, 손에 잡은 갈대는 예수님의 나약함을 조롱한 것이다(마 27:29-30).

갈대는 물이 많은 습지에서 자라므로 갈대가 자라는 땅은 축복의 땅으로 불렸다(사 35:7).

출애굽기 2:3 더는 숨길 수 없게 되매 그를 위하여 **갈대**(papyrus) 상자를 가져다가 역청과 나무 진을 칠하고 아기를 거기 담아 나일강 가 **갈대**(reed) 사이에 두고

열왕기상 14:15 여호와께서 이스라엘을 쳐서 물에서 흔들리는 **갈대**(reed) 같이 되게 하시고 이스라엘을 그의 조상들에게 주신 이 좋은 땅에서 뽑아 그들을 강 너머로 흩으시리니 그들이 아세라 상을 만들어 여호와를 진노하게 하였음이니라

열왕기하 18:21 이제 네가 너를 위하여 저 상한 **갈대**(reed) 지팡이 애굽을 의뢰하도다 사람이 그것을 의지하면 그의 손에 찔려 들어갈지라 애굽의 왕 바로는 그에게 의뢰하는 모든 자에게 이와 같으니라

이사야 9:14 그러므로 여호와께서 하루 사이에 이스라엘 중에서 머리와 꼬리와 종려나무 가지와 **갈대**(reed)를 끊으시리니

이사야 19:15 애굽에서 머리나 꼬리며 종려나무 가지나 **갈대**(reed)가 아무 할 일이 없으리라

이사야 35:7 뜨거운 사막이 변하여 못이 될 것이며 메마른 땅이 변하여 원천이 될 것이며 승냥이의 눕던 곳에 풀과 **갈대**(reed)와 부들(papyrus)이 날 것이며

이사야 42:3 상한 **갈대**(reed)를 꺾지 아니하며 꺼져가는 등불을 끄지 아니하고 진실로 정의를 시행할 것이며

마태복음 11:7 그들이 떠나매 예수께서 무리에게 요한에 대하여 말씀하시되 너희가 무엇을 보려고 광야에 나갔더냐 바람에 흔들리는 **갈대**(reed)냐

마태복음 12:20 상한 **갈대**(reed)를 꺾지 아니하며 꺼져가는 심지를 끄지 아니하기를 심판하여 이길 때까지 하리니

마태복음 27:29–30 가시관을 엮어 그 머리에 씌우고 **갈대**(reed)를 그 오른손에 들리고 그 앞에서 무릎을 꿇고 희롱하여 이르되 유대인의 왕이여 평안할지어다 하며 그에게 침 뱉고 **갈대**(reed)를 빼앗아 그의 머리를 치더라

Ⅶ-6. 골풀(Lake rush, 부들)

골풀(이스라엘, 요르단강)

학명(Scientific name): *Scirpus lacustris* L.
영어(성경)이름[English (biblical) name]: (soft) rush
한국식물명(Korean name): 골풀
주요서식지(Natural habitat): 남유럽, 중동, 북미

과명(Family name): Cyperaceae(사초과)
한글(성경)이름[Korean (biblical) name]: 부들, 갈대
히브리이름(Hebrew name): 아그몬(אַגְמוֹן, agmon)

히브리어 'agmon'은 'rush' 또는 'reed'로 번역되며 풀 또는 호수를 뜻하는 'agam'에서 파생되었다. 전 세계에 분포하며 특히 호주에서 잘 자란다. 배수가 잘되는 온대 습지 또는 그늘진 지역에서 자라는 수생식물(water plant)이다. 또한, 야산이나 도랑 가에서 흔히 발견된다. 다년생 초본으로 잎은 보통 없으며 줄기는 상록이고 2.5m 정도로 곧게 자란다. 마디가 없는 줄기의 두께는 5-15㎜정도며 둥근 실린더형이다. 5-6월에 녹갈색의 꽃이 피고 20여 개의 작은 이삭 모양의 꽃들이 많이 달린다. 어린 줄기는 식용이 가능하다. 줄기는 말려서 벽돌 제조, 매트(돗자리)나 바구니 등을 만드는데 사용한다.

성경적 의미(Symbolism)

이사아 성경에 rush(골풀)를 부들로 번역했다. 다른 곳에서는 갈대로 번역하기도 했다. 여러 성경에서 갈대(reed)와 골풀(lake rush)을 구별하지 않은 것으로 보인다. **습지가 적은 유대 땅에서 유대인들은 언젠가 이들 식물들이 자랄 수 있는 축복의 땅을 꿈꾸었다고 볼 수 있다**(사 35:7).

주요성경(Main phrases)

이사야 19:6 강들에서는 악취가 나겠고 애굽의 강물은 줄어들고 마르므로 갈대(reeds)와 부들(rushes)이 시들겠으며

욥 41:20 그것의 콧구멍에서는 연기나 나오니 마치 **갈대**(rushes)를 태울 때에 솥이 끓는 것과 같구나

VII 기타

Ⅶ-7. 부들(Cattail)

부들(한국, 청주)

학명(Scientific name): *Typha latifolia* L.

영어(성경)이름[English (biblical) name]: bulrush, reed

한국식물명(Korean name): 부들

주요서식지(Natural habitat): 이스라엘 습지, 중동, 중국

과명(Family name): Typhaceae(부들과)

한글(성경)이름[Korean (biblical) name]: 부들

히브리이름(Hebrew name): 수프(סוּף, suf)

갈대나 파피루스와는 또 다른 수생식물이 부들이다. 소시지처럼 생긴 갈색 꽃 이삭이 부들(cattail)의 특징이다. **마치 고양이 꼬리처럼 생겼다 해서 'cattail(고양이 꼬리)' 이라고 부르기도 한다.** 물가나 연못, 늪지에서 주로 서식한다. 곧은 줄기와 타원형의 꽃 이삭을 지닌 길이 1-1.5m의 외떡잎식물이다. 줄기에는 마디 없이 곧게 자란다. 씨는 아주 작고(0.2mm) 작은 털이 있다. 6-7월에 개화하며, **꽃가루 받이를 할 때 '부들부들 떤다' 고 하여 붙여진 이름이다.** 파피루스와는 다른 식물이며 주로 아시아 지역의 습지에 자생한다. 종이의 원료로도 사용이 가능하다.

성경적 의미(Symbolism)

영문성경에는 부들(cattail)이 언급되지 않았고, 한글성경에 부들(cattail)이 언급되었는데 실제 부들(cattail)인지는 확실하지 않다. 히브리 성경에 'suf' 는 붉다는 뜻의 수생식물을 일컫는 말로써 부들로 해석하기에는 무리가 있다. 파피루스 또는 갈대(reed)를 번역하는 과정에서 이와 유사한 식물인 부들로 번역한 것으로 사료된다. 한글성경 번역에는 갈대, 파피루스, 부들, 왕골 등이 혼용되었다.

주요성경(Main phrases)

이사야 19:6 강들에서는 악취가 나겠고 애굽의 강물은 줄어들고 마르므로 갈대(reeds)와 부들(rushes)이 시들겠으며

이사야 35:7 뜨거운 사막이 변하여 못이 될 것이며 메마른 땅이 변하여 원천이 될 것이며 승냥이의 눕던 곳에 풀과 갈대(reeds)와 부들(papyrus)이 날 것이며

Ⅶ-8. 잡풀(Darnel 또는 Cockles)

Ⅶ-8-1. 독보리(Darnel, 가라지)

독보리(이스라엘, 블레셋)

학명(Scientific name): *Lolium temulentum* L.
영어(성경)이름[English (biblical) name]: darnel, weed, ryegrass
한국식물명(Korean name): 독보리
주요서식지(Natural habitat): 중동, 지중해 해안, 유럽

과명(Family name): Poaceae/Gramineae(벼과)
한글(성경)이름[Korean (biblical) name]: 가라지, 독보리
히브리이름(Hebrew name): 에세브(עֵשֶׂב, esev)

성경 시대 중동과 유대 땅에는 수많은 벼과 잡초(rye-grass)가 밭이나 들에 자랐을 것이다. 잡초들은 대부분 1년생 초본으로 보리밭과 밀밭에 매우 공격적으로 자란다. 이 지역에는 4-5종의 가라지들이 있다. 건조한 땅에서도 잘 자라며 생명력이 매우 강하다. 한 개의 줄기에서 10개의 이삭과 그 이삭에서 수많은 열매가 달린다. 독보리로 알려진 가라지(darnel)는 크기가 보통 30-60㎝ 정도로 구별

이 어려워 추수 때까지 기다렸다가 뽑는다. 줄기는 보리보다 가늘고 이삭(씨)도 밀과 보리보다 작다. 특히 이 잡초의 씨는 보라색으로 밀과 매우 유사하여 가짜 밀(false wheat)이라고도 한다. **씨에는 롤린(loline)이라는 독성분이 들어있다.** 이 물질이 밀가루에 혼입되면 복통, 구토, 설사 등 독성을 일으키기도 한다. 팔레스타인, 지중해 해안, 유럽과 미국의 여러 주에서 발견된다. 한국에도 귀화한 식물이다.

성경적 의미(Symbolism)
- 선과 악이 공존하듯이

예수께서 악한 자의 비유로 말씀하신 **마태복음 13장에 나오는 '가라지(weed)'가 이 잡초(darnel)일 것으로 추측된다.** 밭에서는 일곡과 가라지가 함께 자라게 되지만 추수할 때 가라지는 먼저 거두어 불에 사르게 된다. 세상에서도 선과 악, 참과 거짓이 공존하지만 결국 구별된다는 말씀이다. 세상 악에 대해 심판(추수) 때까지 기다리시는 예수님의 공의와 지혜를 보여주고 있다. 따라서 추수 때를 바라보면서 인내하며 살아가는 것이 성도의 신앙생활이다. 불법과 부정을 행하는 자들을 가라지로 비유하였다.

주요성경(Main phrases)

마태복음 13:29–30 주인이 이르되 가만 두라 **가라지(weed)**를 뽑다가 곡식까지 뽑을까 염려하노라 둘 다 추수 때까지 함께 자라게 두라 추수 때에 내가 추수꾼들에게 말하기를 **가라지(weeds)**는 먼저 거두어 불사르게 단으로 묶고 곡식은 모아 내 곳간에 넣으라 하리라

마태복음 13:40 그런즉 **가라지(weeds)**를 거두어 불에 사르는 것 같이 세상 끝에도 그러하리라

VII-8-2. 선옹초(Corncockle, 밭의 독초)

선옹초(이스라엘, 예루살렘)

학명(Scientific name): *Agrostemma githago* L.

과명(Family name): Caryophyllaceae(석죽과)

영어(성경)이름[English (biblical) name]: corncockle(stink–weeds)

한글(성경)이름[Korean (biblical) name]: 독보리

한국식물명(Korean name): 선옹초

히브리이름(Hebrew name): 바샤(באשה, bashah)

주요서식지(Natural habitat): 중동, 지중해 해안, 유럽

유럽과 아시아 지역에 분포하는 1년 또는 2년생의 매우 흔한 잡풀이다. 특히 이 잡풀은 주로 밀이나 보리밭에서 자란다. 작은 털로 쌓인 뾰족한 잎을 가진 식물이며 위로 곧게 1m 정도 자란다. 긴 화경의 끝에 한송이씩 매혹적인 분홍 또는 자주색 꽃이 5-6월에 피며 5개의 꽃잎을 가진 이 꽃의 크기는 3-5㎝ 정도이다. 라틴어 학명은 '밭의 아름다운 꽃'이라는 뜻을 가지고 있다. 꽃은 아름다우나 이 식물의 씨에는 독성을 지닌 성분(githagin, agrostemmic acid)들이 들어 있다. 빵에 함유되면 불쾌한 냄새를 유발하고 커피와 함께 먹으면 치명적이라고 알려져 있다. 수확할 때 씨가 섞여서 이듬 해 씨를 뿌릴 때 같이 뿌려진다. 제초제를 사용하지 않았던 시대에 농경지와 주변에 널리 퍼져 있던 식물이다.

성경적 의미(Symbolism)
- 거짓 맹세는 독초와 같다

욥의 항변 속에 나오는 말씀이다. 욥이 자신에게 죄가 없고 떳떳함을 맹세하기 위해 그 당시 중요 작물이었던 밀과 보리 대신에 먹을 수 없는 가시와 먹으면 생명에 위협적인 독보리를 받는 것이 마땅하다고 말하고 있다. 그만큼 욥은 자기 자신이 하나님 앞과 친구들 앞에서 정의로움을 주장했다. 그는 보통 사람을 뛰어넘는 대단한 의인이다.

주요성경(Main phrases)

욥기 31:40 밀 대신에 가시나무가 나고 보리 대신에 독보리(stinkweed)가 나는 것이 마땅하니라 하고 욥의 말이 그치니라

Ⅶ-9. 독당근(Hemlock, 독초)

독당근(이스라엘, 엔 케렘)

학명(Scientific name): *Conium maculatum* L.

과명(Family name): Apiaceae(미나리과)

영어(성경)이름[English (biblical) name]: poison, hemlock, gall

한글(성경)이름[Korean (biblical) name]:독초, 인진, 쓸개

한국식물명(Korean name): 독당근

히브리이름(Hebrew name): 로쉬(ראשׁ, rosh)

주요서식지(Natural Habitat): 유럽, 북아프리카

미나리과 식물인 독당근은 유럽이 원산지다. 독성이 매우 큰 2년생 초본이다. 1.5-2.5m 크기로 자란다. 잎은 빛이 나는 우상복엽이다. 골진 줄기는 녹색이고 굵고 속이 비어 있다. 뿌리는 굵고 곧은 원뿔 모양이다. 이 식물은 모든 부위가 독성을 지니고 있으며, 특히 씨 부분이 독성이 가장 크다. 꽃은 작고 희며 열매를 맺는다. 열매 안에는 2개의 씨가 들어 있다. 이 식물은 파슬리(parsley)와 유사해 착각할 수 있다. 유럽에서는 악마의 빵 등 여러 이름을 가지고 있다. 독당근은 **소크라테스가 마신 독배**로도 유명하다(399 BC). 특히 뿌리와 씨에는 신경독 성분인 코니인(coniine)이 들어있다. 이 물질은 기관지 호흡근을 마비시키고 저산소증을 일으켜 사망하게 한다.

성경적 의미(Symbolism)

- 십자가 처형 때 (독)약을 탄 포도주를 예수께 제공했다

성경학자들은 신명기와 호세아서에 나오는 독(poison)이 든 포도주에서 그 독이 독당근(poison hemlock)일 것으로 추정한다. 신명기 29장 18절에 '독초와 쑥의 뿌리'는 아마도 뿌리에 독성이 있는 식물일 것이다.

시편과 마태복음에 쓸개라고 언급한 'rosh(gall)'는 독성분이 있는 모든 물질을 포함한다. 예수님이 골고다에 도착한 후 십자가에 달리시기 전에 로마 군인들이 '쓸개(gall) 탄 포도주(막 27:34)' 또는 '몰약(myrr) 탄 포도주(마 15:23)'를 제공했다. 독(당근)이 든 음료를 제공함으로써 고통스럽게 십자가에서 오래 매달리기보다는 빨리 죽을 수 있는 방법으로 제공되었을 것으로 추측된다. 쓴 음료를 표현하기 위해 몰약(쓰다는 뜻을 가지고 있음)을 언급한 것으로 여긴다. 실제 고가인 몰약을 사형수에게 주지는 않았을 것이다.

주요성경(Main phrases)

신명기 29:18 너희 중에 남자나 여자나 가족이나 지파나 오늘 그 마음이 우리 하나님 여호와를 떠나서 그 모든 민족의 신들에게 가서 섬길까 염려하며 독초(bitter poison)와 쑥의

뿌리가 너희 중에 생겨서

신명기 32:32-33 이는 그들의 포도나무는 소돔의 포도나무요 고모라의 밭의 소산이라 그들의 포도는 독(poison)이 든 포도이니 그 송이는 쓰며 그들의 포도주는 뱀의 독이요 독사의 맹독이라

시편 69:21 그들이 쓸개(gall)를 나의 음식물로 주며 목마를 때에는 초를 마시게 하였사오니

호세아 10:4 그들이 헛된 말을 내며 거짓 맹세로 언약을 세우니 그 재판이 밭이랑에 돋는 독초(poisonous weeds) 같으리로다

마태복음 27:33-34 골고다 즉 해골의 곳이라는 곳에 이르러 쓸개(gall) 탄 포도주를 예수께 주어 마시게 하려 하였더니 예수께서 맛보시고 마시고자 하지 아니하시더라

Ⅶ-10. 피마자(Caster-bean, 박넝쿨)

피마자(이스라엘, 갈릴리)

학명(Scientific name): *Ricinus communis* L.

영어(성경)이름[English (biblical) name]: leafy plant, caster-bean

한국식물명(Korean name): 피마자

주요서식지(Natural Habitat): 스리랑카, 남인도

과명(Family name): Euphorbiaceae(대극과)

한글(성경)이름[Korean (biblical) name]: 박넝쿨

히브리이름(Hebrew name): 키카욘(קִיקָיוֹן, qiqayon)

인도 및 소아시아가 원산이다. 이 식물에 대해서 성경마다 다르게 번역되었다. KJV에서 히브리어 'qiqayon'이 'gourd(들외, 박)'로 번역되었기 때문에 한글성경에도 박으로 한 것 같다. 그러나 70인역(히브리어를 헬라어로 번역, 기원전 3세기) 성경에서는 'kolucunti(*Ricinus communis*, 피마자속 식물)'로, Vulgate(라틴어 번역 성경, 4세기)성경에서는 'hedra(나선식물, 담쟁이)'로 NIV에는 'leafy plant(잎사귀 식물)'로 각각 번역되었다. 중동 지역에서는 이들 식물 중 어느 것도 피마자(caster bean) 만큼 빠르게 자라지 않는다. 1년에 최대 4m까지 자란다. 또한 잎도 매우 커서 중동 지역에서 이 식물은 그늘을 제공하는 역할을 한다. 따라서 **성경에 나오는 '박넝쿨은 사실 중동 지역에 자생하는 피마자로 여겨진다'** 라고 M. Zohary 교수는 주장했다.

피마자를 'caster bean'이라고는 하지만 실제 콩 종류는 아니다. 잎은 호생이며 입자루가 길다. 잎의 끝이 뾰족하고 날카로운 톱니가 있다. 윤기 있는 잎의 크기는 15-45㎝ 정도이며 손바닥 모양을 하고 있다. 이 식물은 중동의 남동부 지역과 동아프리카 및 인도 등 열대 지역에서 자라는 식물이지만 얼지만 않는다면 서늘한 기후에서도 자란다. 피마자씨는 다양하게 사용되는 피마자기름의 원료가 된다. 씨에는 30-40%의 리시놀레인(ricinolein)과 함께 트리글리세라이드(triglyceride)가 함유되어 있으며, 특히 독성이 강한 알칼로이드인 리신(ricin)도 함유되어 있다. 학명에 나오는 'ricinus'는 진드기(tick)를 의미하는 라틴어(ricini)에서 유래되었다. 과거에 구충제와 항염제로 사용되었다. 완하작용이 있어서 변비에 사용하며 발모 효과도 알려져 있다. 그러나 이 식물은 알러지를 유발할 수 있다. 공업용 바이오 디젤(bio-diesel), 부동액, 내연 엔진의 윤활유 등으로 사용하기 위해 재배된다.

성경적 의미(Symbolism)

- 요나가 더위를 피하다

피마자(박)가 자라서 그늘이 제공되어 요나가 심히 기뻐했으나, 그 이튿날 하나님은 이를 치우셨다. 박넝쿨이 시들자 요나는 불평했고, 불평하는 요나에게 하나님은 니느웨성 구원을 박넝쿨과 비교했다. 피마자 잎을 그리스도의 손(palm of Christ)이라고 불리기도 하는데 상처나 병을 치료하는데 탁월해서 붙여진 이름이다. 요나서 4장에 네번 언급되었다. KJV 성경은 'gourd'로, NIV 성경은 'leafy plant'로 각각 번역했으며, 한글성경은 '박넝쿨'로 번역되었다.

주요성경(Main phrases)

요나서 4:6 하나님 여호와께서 **박넝쿨**(leafy plant)을 예비하사 요나를 가리게 하셨으니 이는 그의 머리를 위하여 그늘이 지게 하며 그의 괴로움을 면하게 하려 하심이었더라 요나가 **박넝쿨**(leafy plant)로 말미암아 크게 기뻐하였더니

요나서 4:9–10 하나님이 요나에게 이르시되 네가 이 **박넝쿨**(leafy plant)로 말미암아 성내는 것이 어찌 옳으냐 하시니 그가 대답하되 내가 성내어 죽기까지 할지라도 옳으니이다 하니라 여호와께서 이르시되 네가 수고도 아니하였고 재배도 아니하였고 하룻밤에 났다가 하룻밤에 말라 버린 이 **박넝쿨**(leafy plant)을 아꼈거든

Ⅶ-11. 호리병박(Bottle-gourd, 박)

호리병박

학명(Scientific name): *Lagenaria siceraria* (Molina) Standl.

과명(Family name): Cucurbitaceae(박과)

영어(성경)이름[English (biblical) name]: bottle-gourd, calabash

한글(성경)이름[Korean (biblical) name]: 박

한국식물명(Korean name): 호리병박, 표주박

히브리이름(Hebrew name): 프카임(פְּקָעִים, peqaim)

주요서식지(Natural habitat): 인도, 아프리카

출처 https://pixabay.com/ko/photos/%ED%98%B8%EB%A6%AC%EB%B3%91%EB%B0%95-%ED%98%B8%EB%B0%95-%EC%B4%88%EB%A1%9D-%EB%A7%A4%EB%8B%AC%EB%8B%A4-64434/

전 세계에 널리 분포되어 있는 1년생 넝쿨식물이다. 성장이 매우 왕성하다. 길쭉하면서 중앙부가 잘록한 모습이 술병처럼(bottle-shaped) 생겼으며 우리나라의 둥근 표주박과 유사하다. 식물 전체에 잔털이 많다. 잎은 어긋나며 긴 잎자루를 가지고 있다. 줄기는 5m 정도로 자란다. 백색의 꽃은 7-9월에 피고, 가을에 표피가 단단하게 익는다. 어린 것은 식용으로 사용하며, 조롱박으로 사용할 때는 영근 것의 속을 제거하고 삶아서 그늘에 말려 사용한다. 독성을 일으키는 성분인 쿠쿨비타신(cucurbitacin) 때문에 많이 섭취하면 위궤양 등을 일으킬 수 있다.

성경적 의미(Symbolism)
- 번영과 다산을 상징하다

솔로몬 성전 안쪽 벽에 백향목을 입히고 박과 꽃을 새겼으며, 성전 뜰 밖에 있는 물통(성경에서 바다로 번역했다. 솔로몬 성전에 있던 큰 놋대야를 말함)의 테두리에도 박을 새겨 놓았다. 이들 박 모양은 모두 호리병박이다. 박은 매우 왕성하게 자라는 식물이면서 또한 수많은 열매가 달린다. 솔로몬 성전에 백향목을 둘렀고 그 위에 박이 새겨진 이유를 알 수 있을 것 같다(왕상 6:18). 번영과 다산과 풍요를 상징했기 때문이다. 놋을 녹여 부어 만든 바다(물 두멍)를 마무리할 때 박 문양을 새겼다(왕상 7:24). NIV에는 gourd(박)로 번역되었으나 호리병박의 영어 이름은 'bottle-gourd 또는 calabash' 다. 들호박(wild-gourd)과는 구별된다. 요나서의 박넝쿨은 피마자로 다른 식물이다.

주요성경(Main phrases)

열왕기상 6:18 성전 안에 입힌 백향목에는 박(gourds)과 핀 꽃을 아로새겼고 모두 백향목이라 돌이 보이지 아니하며

열왕기상 7:24 그 가장자리 아래에는 돌아가며 박(gourds) 있는데 매 규빗에 열개씩 있어서 바다 주위에 둘렸으니 그 박(gourds)은 바다를 부어 만들 때에 두 줄로 부어 만들었으며

Ⅶ-12. 콜로신스(Colosynth, 들호박, 들박)

출처 http://www.flowersinisrael.com/Citrulluscolocynthis_page.htm

콜로신스(레바논)

학명(Scientific name): *Citrullus colocynthis* L. Schrad
과명(Family name): Cucurbitaceae(박과)
영어(성경)이름[English (biblical) name]: wild–gourd, colocynth, bitter–gourd
한글(성경)이름[Korean (biblical) name]: 들호박
한국식물명(Korean name): 콜로신스, 들박
히브리이름(Hebrew name): 팍쿠옷(פַּקֻּעֹת, paquoth)
주요서식지(Natural habitat): 남유럽, 인도, 중동

중동 지역 모래 사막에서 자라는 1-2년생 박과 넝쿨식물이다. 여리고, 사해, 갈멜산, 지중해 등 주로 남쪽에서 발견된다. 녹색의 거친 소엽(lobe)은 5-7개로 손바닥처럼 갈라져 있다. 종모양의 노란 꽃이 핀다. 뿌리는 매우 깊게 뻗으며 강수량 250-1,500㎜ 정도에서 자란다. 해변 모래 땅에 덩굴이 수 미터(m) 정도 기어오르기도 한다. 덩굴손을 가지고 있어서 줄기를 지탱한다. 섬유질이 많은 열매는 노랗고 작으며(5-10㎝) 모양은 수박과 비슷하나 딱딱하고 맛이 쓸 뿐만 아니라 독성도 있다. 중동 지역에서 선사 시대의 것으로 보이는 이 식물의 씨가

발견되기도 하였으며 당시에는 약용으로 사용한 것 같다. 소변의 배출을 돕는 이뇨제로, 약한 설사를 유도하는 완하제 등 약용으로 사용했다.

성경적 의미(Symbolism)
- 엘리사가 행한 해독의 기적

열왕기하 4장에는 엘리사의 네 가지 기적이 나온다. 1) 죽은 선지자의 제자의 아내에게 베푼 기적(1-7절), 2) 늦게 얻은 수넴 여인의 아들이 죽었다가 살아난 기적(8-37절), 3) 국에 들어있는 독을 제거한 기적(38-41절), 4) 그리고 보리떡 20개와 채소로 100명을 먹인 기적(42-44절)이다.

콜로신스(들호박)는 독성이 강해서 먹을 수 있는 식품이 아니다. **엘리사가 들호박을 썰어서 끓인 국에 다시 가루를 넣어 해독한 후에 먹게 하였다**(왕하 4:39-41). 가루(Flour)가 무엇인지는 알 수 없으나 엘리사가 독을 제거해 먹게 했다. 국에 들어있는 독을 제거한 기적은 엘리사가 행한 네 가지 기적 중 하나다.

VII 기타

주요성경(Main phrases)

열왕기하 4:39–41 한 사람이 채소를 캐러 들에 나가 들포도덩굴을 만나 그것에서 들호박(gourd)을 따서 옷자락에 채워가지고 돌아와 썰어 국 끓이는 솥에 넣되 그들은 무엇인지 알지 못한지라 이에 퍼다가 무리에게 주어 먹게 하였더니 무리가 국을 먹다가 그들이 외쳐 이르되 하나님의 사람이여 솥에 죽음의 독이 있나이다 하고 능히 먹지 못하는지라 엘리사가 이르되 그러면 가루를 가져오라 하여 솥에 던지고 이르되 퍼다가 무리에게 주어 먹게 하라 하매 이에 솥 가운데 독이 없어지니라

Ⅶ-13. 서양담쟁이(Ivy, 담쟁이)

담쟁이(이스라엘, 예루살렘)

학명(Scientific name): *Hedera helix* L.
과명(Family name): Araliaceae(두릅나무과)
영어(성경)이름[English (biblical) name]: (poison) ivy
한글(성경)이름[Korean (biblical) name]: 담쟁이
한국식물명(Korean name): 서양담쟁이
히브리이름(Hebrew name): 퀴소스(קִיסוֹס, qisos)
주요서식지(Natural habitat): 서유럽, 남유럽, 중동

두릅나무과에 속하는 식물로 서양담쟁이로 불린다. 유럽 대부분의 지역과 서아시아에 자생하는 상록 넝쿨식물이다. 적절한 면만 있으면 타고 올라간다. 잎은 어긋나며 길이는 5-10㎝다. 꽃은 늦여름에서 가을까지 핀다. 열매(berry)의 크기는 약 6-8㎜이며 노란색에서 검은 보라색으로 변한다. 라틴어 학명에 'hedera'는 '잡다(seize)' 이고, 'helix'는 '나선'의 뜻을 가지고 있다. 흔히 담벽, 건물, 나무 등을 휘감아 자란다. 주로 정원용 장식으로 심는다. 잎이 피부에 닿으면 심한 피부염을 일으키며, 입에 대면 호흡곤란으로 사망할 수도 있다(ivy poison). 열매도 독성이 있지만 추출액은 거담제로 사용한다.

담쟁이를 한자어로 청라(靑蘿, 푸른 담쟁이 덩굴)라 한다.

성경적 의미(Symbolism)

외경 마카비서(Maccabees)에 나오는 식물이다. 유대인들이 이방 신(디오니소스)의 사원에 들어가 숭배하는 것을 강요당할 때 담쟁이 덩굴로 만든 관(모자)을 쓰도록 했다. 이방 종교에서는 담쟁이가 성스러움을 나타내며, 따라서 종교 의식에서 중요한 역할을 해왔다. 그리스인은 디오니소스를 숭배할 때 담쟁이 덩굴로 모자를 만들어 칭송했다.

VII 기타

주요성경(Main phases)

마카비후서 6:7 게다가 달마다 임금의 생일이 되면 끌려가서 시녹한 상요를 먹어 이교 세사에 참석할 수밖에 없었다. 또 디오니소스 축일이 되면 **담쟁이 덩굴**(ivy)로 엮은 관을 쓰고 디오니소스를 찬양하는 행렬을 하도록 강요받았다.

후기

약학을 전공하며 약용식물의 효능을 연구해 왔던 필자는 평소 성경식물에도 많은 관심을 가졌었다. 기독교인으로서 본인의 전공과 성경 인문학적 지식과 견해를 접목하여 성경에 대한 이해와 흥미를 높이는 일이었다. 성경에 인용된 유대지역의 여러 식물들이 오래전부터 약용(herbs)으로 사용되었기 때문이다. 하나님과 예수님은 축복과 저주, 비유와 은유를 통해 많은 식물들을 인용했고, 이를 통해 그의 백성들에게 메시지를 구체적으로 전달해 주고 싶었다는 것을 알 수 있었다.

성경에 나오는 여러 식물들에 관해 학자마다 저자마다 견해가 달라서 때때로 특정 식물을 지칭하거나 명명하기가 불가능한 경우도 있다. 이 원고를 쓰면서 여러 서적 또는 문헌을 참고했지만, 여전히 일치하지 않는 부분이 많다는 것도 확인할 수 있었다. 앞으로 더 많은 연구를 통해 시간이 지나면 현재보다 더 분명해질 것으로 생각된다.

이 책을 완성하기까지 5년여 기간이 지났다. 『성경식물 이야기』 집필은 퇴임 후 많은 시간의 여백을 메워주는 역할을 해 주었다. '코비드19'의 대유행은 집필에 더욱 집중할 수 있는 기회가 되기도 했었다. 필자도 이 책을 집필하면서 성경식물에 대한 많은 흥미있는 자료들을 찾았고 흥미있는 이야기들을 책을 통해 펼칠 수 있어서 매우 기뻤다. 또한, 이 원고를 쓰며 5년 동안에 여러 차례 성경을 통독도 하게 되었다. 한편, 집필의 계기로 대학내 평생교육원에서 botanical art(식물 사실화) 기법을 배워가면서 사진을 확보할 수 없는 식물을 직접 그리기도 했다. 노화현상인지, 의자에 너무 오래 앉아서인지 척추질환으로 다소 불편해하고 있지만 한 권의 책을 집필했다는 것으로 그 댓가가 충분히 보상되었다고 생각하고 싶다.

이 책이 나오기까지 많은 분들의 도움의 손길들이 있었다. 현지 사진을 찍어 보내준 이스라엘 최신혜 선교사님과 L국의 송조슈아 선교사님, 사진을 정리해 준 청주CCC 강은영 간사님, 원고를 교정해 주신 박명래 선생님과 충북대학교 자연대학 이원식 명예교수님, 충남대학교 약학대학 김영호 교수님, 이 책을 추천해 주신 청주상당교회 안광복 담임목사님과 전)충북대학교 윤여표 총장님, 서평을 해주신 청주주님의교회 주서택 원로목사님과 North Carolina 한마음교회 조재언 담임목사님, 성경식물의 히브리 명칭을 확인하고, 성경적 의미를 잘 해석한 공동 저자인 아들 오준호 목사의 기여가 빛났다. 가끔 서재에 들어와 응원해준 아내에게도 고마운 마음을 전한다. 끝으로 신앙과지성사 최병천 대표님에게도 감사의 인사를 드린다. 이 책을 통해 하나님의 영광이 드러나길 기도한다.

오기완 명예교수

오준호 목사

Allan A. Swenson. Plants of the Bible and How to grow them. *Birch Lane Press*, 1994.

Alon, A. The Natural History of the Land of the Bible. *London Hamlyn*, 1969.

Daan Smith. Plants of the Bible. *Lion*, 1992.

Darom D. Beautiful plants of the Bible. *Palphot Ltd.*, 1991.

Dioscorides, P. De Materia Medica. ed., M. Wellmann, 1958.

Feinbrum, N. D. and Koppel R. Wild plants in the land of Israel. *Kakkibulz Massada*, 1960.

Groom N. Frankincense & Myrrh: A Study of the Arabian Incense Trade. International Book Centre, Incorporated, 1981

Guido F. Pauli, J. Brent Friesen, Tanja Gödecke, Norman R. Farnsworth, and Bernhard Glodny. Hareuveni N. Nature in our Biblical Heritage. *Neot Kedumin*, 1980.

Hiller N. The Illustrated Bible Dictionaly, *Inter-Variety press*, 1980.

John Edmonds. The History of Woad and the Medieval Woad, 2006.

Maloney G. A. Gold, Frankincense, and Myrrh: An Introduction to Eastern Christian Spirituality. Crossroads Publishing Company, 1997

Manniche L. An ancient Egyptian herbal, *British Museum*, 1989.

Mazar A. Archeology of the land of the Bible. *Doubleday,* 1990.

Moldenke, H. N. Plants of the Bible. *Ronald Press*, 1952.

Nehmeh M. Wildflowers of Lebanon. *National counsil for sceientific research*, 1978.

Nigel F. Hepper. Baker. Encyclopedia of Bible Plants. *Baker Book House*, 1992.

Zofia Wlodarczyk. Review of plant species cited in the Bible. *Folia Horticulture Ann.*, 2007.

Zohary Micheal. Plants of the Bible. *Cambridge*, 1982.

김혜정. 성경식물사전, 일진사, 2019.

남대극. 성경의 식물들, 삼육대학출판부, 2008.

남은순. 성경속의 식물들, 헤데르, 2020.

류모세. 열린다 성경, 두란노, 2008.

반재광, 김혜정. 성경식물 사전, 일진사, 2019.

윤의수. 식물학자가 본 성경속의 식물, 진솔, 2017.

이영노. 한국식물도감, 교학사, 2000.

정구영, 박종열. 성경 속 식물 이야기, 진홍출판사, 2010.

정정숙. 성서식물, 크리스찬뮤지엄, 2022, 4th. Eds.

Biblical Plants. missouribotanicalgarden.org

Bible Research Today, https://bibleresearchtoday.com/tag/zofia-wlodarczyk

Flowers in Israel. www.flowersisrael.com

http://www.flowersinisrael.com/Acaciatortilis_page.htm

성경식물 이야기
The Storytelling of Biblical Plants

발행일 2024년 5월 10일(초판1쇄)

지은이 오기완·오준호
펴낸이 최병천
펴낸곳 신앙과지성사
출판등록 제9-136 (88. 1. 13)
주소 | 서울시 서대문구 연희로 177 옥산빌딩 2층
전화 | 02-335-6579·323-9867
팩스 | 02-323-9866
E-mail | miral87@hanmail.net
홈페이지 | http://www.miral.co.kr

ISBN 978-89-6907-342-6 03230

값 25,000원